LES CONTEMPORAINS

QUATRIÈME SÉRIE

DU MÊME AUTEUR

EN VENTE

Les Médaillons, poésies, 1 vol. in-12 broché (Lemerre). 3 »
Petites Orientales, poésies, 1 vol. in-12 br. (Lemerre). 3 »
La Comédie après Molière et le Théâtre de Dancourt, 1 vol. in-12 br. (Hachette et Cie). . . . 3 50
Les Contemporains. *Première série*, 1 v. in-18 jésus, 11e édit. br. (Lecène et Oudin). 3 50
— *Deuxième série*, 1 v. in-18 jésus, 9e édit. br. (Lecène et Oudin). 3 50
— *Troisième série*, 1 v. in-18 jésus, 6e édit. br. (Lecène et Oudin). 3 50

Cet ouvrage a été couronné par l'Académie française et a obtenu le prix Vitet (1887).

Impressions de Théâtre. *Première série*, 1 v. in-18 jésus, 6e édition, broché (Lecène et Oudin). . . 3 50
— — *Deuxième série*, 1 v. in-18 jésus, 4e édition, broché (Lecène et Oudin). . . 3 50
— — *Troisième série*, 1 v. in-18 jésus, 3e édition, broché (Lecène et Oudin). . . 3 50
Corneille et la poétique d'Aristote, une brochure in-18, broché. 1 50
Sérénus. *Histoire d'un martyr*, 1 vol. in-12, broché (Lemerre) 3 50

EN PRÉPARATION :

Des Contes. — Un superbe vol. in-8° avec illustrations de CLAIRIN, LUC-OLIVIER MERSON, LUCAS, LOEVY et CORNILLIER. Broché. . . . . 20 »

NOUVELLE BIBLIOTHÈQUE LITTÉRAIRE

JULES LEMAITRE

LES CONTEMPORAINS

ÉTUDES ET PORTRAITS LITTÉRAIRES

QUATRIÈME SÉRIE

> Stendhal — Baudelaire — Mérimée
> Barbey d'Aurevilly — Paul Verlaine
> Victor Hugo — Lamartine
> G. Sand — Taine et Napoléon
> Sully-Prudhomme
> Alphonse Daudet — Renan — Zola
> Paul Bourget — Jean Lahor
> — Grosclaude

Deuxième édition

PARIS

LIBRAIRIE H. LECÈNE ET H. OUDIN

17, RUE BONAPARTE, 17

—

1889

Tout droit de reproduction et de traduction réservé.

LES CONTEMPORAINS

STENDHAL

SON JOURNAL, 1801-1814,

publié par MM. Casimir STRYIENSKI et François de NION.

L'excuse de Stendhal, c'est que, bien réellement, il n'écrivait son journal que pour lui et non point, comme ont fait tant d'autres, avec une arrière-pensée de publication. Et si, quelque bonne volonté qu'on apporte à cette lecture, les trois quarts de ces notes sont décidément dénuées d'intérêt, il ne faut pas oublier qu'il n'était qu'un enfant quand il commença à les écrire.

L'excuse des éditeurs, c'est que (pour parler comme M. Ferdinand Brunetière) toute cette « littérature personnelle », journaux, mémoires, souvenirs, impressions, est fort en faveur aujourd'hui. C'est, d'ailleurs, que Stendhal n'est pas seulement un des écrivains les plus originaux de ce siècle, mais qu'un certain nombre de lettrés, sincèrement ou par imitation, les uns pour paraître subtils et les autres parce qu'ils le sont en effet, considèrent Beyle comme un maître unique, comme le psychologue par excellence, et lui rendent un culte où il y a du mystère et un orgueil d'initiation. C'est qu'enfin de ces 480 pages, souvent insignifiantes et souvent ennuyeuses, on en pourrait extraire une centaine qui sont déjà d'un rare observateur, ou qui nous fournissent de précieuses lumières sur la formation du caractère et du talent de Stendhal. J'en sais d'autant plus de gré à MM. Stryienski et de Nion, que je n'ai jamais parfaitement compris, je l'avoue, cet homme singulier, et que j'ai beaucoup de peine, je ne dis pas à l'admirer, mais à me le définir à moi-même d'une façon un peu satisfaisante. Il m'a toujours paru qu'il y avait en lui « du je ne sais quoi », comme dit Retz de La Rochefoucauld.

Ce « je ne sais quoi », c'est peut-être ce que j'y sens de trop éloigné de mes goûts, de mon idéal de vie, des vertus que je préfère et que je souhaiterais le plus être capable de pratiquer, — ou tout simplement, si vous voulez, de mon tempérament. Se regarder vivre est bon ; mais, après qu'on s'est regardé, fixer sur le papier ce qu'on a vu, s'expliquer, se commenter (à moins d'y mettre l'adorable bonne grâce et le détachement de Montaigne) ; se mirer longuement chaque soir, commencer ce travail à dix-huit ans et le continuer toute sa vie... cela suppose une manie de constatation, si je puis dire, un manque de paresse, d'abandon et d'insouciance, un goût de la vie, une énergie de volonté et d'orgueil, qui me dépassent infiniment.

Car, — et c'est la première clarté que ces pages nous donnent sur leur auteur, — le journal de Stendhal n'est pas un épanchement involontaire et nonchalant ; c'est un travail utile. C'est pour lui un moyen de se modifier, de se façonner peu à peu en vue d'un but déterminé. Chaque jour, il note ce qu'il a fait dans telle circonstance et ce qu'il aurait dû faire ou éviter, étant donné les desseins qu'il poursuit et que nous verrons tout à l'heure. Pour lui, s'analyser, c'est agir.

Stendhal appartient, en effet, à une génération robuste, violente, brutale, nullement rêveuse, nullement pessimiste. Lui-même est un mâle, un sanguin, un homme d'action. Il est, par son libre choix, lieutenant de dragons à dix-huit ans ; il est commissaire des guerres en Allemagne et en Autriche ; il fait, sur sa demande, la campagne de Russie. C'est un soldat, un administrateur et un diplomate, et qui a le goût de ces diverses fonctions. Si, à certains moments, il est triste et découragé jusqu'à songer au suicide (du moins il le dit), c'est par accident et pour des motifs précis : un manque d'argent, un espoir déçu ; mais ce n'est point par l'effet d'une mélancolie générale;

d'une lassitude de lymphatique ou d'une imagination de névropathe. Il n'a rien d'un René. A plus forte raison n'a-t-il rien d'un jeune épuisé d'aujourd'hui. Si vous voulez comprendre quel abîme il peut y avoir à la fois entre deux générations et entre deux âmes, lisez le journal de Stendhal, cette confession d'un jeune homme du premier Empire ; puis lisez, par exemple, *Sous l'œil des barbares*, ce journal d'un jeune homme de la troisième république, et comparez ces deux jeunesses. Vous sentirez clairement ce que je ne puis qu'indiquer.

Stendhal est absolument antichrétien. Il est venu à une époque où il était possible d'être ainsi. Cela est plus malaisé à présent. Ses maîtres de philosophie sont Hobbes, Helvétius et Destutt de Tracy. Il est libre de toute croyance et même de tout préjugé, quel qu'il soit. Il l'est naturellement, et à un degré qui nous étonne et nous scandalise, pauvres ingénus que nous sommes. Nous en conclurions volontiers qu'il y avait en lui une étrange dureté foncière. C'est que, nous avons beau faire effort pour nous affranchir, il est des cas où, en vertu de notre éducation, nous fixons malgré nous des limites à la liberté d'esprit, et nous sommes tout prêts à la nommer autrement quand elle insulte à certains sentiments que nous jugeons sacrés et hors de discussion. Cette dureté se trahit assez souvent chez Beyle. J'en trouve dans le journal un très remarquable exemple. Beyle est malade à Paris, et son père, qui habite

Grenoble, vient de lui refuser une avance sur sa pension.

« Je viens de réfléchir deux heures à la conduite de mon père à mon égard, étant tristement miné par un fort accès de la fièvre lente que j'ai depuis plus de sept mois.

« ... Qu'on calcule l'influence d'une fièvre lente de huit mois, alimentée par toutes les misères possibles, sur un tempérament déjà attaqué d'obstruction et de faiblesse dans le bas-ventre, et qu'on vienne me dire que mon père n'abrège pas ma vie !

« ... Il ne daigne pas répondre depuis plus de trois mois à des lettres où, lui peignant ma misère, je lui demande une légère avance, *pour me vêtir*, sur une pension de trois mille francs, réduite par lui à deux mille quatre cents francs, avance dont il peut se rembourser par ses mains, aux mois de printemps que je passerai à Grenoble.

« ... D'abord tout cela, et vingt pages de détails tous horriblement aggravants ; mon père est un *vilain scélérat* à mon égard, n'ayant ni vertu, ni pitié. *Senza virtù nè carità*, comme dit Carolino dans le *Matrimonio segreto*.

« Si quelqu'un s'étonne de ce fragment, il n'a qu'à me le dire, et, partant de la définition de la vertu, *qu'il me donnera*, je lui prouverai *par écrit*, aussi clairement que l'on prouve que toutes nos *idées* arrivent par nos sens, c'est-à-dire aussi évidemment qu'une vérité morale puisse être prouvée, que mon père à mon égard a eu la conduite d'un malhonnête homme et d'un exécrable père, en un mot d'un *vilain scélérat.* »

Ce défi est assez bizarre. Voici qui l'est plus encore :

« Je finis cet écrit... en réitérant l'offre de prouver *quantum dixi*, par écrit, devant un jury composé des six plus grands hommes existants. Si Franklin existait, je le nommerais. Je désigne pour mes trois, Georges Gros, Tracy et Chateaubriand, pour apprécier le malheur moral dans l'âme d'un poète.

« Si, après cela, vous m'accusez d'être *fils dénaturé*, vous ne raisonnez pas, votre opinion n'est qu'un vain bruit et périra avec vous. »

Et il y revient encore avec un acharnement maladif :

« Ou vous *niez la vertu*, ou mon père a été un vilain scélérat à mon égard ; quelque faiblesse que j'aie encore pour cet homme, voilà la vérité, et je suis prêt à vous le prouver par écrit à la première réquisition. »

Or, il paraît bien que ce père était un homme assez rude et désagréable ; mais, si vous songez que ce tyran, n'ayant lui-même que dix mille francs de rente, faisait à son fils, alors âgé de vingt-deux ans, une pension de deux mille quatre cents francs qui en vaudraient plus de cinq mille aujourd'hui ; que Stendhal avait, en outre, une rente de mille francs qui lui venait de sa mère et que, si l'argent lui avait manqué pour se soigner, c'est qu'il en dépensait beaucoup pour ses habits et pour le théâtre, vous verrez peut-être autre chose que de l'indépendance d'esprit dans cette furieuse impiété filiale. Et ce n'est point là, comme vous le pourriez croire, un simple accès de fièvre : car, d'abord, il appelle couramment son père dans le reste du journal : « mon bâtard de père »; puis, relisant vingt ans après la page que j'ai citée, il ajoute en marge :

« Ne rougis-tu point, au fond du cœur, en lisant ceci en 1835 ? Aurais-tu besoin que j'écrivisse la démonstration tout au long ?

« Rentre dans toi-même.

« Arrêté. »

Et voici ce qu'il avait écrit déjà, en 1832, à propos de la mort de son père, dans un de ces articles nécrologiques qu'il se plaisait à composer sur lui-même :

« Pendant le premier mois qui suivit cette nouvelle, je n'y pensai pas trois fois. Cinq ou six ans plus tard, j'ai cherché en vain à m'en affliger. Le lecteur me trouvera mauvais fils, il aura raison. »

En supposant même que tous les griefs de Stendhal aient été fondés, on se dit qu'il y a des sentiments qu'on peut sans doute éprouver malgré soi, mais qu'il est odieux de s'y complaire, de les développer par écrit, parce qu'ils offensent, tout au moins, des conventions trop anciennes, trop nécessaires à la vie des sociétés, et vénérables par là même. Toute âme un peu délicate, ou, si vous voulez, un peu craintive, modeste et religieuse, pensera ainsi. Maintenant, si vous cherchez, sur ce point particulier, un cas analogue à celui de Stendhal, vous serez tout surpris de rencontrer Mirabeau et Jules Vallès... Et, en dépit de son sang froid et de sa sécheresse d'écrivain, vous n'hésiterez plus à classer parmi les « violents » cet abstracteur de quintessences.

Tout cela n'empêche point Stendhal de se croire extraordinairement sensible. « Si je vis, ma conduite démontrera qu'il n'y a pas eu d'homme aussi accessible à la pitié que moi... La moindre chose m'émeut, me fait venir les larmes aux yeux... » Ces déclarations reviennent à chaque instant. Il y a là évidemment un reste de sensiblerie à la façon du dix-huitième siècle. Cela veut dire aussi qu'il ressent vivement le plaisir et la peine, qu'il est de tempérament voluptueux. Et d'autres fois, enfin, c'est simplement sensibilité d'artiste. Il faut commencer par sentir les choses profondément — et brièvement, — pour être capable de les rendre ensuite dans leur vérité.

Il a un immense orgueil, et toutes les formes de l'orgueil, les plus petites comme les plus grandes : l'orgueil de César et celui de Brummel. Il constate çà et là qu'il était bien habillé (et il décrit son costume), qu'il a été beau, brillant, spirituel, profond; qu'il est original et qu'il a du génie. Je cite tout à fait au hasard. Il relit un de ses cahiers, il en est content et il ajoute : « Il y a quelquefois des moments de profondeur dans la peinture de mon caractère. » Il vient de prendre une leçon de déclamation : « J'ai joué la scène du métromane avec un grand nerf, une verve et une beauté d'organe charmantes. J'avais une tenue superbe de fierté et d'enthousiasme. » Et plus loin : « La charmante grâce de ma déclamation a interdit Louason. » Ou bien : « La réflexion profonde (à la Molière) que je fais dans ce moment, etc... » Ou encore : « Je commence à aborder dans le monde le magasin de mes idées de poète sur l'homme. Cela donne à ma conversation une physionomie inimitable, » etc., etc... Cela est continuel. Penser ainsi de soi, passe encore : nous sommes de si plaisants animaux ! Mais l'écrire ! fût-ce pour son bonnet de nuit ! Je n'en reviens pas !

Cet orgueil s'accompagnait, comme il arrive souvent, d'une extrême timidité, qui n'en était que la conséquence, — timidité qu'exaspéraient encore sa sensibilité d'artiste et sa sagacité d'observateur. Orgueilleux, il craignait d'autant plus d'être ridicule ; sensible, il souffrait d'autant plus de cette crainte ; clairvoyant, il rencontrait partout des occasions d'en souffrir, ou même les faisait naître. Tout ce mécanisme est fort connu, et je vous fais là de la psychologie élémentaire.

J'ai dit qu'il était bien de son temps. A l'origine du moins, sa qualité maîtresse me paraît avoir été une indomptable énergie. Il croit à la toute-puissance de la volonté. Nous le voyons imposer à la sienne deux tâches principales.

Premièrement, il veut se faire aimer d'une petite comédienne, Mélanie Guilbert, qu'il appelle plus souvent Louason. Le travail de roué naïf auquel il se livre, et qu'il nous raconte jour par jour, est impayable. Il est seulement fâcheux que la relation en dure trop longtemps, et qu'il se répète beaucoup. Il se demande sans cesse : « Ai-je été habile aujourd'hui ? Non ; j'ai fait telle et telle faute. Il faudra que demain je dise ceci, je fasse cela. » Comme il n'a que vingt ans, il a encore des ingénuités. De temps en temps, il se pose cette question : « Mélanie ne serait-elle qu'une coquine ? » Un vieux monsieur la traite tout à fait familièrement et vient passer chez elle deux ou trois heures par jour. Beyle écrit : « Ce vieux monsieur serait-il son entreteneur ? » Et un peu après : « Non, je m'étais trompé : il vient seulement lui faire répéter ses rôles. » Une phrase qui revient toutes les dix pages, c'est celle-ci : « A tel moment, si j'avais osé, je l'aurais eue. » Cela devient très comique à la longue. Finalement, il fait à Louason sa cour pendant plus d'un an sans arriver à rien. C'est timidité ; c'est aussi manque d'argent (l'argent donnant en ces affaires une grande assurance) ; c'est surtout qu'il s'applique trop, combine trop, se regarde trop faire. Et, — chose admirable, — ce qu'il n'a pu conquérir par toute une année de soins assidus et savants, — trop savants, — il l'obtient trois ans après, à l'improviste, quand il n'y songe presque plus. Et, tandis qu'il consacre deux cents pages au récit détaillé de ses manœuvres et de ses stratégies inutiles, il enregistre négligemment, en une ligne, une conquête qu'il n'attendait plus : « Dix heures sonnent. J'ai passé la nuit hier avec Mélanie. » (J'adoucis l'expression.) Dons Juans, instruisez-vous !

En somme, c'est l'histoire d'un premier échec, puisque, s'il arrive à son but, c'est après y avoir renoncé et par d'autres moyens que ceux sur lesquels il comptait.

Secondement (je ne suis point ici l'ordre des dates), Beyle s'est juré à lui-même d'être un grand poète, et un grand poète comique. Cela nous surprend un peu, car, si Stendhal fut un inventeur, il n'était nullement poète au sens ordinaire et naturel du mot, et il n'avait à aucun degré le génie comique. Mais, encore une fois, il n'était pas éloigné de croire que l'on fait toujours ce que l'on veut avec énergie. Il procède en poésie, comme il a fait en amour, avec suite et méthode, tout un luxe de réflexions, de préparations et de préméditations. Savourez, je vous prie, la belle candeur de ces confidences (Beyle avait alors vingt ans) : « Quel est mon but ? d'acquérir la réputation du plus grand poète français, non point par intrigue, comme Voltaire, mais en la méritant véritablement ; pour cela, savoir le grec, l'italien, l'anglais. Ne point se former le goût sur l'exemple de mes devanciers, mais à coups d'analyse, en recherchant comment la poésie plaît aux hommes et comment elle peut parvenir à leur plaire autant que possible. » Et alors il s'impose d'énormes lectures. Il lit même des dictionnaires de rimes et de synonymes, et entreprend de se faire « un dictionnaire de style poétique (!) où il mettra toutes les locutions de Rabelais, Amyot, Montaigne, Malherbe, Marot, Corneille, La Fontaine, etc. »

Quelques-unes de ses opinions littéraires sont intéressantes et déjà révélatrices soit de son caractère, soit de son talent futur. Sans doute il est de son temps ; il admire encore Crébillon ; il déclare, après une représentation de *la Suite du Misanthrope*, que « d'Eglantine est le plus grand génie qu'ait produit le dix-huitième siècle en littérature ». — Je comprends d'ailleurs que ce jeune homme de tant d'orgueil et d'énergie place très haut Corneille et même Alfieri : je conçois moins que celui qui doit écrire le livre de *l'Amour* fasse si peu de cas du théâtre de Racine. Mais il adore La Fontaine, Pascal, et, sans réserve et par-dessus tout, Shakespeare (ce qui était alors un sentiment original). Il a le goût et l'amour de la naïveté et de la vérité. Il fait d'excellentes remarques sur notre tragédie classique : « C'est une fausse délicatesse qui empêche les personnages d'entrer dans les détails, ce qui fait que nous ne sommes jamais saisis de terreur, comme dans les pièces de Shakespeare. Ils n'osent pas nommer leur chambre, ils ne parlent pas assez de ce qui les entoure. » —« Ducis semble avoir oublié *qu'il n'est point de sensibilité sans détails.* Cet oubli est un des défauts capitaux du théâtre français. » Je n'ai pas le loisir de développer ici mon impression ; mais on sent que, plus tard, le romantisme, qu'il défendra, ne sera pas tout à fait la même chose pour lui que pour les romantiques, qu'il ne mettra pas les mêmes idées sous les mêmes mots, que cette révolution littéraire ne sera à ses yeux qu'un développement naturel du génie national dans le sens de la vraie simplicité et de la franchise d'observation...

L'histoire de cette seconde entreprise de Beyle est donc l'histoire d'un second échec. Je me hâte de dire qu'il n'a pas échoué sur tous les points. Il a voulu être un homme du monde, un homme à bonnes fortunes, un « homme fort », comme disait Balzac ; il s'y est fort appliqué (vous le verrez en parcourant ses notes), et il l'a été dans une très honorable mesure. Et, enfin, il a été un très subtil psychologue et un romancier à peu près unique dans son espèce. Mais avec tout cela on peut dire qu'il n'a point fait ce qu'il a voulu le plus énergiquement ; et il me semble que son journal nous dit pourquoi.

Il voulait le plaisir sous toutes ses formes, mais particulièrement l'action grandiose, la domination sur les femmes et sur les hommes. Son idéal était celui de l'épicurien, non de celui que célèbrent les chansons du Caveau, mais de l'épicurien héroïque de l'antiquité ou de la Renaissance, pour qui l'action même et la « vertu » virile étaient le meilleur des plaisirs. Il dit, en regrettant de n'avoir pas eu de maîtresse à dix-huit ans : « Elle eût trouvé en moi *une âme romaine* pour les choses étrangères à l'amour. » Or, il passe toute sa vie dans d'assez médiocres emplois. Il écrit ses deux romans à cinquante ans passés, et meurt consul à Civita-Vecchia, sans avoir connu la gloire qu'il avait tant désirée. Il a donc pu croire, en mourant, qu'il n'avait pas rempli sa destinée.

Voici, je crois, tout le mystère. Il avait reçu de la nature, avec une volonté très forte, un don merveilleux d'observation, et, comme on dit aujourd'hui, de dédoublement. Il crut que, en mettant cette faculté d'analyse au service de sa volonté, il augmenterait la puissance de celle-ci. Mais c'est le contraire qui est arrivé. En s'observant toujours pour mieux agir, il n'agissait plus que faiblement. Il faut être très ignorant de soi pour être vraiment fort, et il faut aussi savoir s'arrêter dans la connaissance ou, du moins, dans l'étude des autres. Bonaparte avait sur les hommes des notions nettes, mais sommaires. Beyle nous dit lui-même : « Je m'arrêtais trop à jouir de ce que je sentais… Je connais si fort le jeu des passions… *que je ne suis jamais sûr de rien, à force de voir tous les possibles* ». Ce que nous raconte le journal, c'est peut-être l'aventure d'un grand homme d'action paralysé peu à peu par un incomparable analyste,—lequel a gardé d'ailleurs, dans ses œuvres écrites, le goût le plus décidé pour l'énergie humaine.

A aller au fond des choses, Fabrice del Dongo représente assez exactement ce que Stendhal aurait souhaité d'être, et Julien Sorel (dans la première partie du *Rouge et du Noir*) ce qu'il a été. C'est l'impression que m'a laissée ce journal — dont je n'ai pu vous donner, par ces quelques lignes, qu'une idée fort imparfaite.

BAUDELAIRE

Œuvres posthumes et Correspondances inédites, précédées d'une étude biographique, par Eugène Crépet.

Le jeune marquis Wolfgang de Cadolles, fils d'émigré, s'enrôle dans l'armée de l'empereur par besoin d'action, patriotisme, amour de la gloire. Il se distingue à Wagram ; l'empereur le décore de sa main, et dès lors le marquis appartient corps et âme à Napoléon. Il devient rapidement colonel. Après l'abdication de l'empereur, Wolfgang retrouve son père rapatrié, et une belle royaliste qu'il aime depuis son adolescence, Mme de Timey. Il est près de faire sa soumission aux Bourbons, quand l'empereur revient de l'île d'Elbe. Comme Ney, comme Labédoyère, Wolfgang se rallie *irrésistiblement* à son ancien maître. Il se cache après Waterloo ; il écrit à Mme de Timey : « Venez et fuyons ensemble. » Elle hésite et répond : « Non. » Seconde lettre de Wolfgang : « Puisque vous ne voulez pas fuir avec moi, vous ne m'aimez plus, et je me constitue prisonnier. » Et, quoique le roi lui ait accordé spontanément sa grâce, il se tue dans sa prison.

Voilà un canevas de drame. Il n'est pas prodigieusement original. Il pourrait être de n'importe qui. Or, il est de l'auteur de *Une Martyre*, des *Litanies de Satan* et de *Delphine et Hippolyte*. C'est M. Crépet qui nous en donne le scénario assez développé dans le volume qu'il vient de publier : *Œuvres posthumes et Correspondances inédites* de Charles Baudelaire.

Il faut être juste. Deux scènes, dans ce scénario, portent la marque du poète des *Fleurs du mal*.

Au premier acte, nous avons vu arriver chez le comte de Cadolles un soldat français, le trompette Triton, blessé, sanglant, déguenillé. Triton, guéri, devient chef des piqueurs du comte, et Wolfgang passe sa vie à la chasse avec Triton. « Ce trompette, *à son insu, corrompt, séduit* le marquis. Il lui explique, dans son langage de trompette, dans un style violent, pittoresque, grossier, naïf, ce que c'est qu'un combat, une charge de cavalerie ; ce que c'est que la gloire, les amitiés de régiment, etc. Depuis longtemps, bien longtemps, Triton n'a plus de famille ; il n'est pas rentré au village depuis les grandes guerres de la république ; il ne sait pas ce qu'est devenue sa mère. Le régiment du 1er houzards est devenu sa famille. — Une nuit, Wolfgang dit au trompette de seller les deux meilleurs chevaux. Et, en route, il lui dit : — Devine où nous allons. Nous allons rejoindre la grande armée. Je ne veux pas qu'on se batte sans moi. »

Cela, c'est d'assez bonne et plausible psychologie.

Au quatrième acte, « Mme de Timey raconte son histoire à Wolfgang. Le comte de Timey, qui était un homme très intelligent et très corrompu, a été l'amant de sa mère, femme d'un autre émigré français, Mme d'Evré. Avant de mourir, après sa confession, M. le comte de Timey a voulu épouser Mlle d'Evré, qui était peut-être, et probablement même, sa fille. Le moribond a employé sa nuit de noces à enseigner à sa femme sa corruption morale et sa corruption politique. Il lui a dit finalement : *Ma chère fille, je laisse dans votre âme virginale l'expérience d'un vieux roué.* Et puis, il est mort. Ainsi, elle s'est trouvée subitement *riche, veuve quoique vierge, et pleine d'expérience quoique innocente.* »

Cela, c'est du bizarre, du surprenant, du diabolique, du satanique, et Baudelaire a dû être particulièrement satisfait de cette invention.

Mais, au reste, je ne vous ai parlé de ce plan de drame que pour avoir le droit de vous parler, à cette place (1), de Baudelaire lui-même. J'ai passé, en parcourant ses *Œuvres posthumes*, par trois impressions. J'ai senti l'impuissance et la stérilité de cet homme, et il m'a presque irrité par ses prétentions. Puis j'ai senti sa misère, sa souffrance intime, et je

---

(1) Feuilleton dramatique des *Débats*.

l'ai plaint ; j'ai reconnu en lui des vertus d'honnête homme ; j'ai cru à sa sincérité d'artiste, dont je doutais d'abord. — Enfin, ayant relu *les Fleurs du mal*, j'y ai pris plus de plaisir que je n'en attendais, et j'ai été contraint de reconnaître, quoi qu'en aient dit d'habiles gens, la réelle, l'irréductible originalité de cet esprit si incomplet.

J'ouvre les deux petits recueils de « Pensées » de Baudelaire, *Fusées* et *Mon cœur mis à nu*. Il n'y a pas à dire, cela est terriblement pauvre, avec de grands airs. C'est la recherche la plus puérile des opinions singulières. Et cela aboutit à des paradoxes aussi faciles qu'effroyables. Il y en a qui reposent tout entiers sur un mot détourné de son sens. Exemple : « L'amour, c'est le goût de la *prostitution*. Il n'est même pas de plaisir noble qui ne puisse être ramené à la prostitution. Qu'est-ce que l'art ? Prostitution... L'être le plus prostitué, c'est l'être par excellence, Dieu. » Ou bien : « L'amour peut dériver d'un sentiment généreux. Le goût de la prostitution ; mais il est bientôt corrompu par le goût de la propriété... » Si vous croyez que cela veut dire quelque chose !

Ou bien : « De la féminéité de l'Eglise, comme raison de son omni-puissance. » Ou bien : « Analyse des contre-religions ; exemple : la prostitution sacrée. Qu'est-ce que la prostitution sacrée ? Excitation nerveuse. — Mysticité du paganisme. Le mysticisme, trait d'union entre le paganisme et le christianisme.

Le paganisme et le christianisme se prouvent réciproquement. » Le pire, c'est que je sens ce malheureux parfaitement incapable de développer ces notes sibyllines. Les « pensées » de Baudelaire ne sont, le plus souvent, qu'une espèce de balbutiement prétentieux et pénible. Une fois, il déclare superbement : « J'ai trouvé la définition du beau, de mon beau à moi. » Et il écrit deux pages pour nous dire qu'il ne conçoit pas la beauté sans mystère ni tristesse ; mais il ne l'explique pas, il ne saurait. On n'imagine pas une tête moins philosophique.

Je ne parle pas de ces maximes d'une perversité si aisée qu'il semble qu'on en fabriquerait comme cela à la douzaine : « Moi, je dis : la volupté unique et suprême de l'amour gît dans la certitude de faire le mal. Et l'homme et la femme savent, de naissance, que dans le mal se trouve toute volupté. » — « Je comprends qu'on déserte une cause pour savoir ce qu'on éprouvera à en servir une autre. » — « Etre un homme utile m'a toujours paru quelque chose de bien hideux », etc... Et son catholicisme ! et son dandysme ! et son mépris de la femme ! et son culte de l'artificiel ! Que tout cela nous paraît aujourd'hui indigent et banal ! « La femme est le contraire du dandy. Donc, elle doit faire horreur... La femme est *naturelle*, c'est-à-dire abominable. — J'ai toujours été étonné qu'on laissât les femmes entrer dans les églises. Quelles conversations peuvent-elles avoir avec Dieu ? La jeune fille, ce qu'elle est en réalité.

Une petite sotte et une petite salope ; la plus grande imbécillité unie à la plus grande dépravation. — Le commerce est, par son essence, *satanique*... Le commerce est *naturel*, donc il est *infâme* », etc... Tout est de cette force. Ces plats paradoxes me feraient presque aimer le plat bon sens de « ce coquin de Franklin ».

Pourtant une chose me touche : c'est de voir combien a peiné ce malheureux pour produire ces extravagances. Il y a en lui une détresse, une angoisse, un sentiment atroce de sa stérilité. Son éditeur nous dit très sérieusement : « Nous ne possédons qu'une vingtaine de feuilles volantes qui se rattachent aux conceptions des romans et des nouvelles *que Baudelaire porta vingt ans dans sa tête sans en confier rien au papier.* » Les chef-d'œuvre qu'on prémédite vingt ans sans en écrire une ligne... je connais cela. Hélas ! l'œuvre posthume de Baudelaire se réduit presque à des titres de nouvelles et de romans, tels que : *Le Marquis invisible, la Maîtresse de l'idiot, la Négresse aux yeux bleus, la Maîtresse vierge, les Monstres, l'Autel de la volonté, le Portrait fatal...* Evidemment ces titres lui semblaient très singuliers et très beaux. Mais était-ce pour lui-même quelque chose de plus que des titres ? **Sans cesse**, dans sa correspondance, il confesse sa paresse, il jure de travailler, et *il ne peut pas.*

Ce qui me touche encore, c'est son dégoût des hommes et des choses; de « ce qui est ». Ce dégoût, bien qu'il l'exprime le plus souvent avec une insupportable affectation, je le crois, je le sens sincère. C'est vraiment une âme née malheureuse, tourmentée de désirs toujours indéterminés, toujours inassouvis, toujours douloureux. Cet homme, si peu simple — en apparence, — si obscur dans ses idées, si préoccupé d'étonner et de mystifier les autres, m'eût immensément déplu, j'imagine, à une première rencontre. Mais j'aurais bientôt découvert que le plus mystifié et le plus étonné de tous, c'était encore lui. Sa personne m'aurait sûrement intéressé, et probablement séduit à la longue. Ce qu'on ne peut certes lui refuser, c'est d'avoir été un Inquiet. Il a eu, au plus haut point, ce qui a manqué à de plus grands que lui : le sentiment, le souci et souvent la terreur du Mystère qui nous entoure...

Chose inattendue : vers la fin de sa vie, de sa pauvre vie si sombre où la débauche morne et appliquée, puis l'opium, le haschich, et, enfin, l'alcool, avaient fait tant de ravages, son catholicisme si peu chrétien, son catholicisme impie et sensuel, celui des *Fleurs du mal*, semble s'épurer et s'attendrir, et lui descendre, — ou lui remonter, — dans le cœur. Il a honte de lui ; il a des idées de conversion, de perfectionnement moral. Il écrit : « A Honfleur ! le plus tôt possible, avant de tomber plus bas... Que de pressentiments et de signes envoyés déjà par Dieu, qu'il est *grandement temps* d'agir !... » Et ses notes intimes se terminent par cette page, où il y a, si vous le voulez, encore un peu d'artifice et de « pose » en face de soi-même, mais où j'ai tout aussi bien le droit de trouver (qui sait?) de la simplicité, de la piété, de l'humilité :

« Je me jure à moi-même de prendre désormais les règles suivantes pour règles éternelles de ma vie :

« Faire tous les matins ma prière à Dieu, *réservoir de toute force et de toute justice, à mon père, à Mariette et à Poë,* comme intercesseurs : les prier de me communiquer *la force nécessaire* pour accomplir tous mes devoirs, et d'octroyer à ma mère une *vie assez longue* pour jouir de ma transformation ; travailler toute la journée, ou du moins *tant que mes forces me le permettront;* me fier à Dieu, c'est-à-dire à la justice même, pour la réussite de mes projets ; faire, tous les soirs, une nouvelle prière, pour demander à Dieu la vie et la force pour ma mère et pour moi ; faire, de tout ce que je gagnerai, quatre parts : une pour la vie courante, une pour mes créanciers, une pour mes amis, et une pour ma mère ; obéir aux principes de la plus stricte sobriété, dont le premier est la suppression de tous les excitants, quels qu'ils soient. »

Plus je me rapproche de l'homme, et plus je reviens de mes préventions contre l'artiste. Dans toute sa correspondance avec son éditeur et ami Poulet-Malassis, il montre de la délicatesse, de la fierté, de la franchise, de la fidélité en amitié. Ses lettres à Sainte-Beuve lui font tout à fait honneur. Sainte-Beuve témoigna toujours beaucoup d'affection à Baudelaire, soit qu'il eût en effet du goût pour sa personne, soit qu'il le sentît très malheureux. En tous cas, l'auteur de *Volupté*, qui n'était pas précisément un naïf, n'a pas douté un instant de la sincérité du poète des *Fleurs du mal*. Baudelaire s'épanche avec Sainte-Beuve plus librement qu'avec tout autre ; il est simple, affectueux, confiant. Sainte-Beuve avait coutume de l'appeler : « Mon cher enfant » ; et Baudelaire (qui blanchit de bonne heure) lui répond de Bruxelles (mars 1865) : « Quand vous m'appelez : *Mon cher enfant,* vous m'attendrissez et vous me faites rire en même temps. Malgré mes grands cheveux blancs qui me donnent l'air d'un académicien (à l'étranger), j'ai grand besoin de quelqu'un qui m'aime assez pour m'appeler son enfant... » Il lui demande, un jour, un article sur *les Histoires extraordinaires* de Poë; Sainte-Beuve promet l'article, ne l'écrit point, et Baudelaire ne lui en veut pas.

L'affection de Baudelaire pour le grand critique datait de loin ; *les Poésies de Joseph Delorme* étaient déjà, au collège, un de ses livres de prédilection ; et à vingt ans, il envoyait des vers (dont quelques-uns assez beaux) à son poète favori... Et, en effet, les poésies de Sainte-Beuve, — si curieuses, mais qui ne sont aujourd'hui connues et aimées que d'un petit nombre de lettrés, — ressemblent déjà par endroits, sinon à des « fleurs du mal », du moins à des fleurs assez malades.

M. Crépet a bien raison de dire dans sa Préface :
« J'ai la conviction que ces documents ne peuvent
que servir la mémoire de Baudelaire, en la dégageant, sous certains aspects, des ombres qui la
couvraient. » On constatera, en feuilletant le volume,
que Baudelaire fut un bon fils. J'entends par là
que jamais il ne contrista sa mère autrement que par
ses vices, dont je ne sais à quel point il faut le rendre responsable, et qu'il fut constamment, avec elle,
affectueux, attentif et tendre. On verra aussi que ce
grand débauché garda pendant vingt ans une mulâtresse, Jeanne Duval, qui le trompa de toutes les
façons ; que, lorsqu'elle fut, jeune encore, frappée
de paralysie, il la fit entrer à ses frais à l'hospice
Dubois ; que, lorsqu'elle en voulut sortir avant sa
guérison, il revint habiter avec elle, et qu'il ne cessa
de lui venir en aide, même après qu'il eut fixé sa
résidence en Belgique, malgré l'extrême gêne à laquelle il était lui-même réduit.

Cette Jeanne Duval, c'est la maîtresse noire, le
« vase de tristesse », la « grande taciturne », la
« sorcière », la « nymphe ténébreuse et chaude » des
Fleurs du mal. Or, il paraît bien qu'elle n'avait, à part
sa race, rien de remarquable. Voici son signalement:
« Pas très noire, pas très belle, cheveux noirs peu
crépus, poitrine assez plate; de taille assez grande,
marchant mal ». Une réflexion ne vous vient-elle
pas ? Toutes les femmes que les poètes ont aimées et
dont ils ont chanté l'incomparable beauté, depuis la

maîtresse d'Anacréon jusqu'à celle de Baudelaire, en passant par Délie, Cynthie, Béatrix, Laure, Cassandre, Elvire... — si nous les avions sous les yeux telles qu'elles ont été, qui sait ? elles ressembleraient peut-être à une bande de trottins, de bonnes et de figurantes, et nous nous dirions : — « N'était-ce que cela? » O bienfaisante poésie, fille de l'éternelle illusion !

Enfin, il est certain que Baudelaire n'a pas été gâté par la vie. Il avait sept ans quand sa mère se remaria au colonel Aupick. A vingt ans, pour quelque désordre qu'on ignore, il est embarqué par son beau-père pour Calcutta. A son retour, il entre en possession de son patrimoine, soixante-dix mille francs. En deux ans, il en dépense la moitié ; on lui donne un conseil judiciaire. Il se refuse obstinément à faire autre chose que de la littérature. Il vit donc, pendant vingt ans, de la rente des trente-cinq mille francs qui lui restaient, et du produit de sa plume (produit fort mince). Or, il ne fait pas, pendant ces vingt ans, plus de dix mille francs de dettes nouvelles. Vous jugez que, dans ces conditions, il n'a pas dû se livrer souvent à des orgies néroniennes ! Il s'est débattu jusqu'à la fin dans les plus cruels embarras d'argent. Sur ce point, sa correspondance fait mal à lire... Joignez à cela sa maladie nerveuse, dont il put bien hâter les progrès par des excès de toute sorte, mais qui était d'ailleurs héréditaire. « Mes ancêtres, écrit-il, idiots ou maniaques, dans des appartements solennels, tous victimes de terribles passions. »... Ah ! le pauvre dandy, le pauvre mystificateur, le pauvre buveur d'opium, le pauvre diable de poète « diabolique » ! Comme il faut le plaindre !

Eh bien ! non, car, tout compte fait, il a trouvé et laissé après lui quelque chose. Son influence, après sa mort, a été très grande sur beaucoup de jeunes gens, et même sur des poètes d'un âge mûr. Le baudelairisme n'est peut-être pas une fantaisie négligeable dans l'histoire de la littérature. Il n'est pas tout entier, quoi qu'on en ait dit, dans l'application de deux ou trois procédés d'une certaine rhétorique. Quand j'ai lu pour la première fois *les Fleurs du mal*, je n'étais déjà plus un adolescent, et cependant j'en ai senti très vivement le charme particulier. Je les ai relues, et je voudrais vous dire l'espèce de plaisir qu'elles m'ont fait et ce que j'ai cru y voir. Mais le baudelairisme est difficile à définir. Je ne puis qu'indiquer très sommairement ce qu'il est, ou ce qu'il a l'air d'être.

C'est une des formes extrêmes, la moins spontanée et la plus maladive, de la sensibilité poétique. C'est tout un ensemble d'artifices, de contradictions volontaires. Essayons d'en noter quelques-unes.

On y trouve mêlés le réalisme et l'idéalisme. C'est la description outrée et complaisante des plus désolants détails de la réalité physique, et c'est, dans le même moment, la traduction épurée des idées et des croyances qui dépassent le plus l'impression immédiate que font sur nous les corps. — C'est l'union de la sensualité la plus profonde et de l'ascétisme chrétien. « Dégoût de la vie, extase de la vie », écrit quelque part Baudelaire. On raffine sur les sensations ; on en crée presque de nouvelles par l'attention et par la volonté ; on saisit des rapports subtils entre celles de la vue, celles de l'ouïe, celles de l'odorat (ces dernières surtout ont été recherchées de Baudelaire) ; on se délecte du monde matériel, et, en même temps, on le juge vain, — ou abominable. — C'est encore, en amour, l'alliance du mépris et de l'adoration de la femme, et aussi de la volupté charnelle et du mysticisme. On considère la femme comme une esclave, comme une bête, ou comme une simple pile électrique, et cependant on lui adresse les mêmes hommages, les mêmes prières qu'à la Vierge immaculée. Ou bien, on la regarde comme le piège universel, comme l'instrument de toute chute, et on l'adore à cause de sa funeste puissance. Et ce n'est pas tout : dans l'instant où l'on prétend exprimer la passion la plus ardente, on s'applique à chercher la forme la plus précieuse, la plus imprévue, la plus contournée, c'est-à-dire celle qui implique le plus de sang-froid et l'absence même de la passion. — Ou bien, pour innover encore dans l'ordre des sentiments, on se pénètre de l'idée du surnaturel, parce que cette idée agrandit les impressions, en prolonge en nous le retentissement ; on pressent le mystère

1***

derrière toute chose; on croit ou l'on feint de croire au diable; on l'envisage tour à tour ou à la fois comme le père du Mal ou comme le grand Vaincu et la grande Victime ; et l'on se réjouit d'exprimer son impiété dans le langage des pieux et des croyants. On maudit le « Progrès » ; on déteste la civilisation industrielle de ce siècle, comme hostile au mystère; on la juge écœurante de rationalisme, et, en même temps, on jouit du pittoresque spécial que cette civilisation a mis dans la vie humaine et des ressources qu'elle apporte à l'art de développer la sensibilité...

Le baudelairisme serait donc, en résumé, le suprême effort de l'épicuréisme intellectuel et sentimental. Il dédaigne les sentiments que suggère la simple nature. Car les plus délicieux, ce sont les plus inventés, les plus savamment ourdis. Le fin du fin, ce sera la combinaison de la sensualité païenne et de la mysticité catholique, s'aiguisant l'une par l'autre, — ou de la révolte de l'esprit et des émotions de la piété. Comme rien n'égale en intensité et en profondeur les sentiments religieux (à cause de ce qu'ils peuvent contenir de terreur et d'amour), on les reprend, on les ravive en soi, — et cela, en pleine recherche des sensations les plus directement condamnées par les croyances d'où dérivent ces sentiments. On arrive ainsi à quelque chose de merveilleusement artificiel... Oui, je crois que c'est bien là l'effort essentiel du baudelairisme : unir toujours deux ordres de sentiments contraires et, au premier abord, incompatibles, et, au fond, deux conceptions divergentes du monde et de la vie, la chrétienne et l'autre, ou, si vous voulez, le passé et le présent. C'est le chef-d'œuvre de la Volonté (je mets, comme Baudelaire, une majuscule), le dernier mot de l'invention en fait de sentiments, le plus grand plaisir d'orgueil spirituel... Et l'on comprend qu'en ce temps d'industrie, de science positive et de démocratie, le baudelairisme ait dû naître, chez certaines âmes, du regret du passé et de l'exaspération nerveuse, fréquente chez les vieilles races...

Maintenant il va sans dire que le baudelairisme est antérieur à Baudelaire. Mais *les Fleurs du mal* en offrent l'expression la plus voulue, la plus ramassée et, somme toute, la plus remarquable jusqu'à présent. Sans doute, le souffle y est court et haletant ; les obscurités et les impropriétés d'expression n'y sont pas rares, — ni même les banalités. Avec cela, une douzaine au moins de ces poèmes sont fort beaux. Et vous trouverez dans tout le livre de ces vers qui appartiennent en propre à Baudelaire, des vers *qu'on n'avait pas faits avant lui*, vers singuliers, « troublants », charmants, mystérieux, douloureux...

Ce qui a fait tort à Baudelaire, ce sont ses imitateurs, dont la plupart sont intolérables. Il leur doit de paraître aujourd'hui faux et suranné à beaucoup d'honnêtes gens. Mais lui-même avait écrit : « Créer

un poncif, c'est le génie. Je dois créer un poncif. »
Il y a parfaitement réussi.

Le baudelairisme est bon à son heure, pour nous consoler de Voltaire, de Béranger, de M. Thiers, et des esprits qui leur ressemblent. Et réciproquement.

PROSPER MÉRIMÉE(¹)

Les Nouvelles de Prosper Mérimée sont toujours bonnes à lire, puisqu'elles sont parfaites, mais, à vingt ans, elles paraissent un peu sèches. C'est plus tard qu'on en goûte entièrement la saveur amère, fine et profonde : car elles expriment, je crois, l'état le plus distingué où se puisse reposer soit notre esprit, soit notre conscience.

On se lasse de bien des choses en littérature. On est frappé et dégoûté un jour de la part énorme de superflu que contiennent même beaucoup de belles œuvres. Oui, la peinture des mouvements de l'âme et des « passions de l'amour » est intéressante ; mais c'est bien long, George Sand. Oui, les divers types de l'animal humain vivant en société,

---

(1) Préface d'une édition de *Nouvelles choisies* de Mérimée, chez Jouaust.

et ses rapports cachés ou visibles avec le milieu où il se développe, sont curieux à étudier ; mais c'est bien long, Balzac. Oui, « le monde physique existe, » et il y a des arrangements de mots qui peuvent ressusciter dans notre imagination les objets absents ; mais c'est bien long, Gautier. Oui, nous sommes enveloppés de mystère, et souvent notre raison côtoie la folie ; mais c'est bien long, Edgar Poë. Oui, l'humanité dans son fond est abominable et féroce, et la nature n'a jamais connu la justice ; mais c'est bien long, Zola, — et c'est bien gros. — Des artistes abondants nous décrivent le monde ou les hommes avec un luxe de détails dont nous n'avons que faire : car, nous aussi, nous savons regarder. Ils nous étalent leurs sentiments avec une insistance et une indiscrétion qui nous rebutent : car, nous aussi, nous savons sentir. Il nous suffisait d'être avertis, et « tout ça, c'est de la littérature. »

Or, lisez les courts récits de Mérimée. Mécanisme des passions, brutalité des instincts, caractères d'hommes, paysages, tristesse des choses, effroi de l'inexpliqué, jeux de l'amour et de la mort, tout cela s'y trouve noté brièvement et infailliblement, dans un style dont la simplicité et la sobriété sont égales à celles de Voltaire, avec quelque chose de plus serré, de plus prémédité, de plus aigu. Le choix des détails significatifs, le naturel et la propriété de l'expression y sont admirables. Cela ne paraît pas « écrit », et cela est sans défaut. C'est net, direct, un peu hautain. A une époque où le génie français s'épanchait avec une magnifique intempérance, au temps de la poésie romantique, au temps des romans débordés, Mérimée, comme Stendhal (mais avec plus de souci de l'art), restait sobre et mesuré, gardait tout le meilleur de la forme classique, — en y enfermant tout le plus neuf de l'âme et de la philosophie de notre siècle. C'est pourquoi son œuvre demeure. On dirait que sa sécheresse la conserve. « La mort n'y mord. » Et, quand nous relisons ces ouvrages d'une si harmonieuse pureté, nous sommes étonnés de tout ce qu'ils contiennent sans en avoir l'air ; nous sommes ravis de cette exacte et précise traduction des choses, où rien d'essentiel n'a été omis, où n'a été admis rien de superflu ; nous en développons la richesse secrète ; nous nous apercevons que dans ces nouvelles, dont quelques-unes ont été composées voilà cinquante ou soixante ans, se trouvent déjà tous les sentiments, toutes les façons de voir et de concevoir le monde qui ont paru depuis et qui paraissent encore le plus originales. Réalisme, naturalisme, exotisme, pessimisme, toutes les écritures de Mérimée en sont profondément imprégnées. Mais ces sentiments divers sont tous comprimés et dominés chez lui par un autre sentiment, plus général, ou mieux par une manière d'être qui, jointe à la qualité particulière de son style, achève de donner sa marque à ce rare écrivain : car elle nous révèle, après la distinction incomparable de l'artiste, la suprême distinction de l'homme.

Cette exquise attitude de l'esprit, il faut voir comment elle naît et de quoi elle est faite. Elle suppose beaucoup de science et de désenchantement, — et beaucoup de pudeur et d'orgueil.

Au fond de ces contes si alertes, si rapides, d'un ton si détaché, où jamais l'auteur n'exprime directement son opinion sur les hommes ni sur les choses, qu'y a-t-il? La philosophie la plus affranchie d'illusions, la plus libre et la plus âcre sagesse.

C'est d'abord la vue la plus nette de ce qu'il y a de relatif dans la morale, et des différences foncières que les tempéraments, les siècles et les pays mettent entre les hommes.

Mateo abat son fils d'un coup de fusil pour avoir livré son hôte. Jadis, une balle l'a débarrassé d'un rival d'amour. Pour Mateo la trahison est un crime; le meurtre, non. (*Mateo Falcone.*) — Don Juan de Marana a été pieux, puis sa vie n'est que meurtres et débauches. Un jour, une vision l'épouvante et le convertit, et sa vie n'est que pénitence furieuse. Mais on a l'impression que, dans ces deux états si différents, la valeur morale de don Juan reste pareille : c'est la même créature humaine, ici débridée, là terrorisée. (*Les Ames du Purgatoire.*)

Par conséquent, le déterminisme le plus radical. — Il est évident que, lorsque l'adjudant met sa montre sous le nez de Fortunato, l'enfant *ne peut pas* résister à la tentation. (*Mateo Falcone.*) — Le lieutenant Roger est loyal, généreux, brave jusqu'à la folie. Et un jour il triche au jeu, non par désespoir, non pour sauver sa maîtresse de la misère, mais pour voler. « Quand j'ai triché ce Hollandais, je ne pensais qu'à gagner vingt-cinq napoléons, voilà tout. Je ne pensais pas à Gabrielle, et voilà pourquoi je me méprise. » (*La Partie de Trictrac.*)

Puis, c'est la conception la plus tragique et la plus sombre de l'amour, passion fatale, inexplicable et cruelle. L'amour est l'ennemi-né de la raison, le recruteur de la folie et de la mort. — Auguste Saint-Clair a l'intelligence la plus lucide et la plus froide. Pour rien, pour un bibelot d'étagère, il devient jaloux du passé de sa maîtresse, cherche un duel absurde et y est tué. (*Le Vase étrusque.*) — Dona Teresa aime don Juan, qui a tué son père, continue de l'aimer au cloître, le revoit, consent à l'enlèvement et meurt de ne pas être enlevée, comme elle serait morte de l'avoir été. (*Les Ames du Purgatoire.*) — Une statue antique de Vénus va, la nuit, étouffer dans ses bras d'airain un beau garçon qui, par jeu, lui a passé au doigt son anneau de fiançailles. (*La Vénus d'Ille.*) Ce n'est qu'un conte merveilleusement arrangé pour nous remplir d'inquiétude et d'effroi ; mais cette *Venus turbulenta*, cette Vénus méchante, qui étouffe ceux qu'elle aime, c'est aussi, pour Mérimée, le symbole véridique de l'amour tel qu'il le conçoit d'ordinaire.

Le capitaine Ledoux est « un bon marin », qui, blessé à Trafalgar, a été congédié « avec d'excellents certificats. » Il s'est fait négrier. Un jour il emporte, outre sa marchandise noire, Tamango le marchand, qui a eu l'imprudence de venir réclamer à bord sa femme Ayché. Révolte des noirs soulevés par Tamango, et massacre de tout l'équipage. Après quoi les bons nègres, qui ne savent pas conduire le vaisseau, s'entre-mangent, et les derniers meurent de faim. (*Tamango*.) Il est impossible ni d'entasser plus d'horreurs, ni de les raconter avec plus de froideur et de précision que ne l'a fait Mérimée dans cette étonnante histoire de bestialité, de tortures et de sang. Et, si je ne devais m'en tenir aux récits rassemblés dans ce volume, combien d'autres où il parait se complaire dans la peinture ou plutôt dans la notation tranquille de la stupidité, de la férocité et de la misère humaines ! Il y a plus de « pessimisme » (puisque le mot est encore à la mode) dans telle nouvelle de Mérimée que dans tous les *Rougon-Macquart*.

Mais ce sentiment, il ne l'étale jamais, parce que c'est trop facile, et à la portée même des sots. Il ne s'attendrit ni ne s'indigne. Contre la vision du monde mauvais il a l'ironie, et c'est assez. Ironie presque inexprimée, mais continue, et condensée comme un élixir. Celle de *Tamango* est plus âcre et plus reculte que celle même des plus noirs chapitres de *Candide*. Je n'y sais de comparable que l'ironie de *Gulliver*.

« ... Il faut avoir de l'humanité, et laisser à un nègre au moins cinq pieds en longueur et deux en largeur pour s'ébattre, pendant une traversée de six semaines et plus, car enfin, disait Ledoux à son armateur pour justifier cette mesure libérale, les nègres, après tout, sont des hommes comme les blancs. » — « Cependant le pauvre Tamango perdait tout son sang. Le charitable interprète qui la veille avait sauvé la vie à six esclaves... lui adressa quelques paroles de consolation. Ce qu'il put lui dire, je l'ignore. » — « ... Parmi les révoltés, les uns pleuraient; d'autres, levant les mains au ciel, invoquaient leurs fétiches et ceux des blancs. » Voilà le ton.

Donc la destinée n'est ni juste ni douce; le monde n'est point bon, et il est incompréhensible. Mais allons-nous geindre? ou bien allons-nous déclamer? Point; nous ne donnerons pas cette satisfaction à l'obscure puissance qui a fait tout cela. Vigny écrivait dans le *Mont des Oliviers* : « Si le ciel est muet, aveugle et sourd au cri des créatures...

> Le juste opposera le dédain à l'absence,
> Et ne répondra plus que par un froid silence
> Au silence éternel de la Divinité.

C'est aussi l'attitude de Mérimée. Mais son silence, à lui, est tout plein de raillerie. C'est un de ses plaisirs de se moquer de la vanité de toutes choses, et de ceux qui ne savent pas que tout est vanité, —

mais de s'en moquer sans qu'ils s'en doutent, et sans descendre à la satire ni à la bouffonnerie, lesquelles sont indignes du sage par trop de passion ou d'expansion. Tout ce qu'il se permet, c'est de mystifier les autres, discrètement. Etre seul à savoir que l'on raille, c'est le dernier raffinement de la raillerie. Mystifications, le *Théâtre de Clara Gazul*, *la Guzla*, *la Vénus d'Ille*, *Lokis*, etc.

Autre plaisir. Mérimée aime à voir se développer librement, bonne ou mauvaise, la bête humaine ; et quand elle est belle, il n'est pas éloigné de lui croire tout permis. Il goûte par-dessus tout les époques et les pays de vie ardente, de passions fortes et intactes : le xvie siècle, la Corse des maquis, l'Espagne picaresque. — Et ce sceptique a écrit le plus beau récit de bataille qui soit : *L'enlèvement de la redoute*.

Il put y avoir, dans la sérénité de ce pessimisme et dans la pudeur avec laquelle il se dissimule, quelque affectation ; qui le nie ? Cette attitude n'en a que plus de prix. Elle est l'effort d'une volonté très hautaine et d'un très délicat orgueil. Observer (comme fit Mérimée) les règles de la plus élégante honnêteté, et cela sans croire à rien d'absolu en morale, c'est une manière de protestation contre la réalité injuste ; et c'est une protestation contre la réalité douloureuse que de ne pas daigner se plaindre devant les autres. Mérimée s'est montré, vis-à-vis de l'univers et de la cause première, quelle qu'elle soit, poli, retenu et dédaigneux, comme il était avec les hommes dans un salon. Sa philosophie toute négative s'est tournée en dandysme moral. C'est peut-être là sa plus essentielle originalité.

A-t-il beaucoup souffert pour en arriver là ? Il nous dit, se peignant sous le nom de Saint-Clair : « Il était né avec un cœur tendre et aimant ; mais, à un âge où l'on prend trop facilement des impressions qui durent toute la vie, sa sensibilité trop expansive lui avait attiré les railleries de ses camarades. Il était fier, ambitieux ; il tenait à l'opinion comme y tiennent les enfants. Dès lors il se fit une étude de cacher tous les dehors de ce qu'il regardait comme une faiblesse déshonorante. Il atteignit son but, mais sa victoire lui coûta cher. Il put celer aux autres les émotions de son âme trop tendre ; mais, les renfermant en lui-même, il se les rendit cent fois plus cruelles. Dans le monde, il obtint la triste réputation d'insensible et d'insouciant ; et dans la solitude, son imagination inquiète lui créait des tourments d'autant plus affreux qu'il n'aurait voulu en confier le secret à personne. »

Le croirons-nous ? Si nous le croyons, l'œuvre de Mérimée n'en sera pas moins distinguée pour les raisons que j'ai dites, et l'homme en sera plus aimable. Croyons-le donc.

BARBEY D'AUREVILLY

Vous vous rappelez les propos mélancoliques de Fantasio sur un monsieur qui passe : « .... Je suis sûr que cet homme-là a dans la tête un millier d'idées qui me sont absolument étrangères ; son essence lui est particulière. Hélas ! tout ce que les hommes se disent entre eux se ressemble : les idées qu'ils échangent sont presque toujours les mêmes dans toutes leurs conversations ; mais dans l'intérieur de toutes ces machines isolées quels replis, quels compartiments secrets ! C'est tout un monde que chacun porte en lui, un monde ignoré qui naît et qui meurt en silence. Quelles solitudes que ces corps humains ! »

Nous avons tous éprouvé cela. L'humanité est comme une mêlée de masques. Pourtant — et vous en avez fait sûrement l'expérience, — parmi ces enveloppes mortelles, il y en a chez qui nous sentons ou croyons sentir une âme, une personne — peut-être parce que cette âme a quelque ressemblance intime avec la nôtre. Mais, par contre, ne vous est-il pas arrivé, en présence de tel homme obscur ou célèbre, de sentir que vous êtes bien réellement devant un masque impénétrable dont l'intérieur ne vous sera jamais révélé? J'ai eu souvent cette impression gênante. Il y a des hommes que j'ai rencontrés et à qui j'ai parlé vingt fois, et qui, j'en suis certain, me resteront toujours incompréhensibles. Il me semble qu'ils n'ont pas de centre, pas de « moi », qu'ils ne sont qu'un « lieu » où se succèdent des phénomènes physiologiques et intellectuels. Je perçois chez eux des séries de pensées, d'attitudes, de gestes; mais, quand ils me parlent, ce n'est point une personne qui me répond, c'est quelque merveilleux automate. Je pourrai les admirer; ils me communiqueront peut-être ou me suggéreront des idées, des sentiments que je n'aurais pas eus sans eux; mais j'ai, du premier coup, la certitude que je ne les aimerai jamais, que je n'aurai jamais avec eux aucune intimité, aucun abandon, et qu'ils seront éternellement pour moi des étrangers.

Ce que je dis là de certains hommes, je le dis aussi de certains écrivains.

M. Barbey d'Aurevilly m'étonne... Et puis... il m'étonne encore. On me cite de lui des mots d'un esprit surprenant, d'un tour héroïque, qui joignent l'éclat de l'image à l'imprévu de l'idée. On me dit qu'il parle toujours comme cela, et qu'il traverse la vie dans des habits spéciaux, redressé, embaumé, pétrifié dans une attitude d'éternelle chevalerie, de dandysme ininterrompu et d'obstinée jeunesse. C'est un maître écrivain, éloquent, abondant, magnifique, précieux, à panaches, à fusées, extraordinairement dénué de simplicité... Avec cela, il m'est plus étranger qu'Homère ou Valmiki. Il m'inspire l'admiration la plus respectueuse, mais la plus embarrassée, la plus effarée, la plus stupéfaite.

Ce n'est pas ma faute. Ces grands airs, ces gestes immenses, ces prédilections farouches, cette superstitieuse vision de l'aristocratie, cette peur et cet amour du diable, ce catholicisme qui ne recouvre aucune vertu chrétienne, cette impertinence travaillée, ces colères, ces indignations, cet orgueil, cette façon emphatique et terrible de prendre les choses..., j'ai une peine infinie à y entrer. Ce qui rend l'âme de M. d'Aurevilly peu accessible à ma bonhomie, ce n'est pas qu'il soit aristocrate dans un siècle bourgeois, absolutiste dans un temps de démocratie, et catholique dans un temps de science athée (je vois très bien comment on peut être tout cela); mais c'est plutôt la manière dont il l'est. Je n'ignore pas qu'en réalité les âmes n'appartiennent point toutes au temps qui les a fait naître, qu'il y a parmi nous des hommes du moyen âge, de la Renaissance et, si vous voulez, du XXe siècle. Je consens donc et même je suis charmé que M. d'Aurevilly soit à la fois un croisé, un mousquetaire, un roué et un chouan. Mais il l'est avec une si hyperbolique furie, une satisfaction si proclamée de n'être pas comme nous, un étalage si bruyant, une mise en scène si exaspérée, qu'une défiance m'envahit, que l'intérêt tendre que je tenais tout prêt pour ce revenant des siècles passés hésite, se trouble, tourne en étonnement, et que je ne crois plus avoir devant moi qu'un acteur fastueux, ivre de son rôle et dupe de son masque. Il est vrai que le labeur, l'excès même et, finalement, la sincérité de cette parade a sa beauté. Si ce n'est donc avec une sympathie spontanée et tranquille, ce sera du moins avec grande curiosité et révérence que je passerai en revue les divers artifices et mensonges de M. d'Aurevilly — qui, au surplus, ne sont peut-être pas des artifices, mais de bizarres et grandioses illusions. Auquel cas (cela va sans dire) j'admets aisément que ce ne soient illusions qu'à mes yeux.

La grande illusion et la plus divertissante de M. d'Aurevilly, c'est assurément son catholicisme. Je pense qu'il a la foi. Du moins il professe hautement tous les dogmes et, par surcroît, s'émerveille volontiers, sans que cela en vaille toujours la peine, des « vues profondes de l'Église ». Il écrira, par exemple : « Dans l'incertitude où l'on était sur le genre de mort de Jeanne, la charité du bon curé Caillemer n'eut point à s'affliger d'avoir à appliquer cette sévère et *profonde* loi canonique qui refuse la sépulture à toute personne morte d'un suicide et sans repentance. » Il considère comme « abjecte et perverse » toute autre doctrine que la doctrine catholique. Enfin il a la prétention d'être chaste ; il raye courageusement d'un de ses romans un « détail libertin de trois lignes », s'imaginant sans doute qu'il n'y en a point d'autres dans toute son œuvre.

Voilà qui est bien. Mais, j'ai beau faire, rien ne me semble moins chrétien que le catholicisme de M. d'Aurevilly. Il ressemble à un plumet de mousquetaire. Je vois que M. d'Aurevilly porte son Dieu à son chapeau. Dans son cœur ? je ne sais. L'impression qui se dégage de ses livres est plus forte que toutes les professions de foi de l'écrivain. « L'homme, lisons-nous dans l'*Imitation*, s'élève au-dessus de la terre sur deux ailes : la simplicité et la pureté. » Ces deux ailes manquent étrangement à l'auteur d'*Une vieille maîtresse*. Son œuvre entière respire les sentiments les plus opposés à ceux que doit avoir un enfant de Dieu : elle implique le culte et la superstition de toutes les vanités mondaines, l'orgueil, et la délectation dans l'orgueil, la complaisance la plus décidée et même l'admiration la plus éperdue pour les forts et les superbes, fussent-ils ennemis de Dieu. Les damnés exercent sur M. d'Aurevilly une irrésistible séduction. Il leur prête toujours des facultés mirifiques. Il n'admet pas qu'un damné puisse être un pied-plat ou un pauvre diable. L'abbé Sombreval, le prêtre athée et marié, qui feint de se convertir pour que sa fille ne meure pas ; l'orgueilleux, farou che et impassible abbé de la Croix-Jugan, effroyable sous les cicatrices de son suicide manqué ; le chevalier de Mesnilgrand, le truculent et flamboyant athée..., il les voit immenses, il les aime, il bouillonne d'admiration autour d'eux. Presque tous les héros des romans écrits par ce chrétien sont des athées, et qui ont du génie — et de grands cœurs. Il les considère avec un effroi plein de tendresses secrètes. Il est délicieusement fasciné par le diable.

Mais, si peut-être un peu de tremblement se mêle à son ingénue et violente sympathie pour les damnés, c'est avec pleine sécurité et c'est d'un amour sans mélange qu'il aime, qu'il glorifie les grands mondains, les illustres dandys, les viveurs profonds, les insondables dons Juans : Ryno de Marigny, le baron de Brassard, Ravila de Ravilès, et combien d'autres ! Il a un idéal de vie où s'amalgament Benvenuto Cellini, le duc de Richelieu et Georges Brummel. Savez-vous un idéal plus antichrétien ?

Et est-ce sa critique, croyez-vous, qui lui vaudra le paradis ? Je comprends et il me plaît que la critique d'un écrivain catholique soit intolérante à l'endroit des ennemis de la foi. Mais la critique de M. d'Aurevilly est d'une incroyable férocité. Elle sue le plus implacable orgueil. Quelques classiques, quelques écrivains ecclésiastiques, Balzac et Félicien Mallefille, c'est à peu près tout ce qu'elle épargne. M. d'Aurevilly regarde Lacordaire comme un prêtre insuffisant et douteux, et peu s'en faut qu'il ne taxe d'immoralité la *Vie de sainte Marie-Madeleine*. Sa critique est aussi étroite pour le moins et aussi impitoyable que celle de Louis Veuillot. Mais Veuillot était, je crois, « humble de cœur » malgré tout, et il y avait chez lui des coins de tendresse. Le catholicisme de M. d'Aurevilly ne contient pas une parcelle de charité — ni peut-être de justice. La religion ne lui est point une règle de vie, mais un costume historique et un habit de théâtre où il se drape en Scapamonte.

Et cela même, je l'avoue, est fort intéressant.

S'il n'est guère catholique, il n'est pas « diabolique » non plus, quoi qu'on en ait dit et bien qu'il le croie peut-être. On a fort exagéré la corruption de M. d'Aurevilly.

On parle beaucoup, depuis quelques années, de « catholicisme sadique » et de « péché de malice. » Il faut voir ce que c'est. Au fond, c'est quelque chose d'assez simple. C'est un sentiment qui tient tout entier dans le mot de cette Napolitaine qui disait que son sorbet était bon, mais qu'elle l'aurait trouvé meilleur s'il avait été un péché. Il consiste, à l'origine, à faire le mal, non pour les sensations agréables qu'on en retire, mais parce qu'il est le mal, à faire ce que défend Dieu uniquement parce que Dieu le défend. Sous cette forme primitive il est vieux comme le monde ; c'est le crime de Satan : *Non serviam*. Il suppose nécessairement la foi.

Mais notre siècle a inventé une forme nouvelle du

péché de malice, quelque chose de bâtard et de contradictoire : le péché de malice sans la foi, le plaisir de la révolte par ressouvenir et par imagination. On ne croit plus, et pourtant certains actes mauvais semblent plus savoureux parce qu'ils vont contre ce qu'on a cru. Par exemple, le ressouvenir des obligations de la pudeur chrétienne, encore qu'on ne se croie plus tenu par elles, nous rend plus exquis les manquements à cette pudeur. Nous concevons plus vivement, en effet, nous nous représentons dans un plus grand détail et nous perpétrons avec plus d'application l'acte qui passe pour péché que celui qui est moralement indifférent. L'idée de la loi violée (même quand nous n'y croyons plus) nous fait plus attentifs aux sensations dont la recherche constitue la violation de cette loi, et par conséquent les avive, les affine et les prolonge. C'est pourquoi, depuis Baudelaire, beaucoup de poètes et de romanciers se sont plu à mêler les choses de la religion à celles de la débauche et à donner à celle-ci une teinte de mysticisme. Il est vrai que ce mysticisme simulé peut quelquefois redevenir sincère ; car la conscience de l'incurable inassouvissement du désir et de sa fatalité, le détraquement nerveux qui suit les expériences trop nombreuses et qui dispose aux sombres rêveries, tout cela peut faire naître chez le débauché l'idée d'une puissance mystérieuse à laquelle il serait en proie. Dans l'antique Orient, les cultes mystiques ont été les cultes impurs. Cette alliance de la songerie religieuse et de l'enragement charnel, des jeunes gens l'ont appelée « satanique ». Comme il leur plaira ! Ce satanisme est, en somme, un divertissement assez misérable, et il ne prête qu'à un nombre d'effets littéraires extrêmement restreint.

Eh bien, il faut le dire à l'honneur de M. d'Aurevilly, s'il y a chez lui du satanisme, ce n'est point celui-là. Son satanisme consiste simplement à voir partout le diable — et, d'abord, à nous raconter, avec complaisance et en s'excitant sur ce qu'ils ont d'extraordinaire, des actes d'impiété ou des cas surprenants de perversion morale.

Mlle Alberte, qui sort du couvent, met, pendant le dîner, son pied sur celui de l'officier qui est en pension chez ses parents, de bons bourgeois de petite ville. Un mois après, sans avoir rien dit, elle entre une nuit dans la chambre de l'officier et se livre, toujours sans dire un mot (*le Rideau cramoisi*). — Le comte Serlon de Savigny empoisonne sa femme, de complicité avec sa maîtresse Hauteclaire, fille d'un prévôt, avec laquelle il fait des armes toutes les nuits. Puis il épouse Hauteclaire, et tous deux sont et restent *parfaitement heureux* (*le Bonheur dans le crime*). — La comtesse de Stasseville, froide, spirituelle et mystérieuse, a pour amant, sans que personne s'en doute, un gentleman très fort au whist, Mermor de Kéroël. Elle empoisonne sa fille par jalousie. Elle a la manie de mâchonner continuellement des tiges de résédas, et, après sa mort, on trouve dans son salon, au fond d'une caisse de résédas, le cadavre d'un enfant (*le Dessous des cartes d'une partie de whist*). — Pendant la Terreur, l'abbé Reniant, prêtre défroqué, jette aux cochons des hosties consacrées : ces hosties avaient été confiées par des prêtres à une pauvre sainte fille qui les portait « entre ses tétons. » — Le major Ydow, quand il découvre que sa femme Pudica n'était qu'une courtisane, brise l'urne de cristal où il gardait le cœur de l'enfant mort qu'il avait cru son fils, et lui jette à la tête ce cœur qu'elle lui renvoie comme une balle. « C'est la première fois certainement que si hideuse chose se soit vue ! un père et une mère se soufflétant tour à tour le visage avec le cœur mort de leur enfant! » (*A un dîner d'athées.*) — Le duc de Sierra-Leone, ayant soupçonné don Esteban d'être l'amant de la duchesse, le fait étrangler par ses nègres, puis lui arrache le cœur et le donne à manger à ses chiens. La duchessse, qui est innocente, se fait fille publique pour se venger. « Je veux mourir, dit-elle à l'un de ses clients d'une nuit, où meurent les filles comme moi… Avec ma vie ignominieuse de tous les soirs, il arrivera bien qu'un jour la putréfaction de la débauche saisira et rongera enfin la prostituée et qu'elle ira tomber par morceaux et s'éteindre dans quelque honteux hôpital. Oh ! alors ma vie sera payée, ajouta-t-elle avec l'enthousiasme de la plus affreuse espérance ; alors il sera temps que le duc de Sierra-Leone apprenne comment sa femme, la duchesse de Sierra-Leone, aura vécu et comment elle meurt » (*la Vengeance d'une femme*). Et c'est ainsi que M. d'Aurevilly nous terrorise. Mais ce satanisme est un peu celui d'un Croque-mitaine.

Ou bien encore M. d'Aurevilly nous montre, dans des faits inexplicables, l'action directe du diable. Jeanne le Hardouey voit un jour à l'église l'abbé de la Croix-Jugan. La face mutilée du prêtre est horrible. Mais Jeanne est prise pour lui d'un effroyable amour; et, comme elle ne peut ni dompter sa passion ni l'assouvir, elle se jette dans une mare. Un berger, qui la haïssait, le lui avait prédit. Peut-être lui a-t-il jeté un sort?... (*L'Ensorcelée.*) La vieille Malgaigne, qui a eu jadis des rapports avec le diable, prédit à l'abbé Sombreval qu'il finira dans l'étang de Quesnay... Et, en effet, le prêtre athée, après avoir déterré sa fille dont il a causé involontairement la mort, se précipite dans l'étang avec le cadavre... (*le Prêtre marié*). — Ryno de Marigny épouse par amour l'idéale et liliale Hermengarde de Polastron, avec le consentement de sa vieille maîtresse, l'Espagnole Vellini. « Va! lui dit la Vellini : tu me reviendras! » Et il lui revient, tout en continuant d'aimer Hermengarde. C'est que Ryno et la Vellini ont bu du sang l'un de l'autre ; rien à faire contre cela: c'est un « sort », une « possession » (*Une vieille maîtresse*). Presque tous les héros de M. d'Aurevilly sont des « ensorcelés ».

Cette croyance, si triomphalement affichée, à l'action du diable et à son ingérence dans les affaires humaines, peut paraître piquante, surtout quand on se rappelle le caractère si peu chrétien du catholicisme de M. d'Aurevilly. Mais tout cela est, au fond, assez innocent. Il me semble même que celui qui, croyant au diable, l'aimerait par enfantillage et romantique bravade, ne serait pas, après tout, un être si diabolique ; car il resterait un croyant, il aurait de l'univers une conception très ferme et très décidée : il ne serait qu'un manichéen qui s'amuse à faire un mauvais choix. Le vrai satanisme, c'est la négation de Satan aussi bien que de Dieu, c'est le doute, l'ironie, l'impossibilité de s'arrêter à une conception du monde, la persuasion intime et tranquille que le monde n'a point de sens, est foncièrement inutile et inintelligible... De ce satanisme-là, il y en a plus dans telle page de Sainte-Beuve, de Mérimée ou de M. Renan, que dans ces ingénues *Diaboliques*.

Le plus fâcheux, c'est que le surnaturel des histoires de M. d'Aurevilly est la suppression de toute psychologie. Le farouche écrivain développe, exprime violemment, abondamment — et longuement — les actes et les sentiments de ses personnages : il ne les *explique* jamais, et ne saurait en effet les expliquer sans éliminer le diable — auquel il tient plus qu'à tout. Or il semble bien que M. d'Aurevilly prenne pour profondeur cette absence d'explication.

Et ce sera là, si vous le voulez bien, sa troisième illusion.

Et voici la quatrième. Elle consiste dans une foi absolue, imperturbable, à la suprématie physique et intellectuelle, à l'esprit, à la beauté, à l'élégance, au « je ne sais quoi » des hommes et des femmes du faubourg Saint-Germain. Le faubourg ! M. d'Aurevilly y croit encore plus que Balzac ! Toutes ses grandes dames et tous ses gentilshommes sont, sans exception, des créatures quasi surhumaines. Il écrit couramment (et je ne sais si vous sentez comme moi ce qu'il y a d'impayable dans l'intonation à la fois hautaine et familière et, pour ainsi dire, dans le « geste » de ces phrases) : « Spirituelles, nobles, du ton le plus faubourg Saint-Germain, mais ce soir-là hardies comme des pages de la maison du roi, quand il y avait une maison du roi et des pages, elles furent d'un étincellement d'esprit, d'un mouvement, d'une verve et d'un brio incomparables. » — « Il fallait qu'il fût trouvé de très bonne compagnie pour ne pas être souvent trouvé de la mauvaise. Mais, quand on en est réellement, vous savez bien qu'on se passe tout, au faubourg Saint-Germain ! » — « Elle était jeune, riche, d'un nom superbe, belle, spirituelle, d'une large intelligence d'artiste, et naturelle avec cela, comme on l'est dans votre monde, quand on l'est !... »

Mais cette illusion se rattache à une autre plus générale et qui a été celle de tous les romantiques.

M. d'Aurevilly croit qu'il n'y a d'intéressant que l'extraordinaire. Ce n'est chez lui que Laras immenses, dons Juans prodigieux, Rolands surnaturels, femmes fatales, Messalines démesurées, ou saintes de vitrail plus saintes que les anges. Le gonflement est universel. Il y a dans *l'Ensorcelée* une pauvresse, ancienne fille de joie, Clotilde Mauduit: elle devient sibylline, monumentale de mystère, de dignité et d'orgueil. M. d'Aurevilly a, comme Balzac, des extases et des émerveillements bruyants devant ses personnages. Et c'est, dans les détails comme dans les conceptions d'ensemble, un romantisme effréné et puéril. «... Je me suis piqué la veine où tu as bu, écrit Vellini à Ryno, et je trace ces mots à peine lisibles *avec l'épingle de mes cheveux sur cette feuille arrachée d'un vieux missel...* » Et dire que c'est tout le temps comme cela ! Comprenez-vous qu'au moment même où je cherche à mettre mes impressions en ordre, il m'en reste encore quelque ahurissement ?

La dernière illusion (est-ce la dernière ?) de M. d'Aurevilly consiste à croire que le dandysme est quelque chose de considérable et qui fait honneur à l'esprit humain. Il a toujours été très préoccupé du dandysme et a consacré un volume à Georges Brummel. Voici, je pense, les raisons de ce goût singulier.

L'œuvre que se propose le dandysme est très paradoxale et très difficile. Généralement on ne domine les hommes que par la puissance matérielle, par le génie des arts ou des sciences, quelquefois par l'ascendant de la vertu. Les agréments extérieurs, l'élégance des habits, la politesse des manières, tout cela passe, non seulement aux yeux des sages, mais même aux yeux des gens du monde quand il s'avisent d'être sérieux, pour des avantages très inférieurs à l'esprit, aux talents et à la valeur morale.

Or le dandy entreprend de modifier du tout au tout cette opinion si profondément enfoncée chez les hommes par une philosophie traditionnelle et banale et de bouleverser la hiérarchie des mérites. Délibérément, il fait son tout de ces avantages prétendus futiles. C'est aux choses qui ont le moins d'importance qu'il se pique d'en attacher le plus. Et cette vue volontairement absurde du monde, il arrive à l'imposer aux autres. Il réussit à faire croire à la partie oisive et riche de la société que d'innover en fait d'usages mondains, de conventions élégantes, d'habits, de manières et d'amusements, c'est aussi rare, aussi méritoire, aussi digne de considération que d'inventer et de créer en politique, en art, en littérature. Il spiritualise la mode. D'un ensemble de pratiques insignifiantes et inutiles il fait un art qui porte sa marque personnelle, qui plaît et qui séduit à la façon d'un ouvrage de l'esprit. Il communique à de menus signes de costume, de tenue et de langage, un sens et une puissance qu'ils n'ont point naturellement. Bref, *il fait croire à ce qui n'existe pas*. Il « règne par les airs », comme d'autres par les talents, par la force, par la richesse. Il se fait, avec rien, une supériorité mystérieuse que nul ne saurait définir, mais dont les effets sont aussi réels et aussi grands que ceux des supériorités classées et reconnues par les hommes. Le dandy est un révolutionnaire et un illusionniste.

Mais il y a plus : cette royauté des manières, qu'il élève à la hauteur des autres royautés humaines, il l'enlève aux femmes, qui seules semblaient faites pour l'exercer. C'est à la façon et un peu par les moyens des femmes qu'il domine. Et cette usurpation de fonctions, il la fait accepter par les femmes elles-mêmes et, ce qui est encore plus surprenant, par les hommes. Le dandy a quelque chose d'antinaturel, d'androgyne, par où il peut séduire infiniment.

Au reste, le dandy est très réellement un artiste à sa manière. C'est toute sa vie qui est son œuvre d'art à lui. Il plaît et règne par les apparences qu'il donne à sa personne physique, comme l'écrivain par ses livres. Et il plaît tout seul, sans le secours d'autrui. Ce n'est pas, comme le comédien, la pensée d'un autre qu'il interprète avec sa personne et son corps. Aussi le vrai dandy me paraît-il venir, dans l'échelle des mérites, au-dessus du grand comédien.

Enfin, la fonction du dandy est éminemment philosophique. Comme il fait quelque chose avec le néant, comme ses inventions consistent en des riens parfaitement superflus et qui ne valent que par l'opinion qu'il en a su donner, il nous apprend que les choses n'ont de prix que celui que nous leur attachons, et que « l'idéalisme est le vrai ». Et comme, ayant pris la mieux reconnue des vanités, il a su l'égaler aux occupations qui passent pour les plus nobles, il nous fait aussi entendre par là que tout est vain.

Seulement, pour que le dandy soit tout ce que j'ai dit, une condition est nécessaire: il ne faut pas qu'il soit dupe de lui-même. Il faut qu'il ait conscience de la profonde ironie et du paradoxe effrayant de son œuvre. M. d'Aurevilly en a-t-il conscience?

C'est la question que je me pose sans cesse en parlant de lui. Et de là mon embarras. Est-il dupe des sentiments extraordinaires qu'il affiche, de son dandysme, de son catholicisme, de son satanisme un peu enfantin, de ses préjugés sur l'aristocratie? Qui distinguera son masque de son visage? Je crois que ce qu'il y a de sincère en lui, c'est le goût de la grandeur, de la force, de l'héroïsme, et la joie de se sentir « différent » de ses contemporains. Il a certes l'imagination puissante et parfois épique (*le Chevalier Destouches*). Mais l'outrance énorme et continue de son expression donne à tous ses livres un air théâtral, une apparence d'artifice. Il a beau avoir de terribles trompettes dans la voix et faire des gestes tout à fait sublimes, je suis effrayé de voir à combien peu se réduit le noyau substantiel de ces œuvres redondantes. Parmi des affirmations d'idéalisme et de foi catholique ou aristocratique développées avec furie, je vois s'agiter des figures étranges et plus qu'humaines ; mais je vous jure que je ne les sens pas vivre. Je trouve des passions singulières et d'une énergie féroce ; mais de tous ces drames vous n'extrairez pas, j'en ai peur, une goutte de vraie pitié ni de simple tendresse. Toute cette œuvre où s'épand une imagination si riche, où roule une si vertigineuse rhétorique, je me dis que, si elle est retentissante, c'est peut-être à la façon d'une armure vide, et que si elle est empanachée, c'est peut-être comme un catafalque qui recouvre le néant. Cet écrivain catapultueux n'est-il donc que le dernier et le plus forcené des romantiques? Qu'y a-t-il au juste dans son fait? Histrionisme magnanime ou snobisme majestueux? J'hésite et je m'étonne.. Et, tandis que je demeure stupide, je me rappelle cette réplique de Mesnilgrand dans *le Dîner d'athées* :

« Mon cher, les hommes... comme moi n'ont été faits de toute éternité que pour étonner les hommes .. comme toi ! »

Je me le tiens pour dit, et je tâche de transformer mon étonnement en admiration. Après tout, l'outrance et l'artifice portés à ce point deviennent des choses rares et qu'il faut ne considérer qu'avec respect. Mettons, pour sortir de peine, que le chef-d'œuvre de M. d'Aurevilly, c'est M. d'Aurevilly lui-même. Quelle que soit dans son personnage la part de la nature et de la volonté, la constance, la sûreté, la maîtrise infaillible avec lesquelles il a soutenu ce rôle ne sont pas d'un médiocre génie. S'est-il contenté d'achever, de pousser à leur maximum d'expression les traits naturels de sa personne physique et morale ? Ou bien est-ce un masque qu'il s'est composé de toutes pièces et qu'il s'est appliqué ? On ne sait ; et sans doute lui-même ne saurait plus le dire. Si c'est un masque, quel prodige de l'art ! Ah ! comme il tient ! et depuis combien d'années ! secrètement réparé peut-être, mais toujours intact aux yeux, sans un trou, sans une fêlure. Soyez tranquille, la mort le prendra debout, niant le temps, la tête haute, superbe et redressé, et s'épandant en propos fastueux. Quelle force d'âme, quand on y songe, dans cet acharnement à garder jusqu'au bout, en présence des autres hommes, l'apparence et la forme extérieure du personnage spécial qu'on a rêvé d'être et qu'on a été ! C'est de l'héroïsme tout simplement, et je vous prie de donner au mot tout son sens. Et si c'est de l'héroïsme inutile et incompris, c'est d'autant plus beau.

M. PAUL VERLAINE (¹)

ET

LES POÈTES « SYMBOLISTES » & « DÉCADENTS »

I.

Peut-être, au risque de paraître ingénu, vais-je vous parler des poètes symbolistes et décadents. Pourquoi ? D'abord par un scrupule de conscience. Qui sait s'ils sont, autant qu'ils en ont l'air, en dehors de la littérature, et si j'ai le droit de les ignorer ? — Puis par un scrupule d'amour-propre. Je veux faire comme Paul Bourget, qui se croirait perdu d'honneur si une seule manifestation d'art lui était restée incomprise. — Enfin, par un scrupule de curiosité. Il se peut que ces poètes soient intéressants à étudier et à définir, et que leur personne ou leur œuvre me communique quelque impression non

---

(1) *Poèmes saturniens ; la Bonne chanson ; Fêtes galantes ; Jadis et naguère ; Romances sans paroles* (chez Léon Vanier) *Sagesse* (chez Victor Palmé).

encore éprouvée. Mais, comme j'ai au fond l'esprit timide, j'ai besoin, avant de tenter l'aventure, de m'entourer de quelques précautions. Je m'abrite derrière deux hypothèses, invérifiables l'une et l'autre, et que je n'ai qu'à donner comme telles pour n'être point accusé soit de témérité, soit de snobisme.

Premièrement, je suppose que les poètes dits décadents ne sont point de simples mystificateurs. A dire vrai, je suis tenté de les croire à peu près sincères — non point parce qu'ils sont terriblement sérieux, solennels et pontifiants, mais parce que voilà déjà longtemps que cela dure, sans un oubli, sans une défaillance. Il ne leur est jamais échappé un sourire. Une mystification si soutenue, qui réclamerait un tel effort, et un effort si disproportionné avec le plaisir ou le profit qu'on en retire, serait, il me semble, au-dessus des forces humaines. Puis j'ai coudoyé quelques-uns de ces initiés, et j'ai eu, sur d'autres, des renseignements que j'ai lieu de croire exacts. Il m'a paru que la plupart étaient de bons jeunes gens, d'autant de candeur que de prétention, assez ignorants, et qui n'avaient point assez d'esprit pour machiner la farce énorme dont on les accuse et pour écrire par jeu la prose et les vers qu'ils écrivent. Enfin, leur ignorance même et la date de leur venue au monde (qui fait d'eux des esprits très jeunes lâchés dans une littérature très vieille, des sortes de barbares sensuels et précieux), leur vie de noctambules, l'abus des veilles et des boissons excitantes, leur désir d'être singuliers, la mystérieuse névrose (soit qu'ils l'aient, qu'ils croient l'avoir ou qu'ils se la donnent), il me semble que tout cela suffirait presque à expliquer leur cas et qu'il n'est point nécessaire de suspecter leur bonne foi.

Secondement, je suppose que le « symbolisme » ou le « décadisme » n'est pas un accident totalement négligeable dans l'histoire de la littérature. Mais j'ai sur ce point des doutes plus sérieux que sur le premier. Certes on avait déjà vu des maladies littéraires : le « précieux » sous diverses formes (à la Renaissance, dans la première moitié du XVIIe siècle, au commencement du XVIIIe), puis les « excès » du romantisme, de la poésie parnassienne et du naturalisme. Mais il y avait encore beaucoup de santé dans ces maladies ; même la littérature en était parfois sortie renouvelée. Et surtout la langue avait toujours été respectée dans ces tentatives. Les « précieux » et les « grotesques » du temps de Louis XIII, les romantiques et les parnassiens avaient continué de donner aux mots leur sens consacré, et se laissaient aisément comprendre. Il y a plus : les jeux d'un Voiture ou ceux d'un Cyrano de Bergerac exigeaient, pour être agréables, une grande précision et une grande propriété dans les termes. C'est la première fois, je pense, que des écrivains semblent ignorer le sens traditionnel des mots et, dans leurs combinaisons, le génie même de la langue française et composent des grimoires parfaitement inintelligibles, je ne dis pas à la foule, mais aux lettrés les plus perspicaces. Or je pourrais sans doute accorder quelque attention à ces logogriphes, croire qu'ils méritent d'être déchiffrés, et qu'ils impliquent, chez leurs auteurs, un état d'esprit intéressant, s'il m'était seulement prouvé que ces jeunes gens sont capables d'écrire proprement une page dans la langue de tout le monde ; mais c'est ce qu'ils n'ont jamais fait. Cependant, puisqu'une curiosité puérile m'entraîne à les étudier, je suis bien obligé de présumer qu'ils en valent la peine, et je maintiens ma seconde hypothèse.

II

... Eh bien, non ! je ne parlerai pas d'eux, parce que je n'y comprends rien et que cela m'ennuie. Ce n'est pas ma faute. Simple Tourangeau, fils d'une race sensée, modérée et railleuse, avec le pli de vingt années d'habitudes classiques et un incurable besoin de clarté dans le discours, je suis trop mal préparé pour entendre leur évangile. J'ai lu leurs vers, et je n'y ai même pas vu ce que voyait le dindon de la fable enfantine, lequel, s'il ne distinguait pas très bien, voyait du moins quelque chose. Je n'ai pu prendre mon parti de ces séries de vocables qui, étant enchaînés selon les lois d'une syntaxe, semblent avoir un sens, et qui n'en ont point, et qui vous retiennent malicieusement l'esprit tendu dans le vide, comme un rébus fallacieux ou comme une charade dont le mot n'existerait pas...

> En ta dentelle où n'est notoire
> Mon doux évanouissement,
> Taisons pour l'âtre sans histoire
> Tel vœu de lèvres résumant.
>
> Toute ombre hors d'un territoire
> Se teinte itérativement
> A la lueur exhalatoire
> Des pétales de remuement...

J'ai pris ces vers absolument au hasard dans l'un des petits recueils symbolistes, et j'ai eu la naïveté de chercher, un quart d'heure durant, ce qu'ils pouvaient bien vouloir dire. J'aurais mieux fait de passer ce temps à regarder les signes gravés sur l'obélisque de Louqsor ; car du moins l'obélisque est proche d'un fort beau jardin, et il est rose, d'un rose adorable, au soleil couchant... Si les vers que j'ai cités n'ont pas plus de sens que le bruit du vent dans les feuilles ou de l'eau sur le sable, fort bien. Mais alors j'aime mieux écouter l'onde ou le vent.

L'un d'eux, pourtant, nous a exposé ce qu'ils prétendaient faire dans une brochure modestement intitulée *Traité du verbe*, avec *Avant-dire* de Stéphane Mallarmé. On y voit qu'ils ont inventé (paraît-il) deux choses : le symbole et l'instrumentation poétique.

L'auteur du *Traité du verbe* nous explique ce que c'est que le symbole :

« Agitons que pour le repos vespéral de l'amante le poëte voudrait le site digne qui exhalât vaporeusement le mot *aimer*.

« Or, en quête sous les ramures, il s'est lassé, et la nuit est venue sur la vanité de son espoir présomptueux : parmi l'air le plus pur de désastre, en le plus plaisant lieu une voix disparate, un pin sévèrement noir où quelque rouvre de trop d'ans s'opposait à l'intégral salut d'amour, et la velléité dès lors inerte demeurait muette, sans même la conscience mélancolique de son mutisme.

« Voudras-tu, poète, te résigner ?

« Non, et les lieux inutiles reverront sa visite : les pierres nuées qui lui plurent, il les ordonnera négligemment en un parterre de mousse dont il garde le puéril souvenir : par son unique vouloir esseulées, hors de mille s'étrangeront là quelques ramures vertes virginalement sur de droits rêves, et perplexes quand sous elles il laissera qui prévalaient d'oiseaux tels rameaux morts gésir, et devinée mieux que vue aux dentelles des verdures amènera large et molle une rivière où des lis gigantesques : un torse nu de vierge en l'eau s'ornera d'une toison mêlée à l'heure d'un soleil saignant son or mourant.

« Alors pourra venir celle-là : et l'amante au seuil très noblement s'alanguira, comprenant, sa rougeur d'ange exquisement éparse parmi le doux soir, l'Hymen immortel mêlé d'oubli et d'appréhension qui de son murmure visible emplira le site créé. »

Cela veut dire, sauf erreur :

— Supposons que le poète veuille, pour que l'amante y dorme le soir, un paysage digne d'elle et qui fasse rêver d'amour. Ce paysage idéal, il le demandera vainement à la nature : toujours quelque détail disparate y rompra l'harmonie rêvée. Alors il fera son choix dans les matériaux que lui offre le monde réel. Il disposera à son gré les pierres nuancées ; il arrangera les ramures droites sur les troncs élancés ou pliants et chargés d'oiseaux ; il sèmera le gazon de branches mortes et laissera entrevoir, parmi la feuillée, une large rivière, avec de grands lis et un torse de vierge, etc.

Et plus loin :

« L'heure n'est étrange, désormais, de resserrer d'un nœud solide les preuves sans ire émises, violettes faveurs de mon songe. »

Cela veut dire : « Résumons-nous. »

« L'idée, qui seule importe, en la vie est éparse.
« Aux ordinaires et mille visions (pour elles-mêmes à négliger) où l'Immortelle se dissémine, le logique et méditant poète les lignes saintes ravisse, desquelles il composera la vision seule digne : le réel et suggestif SYMBOLE d'où, palpitante pour le rêve, en son intégrité nue se lèvera l'Idée première et dernière ou vérité. »

Cela signifie, je crois, en langage humain, que certaines formes, certains aspects du monde physique font naître en nous certains sentiments, et que, réciproquement, ces sentiments évoquent ces visions et peuvent s'exprimer par elles. Cela signifie aussi, par suite, que le poète ne copie pas exactement la réalité, mais ne lui emprunte que ce qui correspond, en elle, à l'impression qu'il veut traduire... Mais est-ce qu'il ne vous semble pas que nous nous doutions un peu de ces choses ?

L'invention des symbolistes consiste peut-être à *ne pas dire* quels sentiments, quelles pensées ou quels états d'esprit ils expriment par des images. Mais cela même n'est pas neuf. Un SYMBOLE est, en somme, une comparaison prolongée dont on ne nous donne que le second terme, un système de métaphores suivies. Bref, le symbole, c'est la vieille « allégorie » de nos pères. Horreur ! la pièce de Mme Deshoulières : « Dans ces prés fleuris... » est un symbole ! Et c'est un symbole que *le Vase brisé*, si vous rayez les deux dernières strophes.

Seulement, prenez garde : si vous les rayez, celles qui resteront seront toujours charmantes ; mais vous verrez qu'elles n'exprimeront plus rien de bien précis, qu'elles ne vous suggéreront plus que l'idée vague d'une brisure, d'une blessure secrète. Les symboles précis et clairs par eux-mêmes sont assez peu nombreux. Il est très vrai que la plus belle poésie est faite d'images, mais d'images expliquées. Si vous ôtez l'explication, vous ne pourrez plus exprimer que des idées ou des sentiments très généraux et très simples : naissance ou déclin d'amour, joie, mélancolie, abandon, désespoir... Et ainsi (c'est où je voulais en venir) le symbolisme devient extrêmement commode pour les poètes qui n'ont pas beaucoup d'idées.

Et voici la seconde découverte des symbolistes hagards.

On soupçonnait, depuis Homère, qu'il y a des rapports, des correspondances, des affinités entre certains sons, certaines formes, certaines couleurs et certains états d'âme. Par exemple, on sentait que les *a* multipliés étaient pour quelque chose dans l'impression de fraîcheur et de paix que donne ce vers de Virgile :

Pascitur in silva magna formosa juvenca.

On sentait que la douceur des *u* et la tristesse des *é* prolongés par des muettes contribuaient au charme de ces vers de Racine :

Ariane, ma sœur, de quelle amour blessée
Vous mourûtes aux bords où vous fûtes laissée !

On n'ignorait pas que les sons peuvent être éclatants ou effacés comme les couleurs, tristes ou joyeux comme les sentiments. Mais on pensait que ces ressemblances et ces rapports sont un peu fuyants, n'ont rien de constant ni de rigoureux, et qu'ils nous sont pour le moins indiqués par le sens des mots qui composent la phrase musicale. Si les *u* et les *é* du distique de Racine nous semblent correspondre à des sons de flûte ou à des teintes de crépuscule, c'est bien un peu parce que ce distique exprime en effet une idée des plus mélancoliques.

Mais si l'on vous demandait à quels instruments de musique, à quelles couleurs, à quels sentiment correspondent exactement les voyelles et les diphtongues et leurs combinaisons avec les consonnes, vous seriez, j'imagine, fort empêché. Et si l'on vous disait que ce misérable Arthur Rimbaud a cru, par la plus lourde des erreurs, que la voyelle *u* était verte, vous n'auriez peut-être pas le courage de vous indigner ; car il vous paraît également possible qu'elle soit verte, bleue, blanche, violette et même couleur de hanneton, de cuisse de nymphe émue, ou de fraise écrasée.

Or écoutez bien ! *A* est noir, *e* blanc, *i* bleu, *o* rouge, *u* jaune.

Et le noir, c'est l'orgue ; le blanc, la harpe ; le bleu, le violon ; le rouge, la trompette ; le jaune, la flûte.

Et l'orgue exprime la monotonie, le doute et la simplesse (*sic*) ; la harpe, la sérénité ; le violon, la passion et la prière ; la trompette, la gloire et l'ovation ; la flûte, l'ingénuité et le sourire.

Et vous pourrez voir dans le *Traité du verbe*, déterminées avec la même précision et pour l'éternité, les nuances de son, de timbre, de couleur et de sentiment qui résultent des diverses combinaisons des voyelles entre elles ou avec les consonnes.

Faisons un acte de foi.

Le bon Sully-Prudhomme ne demandait pas mieux que de le faire. Il disait humblement à un jeune

« instrumentiste » qui était venu lui rendre visite :

— Pardonnez-moi. J'essaye de comprendre ce que vous voulez faire. Vous ne considérez, n'est-ce pas, que la valeur musicale des mots, sans tenir compte de leur sens?

Le bon jeune homme répondit :

— Nous en tenons compte dans une certaine mesure.

— Mais alors, dit Sully, prenez garde : vous allez être obscurs.

Dans quelle mesure les jeunes symbolards tiennent encore compte du sens des mots, c'est ce qu'il est difficile de démêler. Mais cette mesure est petite ; et, pour moi, je ne distingue pas bien les endroits où ils sont obscurs de ceux où ils ne sont qu'inintelligibles.

Pourtant, dans toute erreur il y a, comme dit Shakespeare, une *âme* de vérité. Si ces jeunes gens voulaient être raisonnables, s'ils ne gâtaient point par de damnables exagérations l'évangile qu'ils nous apportent, on s'apercevrait qu'ils ont fait deux belles découvertes et bien inattendues (car il n'y a guère plus de six mille ans qu'on les connaissait).

Ils ont découvert la métaphore et l'harmonie imitative (1) !

---

(1) Je sais que, parmi les poètes connus sous le nom de décadents, il y en a qui se laissent lire et qui ont du talent. Mais ceux-là ne sont, en somme, que des disciples plus ou moins habiles de Baudelaire, et j'ai pensé qu'il n'était point utile de parler d'eux.

III

Est-ce à dire qu'il n'y eût plus rien à découvrir en poésie?

Je ne dis pas cela. Il y avait quelque chose peut-être. Quoi? je ne sais. Quelque chose de moins précis, de moins raisonnable, de moins clair, de plus chantant, de plus rapproché de la musique que la poésie romantique et parnassienne. Notre poésie a toujours trop ressemblé à de la belle prose. Ceux mêmes qui y ont mis le moins de raison en ont encore trop mis. Imaginez quelque chose d'aussi spontané, d'aussi gracieusement incohérent, d'aussi peu oratoire et discursif que certaines rondes enfantines et certaines chansons populaires, des séries d'impressions notées comme en rêve. Mais supposez en même temps que ces impressions soient très fines, très délicates et très poignantes, qu'elles soient celles d'un poète un peu malade, qui a beaucoup exercé ses sens et qui vit à l'ordinaire dans un état d'excitation nerveuse. Bref, une poésie sans pensée, à la fois primitive et subtile, qui n'exprime point des suites d'idées liées entre elles (comme fait la poésie classique), ni le monde physique dans la rigueur de ses contours (comme fait la poésie parnassienne), mais des états d'esprit où nous ne nous distinguons pas bien des choses, où les sensations sont si étroitement unies aux sentiments, où ceux-ci naissent si rapidement et si naturellement de celles-là qu'il nous suffit de noter nos sensations au hasard et comme elles se présentent pour exprimer par là même les émotions qu'elles éveillent successivement dans notre âme...

Comprenez-vous ?... Moi non plus. Il faut être ivre pour comprendre. Si vous l'êtes jamais, vous remarquerez ceci. Le monde sensible (toute la rue si vous êtes à Paris, le ciel et les arbres si vous êtes à la campagne) vous entre, si je puis dire, dans les yeux. Le monde sensible cesse de vous être extérieur. Vous perdez subitement le pouvoir de l' « objectiver », de le tenir en dehors de vous. Vous éprouvez réellement qu'un paysage n'est, comme on l'a dit, qu'un état de conscience. Dès lors il vous semble que vous n'avez qu'à dire vos perceptions pour traduire du même coup vos sentiments, que vous n'avez plus besoin de préciser le rapport entre la cause et l'effet, entre le signe et la chose signifiée, puisque les deux se confondent pour vous... Encore une fois, comprenez-vous? Moi je comprends de moins en moins ; je ne sais plus, j'en arrive au balbutiement. Je conçois seulement que la poésie que j'essaye de définir serait celle d'un solitaire, d'un névropathe et presque d'un fou, qui serait néanmoins un grand poète. Et cette poésie se jouerait sur les confins de la raison et de la démence.

Quant à l'homme de cette poésie, je veux que ce

soit un être exceptionnel et bizarre. Je veux qu'il soit, moralement et socialement, à part des autres hommes. Je me le figure presque illettré. Peut-être a-t-il fait de vagues humanités; mais il ne s'en est pas souvenu. Il connaît peu les Grecs, les Latins et les classiques français : il ne se rattache pas à une tradition. Il ignore souvent le sens étymologique des mots et les significations précises qu'ils ont eues dans le cours des âges; les mots sont donc pour lui des signes plus souples, plus malléables qu'ils ne nous paraissent, à nous. Il a une tête étrange, le profil de Socrate, un front démesuré, un crâne bossué comme un bassin de cuivre mince. Il n'est point civilisé ; il ignore les codes et la morale reçue. On a vu dans le cénacle parnassien sa face de faune cornu, fils intact de la nature mystérieuse. Il s'enivrait, avec les autres, de la musique des mots, mais de leur musique seulement ; et il est resté un étranger parmi ces Latins sensés et lucides...

Un jour, il disparaît. Qu'est-il devenu? Je vais jusqu'au bout de ma fantaisie. Je veux qu'il ait été publiquement rejeté hors de la société régulière. Je veux le voir derrière les barreaux d'une geôle, comme François Villon, non pour s'être fait, par amour de la libre vie, complice des voleurs et des malandrins, mais plutôt pour une erreur de sensibilité, pour avoir mal gouverné son corps et, si vous voulez, pour avoir vengé, d'un coup de couteau involontaire et donné comme en songe, un amour réprouvé par les lois et coutumes de l'Occident moderne. Mais, socialement avili, il reste candide. Il se repent avec simplicité, comme il a péché — et d'un repentir catholique, fait de terreur et de tendresse, sans raisonnement, sans orgueil de pensée : il demeure, dans sa conversion comme dans sa faute, un être purement sensitif...

Puis une femme, peut-être, a eu pitié de lui, et il s'est laissé conduire comme un petit enfant. Il reparaît, mais continue de vivre à l'écart. Nul ne l'a jamais vu ni sur le boulevard, ni au théâtre, ni dans un salon. Il est quelque part, à un bout de Paris, dans l'arrière-boutique d'un marchand de vin, où il boit du vin bleu. Il est aussi loin de nous que s'il n'était qu'un satyre innocent dans les grands bois. Quand il est malade ou à bout de ressources, quelque médecin, qu'il a connu interne autrefois, le fait entrer à l'hôpital ; il s'y attarde, il y écrit des vers ; des chansons bizarres et tristes bruissent pour lui dans les plis des froids rideaux de calicot blanc. Il n'est point déclassé : il n'est pas classé du tout. Son cas est rare et singulier. Il trouve moyen de vivre dans une société civilisée comme il vivrait en pleine nature. Les hommes ne sont point pour lui des individus avec qui il entretient des relations de devoir et d'intérêt, mais des formes qui se meuvent et qui passent. Il est le rêveur. Il a gardé une âme aussi neuve que celle d'Adam ouvrant les yeux à la lumière. La réalité a toujours pour lui le décousu et l'inexpliqué d'un songe...

Il a bien pu subir un instant l'influence de quelques poètes contemporains ; mais ils n'ont servi qu'à éveiller en lui et à lui révéler l'extrême et douloureuse sensibilité, qui est son tout. Au fond, il est sans maître. La langue, il la pétrit à sa guise, non point, comme les grands écrivains, parce qu'il la sait, mais, comme les enfants, parce qu'il l'ignore. Il donne ingénument aux mots des sens inexacts. Et ainsi il passe auprès de quelques jeunes hommes pour un abstracteur de quintessence, pour l'artiste le plus délicat et le plus savant d'une fin de littérature. Mais il ne passe pour tel que parce qu'il est un barbare, un sauvage, un enfant... Seulement cet enfant a une musique dans l'âme, et, à certains jours, il entend des voix que nul avant lui n'avait entendues...

IV

Les traits que je viens de rassembler par caprice et pour mon plaisir, je ne prétends pas du tout qu'ils s'appliquent à la personne de M. Paul Verlaine. Mais pourtant il me semble que l'espèce de poésie vague, très naïve et très cherchée, que je m'efforçais de définir tout à l'heure, est un peu celle de l'auteur des *Poèmes saturniens* et de *Sagesse* dans ses meilleures pages. La poésie de M. Verlaine représente pour moi le dernier degré soit d'inconscience, soit de raffinement, que mon esprit infirme puisse admettre. Au delà, tout m'échappe : c'est le bégayement de la folie ; c'est la nuit noire ; c'est, comme dit Baudelaire, le vent de l'imbécillité qui passe sur nos fronts. Parfois ce vent souffle et parfois cette nuit s'épanche à travers l'œuvre de M. Verlaine ; mais d'assez grandes parties restent compréhensibles ; et, puisque les ahuris du symbolisme le considèrent comme un maître et un initiateur, peut-être qu'en écoutant celles de ses chansons qui offrent encore un sens à l'esprit, nous aurons quelque soupçon de ce que prétendent faire ces adolescents ténébreux et doux.

Dans leur ensemble, les *Poèmes saturniens* (comme beaucoup d'autres recueils de vers de la même époque) sont tout simplement le premier volume d'un poète qui a fréquenté chez Leconte de Lisle et qui a lu Baudelaire. Mais ce livre offre déjà certains caractères originaux.

On dirait d'abord que ce poète est, peu s'en faut, un ignorant. — Vous me répondrez que vous en connaissez d'autres, et que cela ne suffit pas pour être original. — Mais je suppose ce point admis que, malgré tout et en dépit de ce qui lui manque, M. Verlaine est un vrai poète. Disons donc que ce poète est souvent peu attentif au sens et à la valeur des signes écrits qu'il emploie, et que, d'autres fois, il se laisse prendre aux grands mots ou à ceux qui lui paraissent distingués.

J'ouvre le livre à la première page. Dans les vingt vers qui servent de préface, je lis que les hommes nés sous le signe de Saturne doivent être malheureux,

> Leur plan de vie étant dessiné ligne à ligne
> Par la *logique* d'une influence maligne.

Que veut dire ici le mot *logique*, je vous prie ? Je vois au même endroit que le sang de ces hommes

> Roule
> En grésillant leur triste idéal qui s'écroule.

Voilà des métaphores qui ne se suivent guère. Je tourne la page. J'y lis que, dans l'Inde antique,

> *Une connexité grandiosement alme*
> Liait le Kçhatrya serein au chanteur calme.

Je continue à feuilleter. Je trouve des « grils sculptés qu'*alternent* des couronnes » et « des éclairs *distancés* avec art », et de très nombreux vers comme celui-ci, qui unit d'une façon si choquante une expression scientifique et des mots de poète :

> *L'atmosphère ambiante* a des *baisers de sœur*.

Ces bigarrures fâcheuses, ces dissonances baroques, vous les rencontrez à chaque instant chez M. Verlaine, et plus nombreuses d'un volume à l'autre. Chose inattendue, ce poète, que ses disciples regardent comme un artiste si consommé, écrit par moments (osons dire notre pensée) comme un élève des écoles professionnelles, un officier de santé ou un pharmacien de deuxième classe qui aurait des heures de lyrisme. Il y a une énorme lacune dans son éducation littéraire. La mienne, il est vrai, me rend peut-être plus sensible que de raison à ces insuffisances et à ces ridicules.

C'est amusant, après cela, de le voir faire l'artiste impeccable, le sculpteur de strophes, le monsieur qui se méfie de l'inspiration, — et écrire avec béatitude :

A nous qui ciselons les mots comme des coupes
Et qui faisons des vers émus très froidement...
Ce qu'il nous faut, à nous, c'est, aux lueurs des lampes,
La science conquise et le sommeil dompté.

Mais cet écrivain si malhabile a pourtant déjà, je ne sais comment, des vers d'une douceur pénétrante, d'une langueur qui n'est qu'à lui et qui vient peut-être de ces trois choses réunies : charme des sons, clarté du sentiment et demi-obscurité des mots. Par exemple, il nous dit qu'il rêve d'une femme inconnue, qui l'aime, qui le comprend, qui pleure avec lui; et il ajoute :

Son nom? Je me souviens qu'il est doux et sonore
Comme ceux des *aimés que la vie exila*.

Son regard est pareil aux regards des statues,
Et pour sa voix lointaine, et calme, et grave, elle a
L'inflexion des voix chères qui se sont tues.

N'y regardez pas de trop près. « Les aimés que la vie exila », cela veut-il dire « ceux pour qui la vie fut un exil », ou « ceux qui ont été exilés de la vie, ceux qui sont morts » ? — « L'inflexion des voix chères qui se sont tues », qu'est-ce que cela ? Est-ce l'inflexion qu'avaient ces voix ? ou l'inflexion qu'elles ont maintenant quoiqu'elles se taisent, celle qu'elles ont dans le souvenir ? — En tous cas, ce que ces vers équivoques nous communiquent clairement, c'est l'impression de quelque chose de lointain, de disparu, et que nous pouvons seulement rêver. Et l'on m'a dit que ces vers étaient délicieux, et je l'ai cru.

De la douceur ! de la douceur ! de la douceur !

— Qu'est cela ? direz-vous. Une phrase de vaudeville, sans doute ? Cela rappelle le « bénin, bénin », de M. Fleurant. — Point. C'est un vers plein d'ingénuité par où commence un sonnet très tendre. Et ce sonnet est joli, et j'en aime les deux tercets :

Mais dans ton cher cœur d'or, me dis-tu, mon enfant,
La fauve passion va sonnant l'oliphant.
Laisse-la trompetter à son aise, la gueuse !

Mets ton front sur mon front et ta main dans ma main,
Et fais-moi des serments que tu rompras demain,
Et pleurons jusqu'au jour, ô petite fougueuse.

J'aime aussi la *Chanson d'automne,* quoique certains mots (*blême* et *suffocant*) ne soient peut-être pas d'une entière propriété et s'accordent mal avec la « langueur » exprimée tout de suite avant :

> Les sanglots longs
> Des violons
>   De l'automne
> Blessent mon cœur
> D'une langueur
>   Monotone.
>
> Tout suffocant
> Et blême, quand
>   Sonne l'heure,
> Je me souviens
> Des jours anciens,
>   Et je pleure.
>
> Et je m'en vais
> Au vent mauvais
>   Qui m'emporte
> De çà, de là,
> Pareil à la
>   Feuille morte.

(Mais, j'y pense, la douceur triste de l'automne comparée aux longs sanglots des violons, c'est bien une de ces assimilations que l'auteur du *Traité du verbe* croit avoir inventées. Or, me reportant à ce mystérieux traité, j'y vois que les sons *o* et *on* correspondent aux « cuivres glorieux », et non pas aux violons : que ceux-ci sont représentés par les voyelles *e*, *é*, *è*, et par les consonnes *s* et *z*, et qu'ils traduisent non pas la tristesse, mais la passion et la prière... A qui donc entendre ?)

V

Nous n'avons encore vu, dans M. Verlaine, qu'un poète élégiaque inégal et court, d'un charme très particulier çà et là. Mais déjà dans les *Poèmes saturniens* se rencontrent des poésies d'une bizarrerie malaisée à définir, qui sont d'un poète un peu fou ou qui peut-être sont d'un poète mal réveillé, le cerveau troublé par la fumée des rêves ou par celle des boissons, en sorte que les objets extérieurs ne lui arrivent qu'à travers un voile et que les mots ne lui viennent qu'à travers des paresses de mémoire.

Ecoutez d'abord ceci :

> La lune plaquait ses teintes de zinc
> Par angles obtus ;
> Des bouts de fumée en forme de cinq
> Sortaient drus et noirs des hauts toits pointus.
>
> Le ciel était gris. La bise pleurait
> Ainsi qu'un basson.
> Au loin un matou frileux et discret
> Miaulait d'étrange et grêle façon.
>
> Moi, j'allais rêvant du divin Platon
> Et de Phidias,
> Et de Salamine et de Marathon,
> Sous l'œil clignotant des bleus becs de gaz.

Et puis c'est tout. — Qu'est-ce que c'est que ça ? — C'est une impression. C'est l'impression d'un monsieur qui se promène dans une rue de Paris la nuit, et qui songe à Platon et à Salamine, et qui trouve drôle de songer à Salamine et à Platon « sous l'œil des becs de gaz ». — Pourquoi est-ce drôle ? — Je ne sais pas. Peut-être parce que Platon est mort voilà plus de deux mille ans et parce qu'un coin de rue parisienne est extrêmement différent de l'idée que nous nous faisons du Pnyx ou de l'Acropole. — Mais, à ce compte, tout est drôle. — Parfaitement. Un poète selon la plus récente formule est avant tout un être étonné. — Mais ce monsieur qui est si fier de penser à Platon en flânant sur le trottoir, l'a-t-il lu ? — A la vérité, je ne crois pas. — Mais le paysage nocturne qu'il nous décrit n'est-il pas difficile à concevoir ? « Plaquer des teintes de zinc *par ang'es obtus* », cela n'a aucun sens. Voit-on si nettement la fumée des toits, la nuit, surtout quand les becs de gaz sont allumés ? Et cette fumée a-t-elle jamais la forme d'un cinq, surtout quand il fait du vent (« La bise pleurait ») ? Et, si la lune éclaire, comment le ciel peut-il être « gris » ? Et, si le matou qu'on entend est « discret », comment peut-il miauler « d'étrange façon » ? Il y a dans tout cela bien des mots mis au hasard. — Justement. Ils ont le sens qu'à voulu le poète, et ils ne l'ont que pour lui. Et, de même, lui seul sent le piquant du rapprochement de Platon et des becs de gaz. Mais il ne l'explique pas, il en jouit tout seul. La poésie nouvelle est essentiellement subjective. — Tant mieux pour elle. Mais cette poésie nouvelle n'est alors qu'une sorte d'aphasie. — Il se peut.

Enfin, voici un exemple de poésie proprement symboliste (je ne dis pas symbolique, car la poésie symbolique, on la connaissait déjà, c'était celle que l'on comprenait) :

> Le souvenir avec le crépuscule
> Rougeoie et tremble à l'ardent horizon
> De l'espérance en flamme qui recule
> Et s'agrandit ainsi qu'une cloison
> Mystérieuse, où mainte floraison
> — Dahlia, lis, tulipe et renoncule —
> S'élance autour d'un treillis et circule
> Parmi la maladive exhalaison
> De parfums lourds et chauds, dont le poison
> — Dahlia, lis, tulipe et renoncule, —
> Noyant mes sens, mon âme et ma raison,
> Mêle dans une immense pâmoison
> Le souvenir avec le crépuscule.

Saisissez-vous ? On conçoit qu'il y ait un rapport, une ressemblance entre le souvenir et le crépuscule, entre la mélancolie du couchant, du jour qui se meurt, et la tristesse qu'on éprouve à se rappeler le passé mort. Mais entre le crépuscule et l'espérance ? Comment l'esprit du poète va-t-il de l'un à l'autre ? Sans doute le crépuscule peut figurer le souvenir parce qu'il est triste comme lui ; et il peut (plus difficilement) figurer aussi l'espérance parce qu'il est encore lumineux et qu'il a quelquefois des couleurs éclatantes et paradisiaques ; mais comment peut-il figurer les deux à la fois ? Et « le souvenir rougeoyant avec le crépuscule à l'horizon de l'espérance », qu'est-ce que cela signifie, dieux justes ? La « maladive exhalaison de parfums lourds » (les parfums du dahlia et de la tulipe ?), c'est, si vous voulez, le souvenir ; mais « l'immense pâmoison », ce serait plutôt l'espérance... O ma tête !...

Jadis, quand on traduisait un état moral par une image empruntée au monde extérieur, chacun des traits de cette image avait sa signification, et le poète aurait pu rendre compte de tous les détails de sa métaphore, de son allégorie, de son symbole. Mais ici le poète exprime par une seule image deux sentiments très distincts ; puis il la développe pour elle-même où plutôt la laisse se développer avec une sorte de caprice languissant. En réalité, il note sans dessein, sans nul souci de ce qui les lie, les sensations et les sentiments qui surgissent obscurément en lui, un soir, en regardant le ciel rouge encore du soleil éteint. «... Crépuscule; souvenir... Il rougeoie ; espérance... Il fleurit ; dahlia, lis, tulipe, renoncule ; treillis de serre ; parfums chauds... On pâme, on s'endort... ; souvenir ; crépuscule... » Ni le rapport entre les images et les idées, ni le rapport des images entre elles n'est énoncé. Et avec tout cela (relisez, je vous prie), c'est extrêmement doux à l'oreille. La phrase, avec ses reprises de mots, ses rappels de sons, ses entrelacements et ses ondoiements, est d'une harmonie et d'une mollesse charmantes. L'unité de cette petite pièce n'est donc point dans la signification totale des mots assemblés, mais dans leur musique et dans la mélancolie et la langueur dont ils sont tout imprégnés. C'est la poésie du crépuscule exprimée dans le songe encore, avant la réflexion, avant que les images et les sentiments que le crépuscule éveille n'aient été ordonnés et liés par le jugement. C'est presque de la poésie avant la parole : c'est de la poésie de limbes, du rêve écrit.

VI

Comme je cherche dans M. Verlaine, non ce qu'il a écrit de moins imparfait, mais ce qu'il a écrit de plus singulier, je ne m'arrêterai pas aux *Fêtes galantes* ni à *la Bonne Chanson*, — *La Bonne Chanson*, ce sont de courtes poésies d'amour, presque toutes très touchantes de simplicité et de sincérité, avec, quelquefois, des obscurités dont on ne sait si ce sont des raffinements de forme ou des maladresses. — Les *Fêtes galantes*, ce sont de petits vers précieux que l'ingénu rimeur croit être dans le goût du siècle dernier. Vous ne sauriez imaginer quelle chose bizarre et tourmentée est devenu le xviii° siècle, en traversant le cerveau troublé du pauvre poète. Je n'en veux qu'un exemple :

Mystiques barcaroles,
Romances sans paroles,
Chère, puisque tes yeux
   Couleur des cieux..

Puisque l'arome insigne
De ta candeur de cygne,
Et puisque la candeur
   De ton odeur,

Ah ! puisque tout ton être,
Musique qui pénètre,
Nimbe d'anges défunts,
   Tons et parfums,

A sur d'almes cadences
En ses correspondances
Induit mon cœur subtil (?),
   Ainsi soit-il !

Ce petit morceau est intitulé : *A Climène*. Il ne rappelle que de fort loin Bernis ou Dorat.

VII

Dix ans après... Le poète a péché, il a été puni, il s'est repenti. Dans sa détresse, il s'est tourné vers Dieu. Quel Dieu? Celui de son enfance, celui de sa première communion, tout simplement. Il reparaît donc avec un volume de vers, *Sagesse*, qu'il publie chez Victor Palmé, l'éditeur des prêtres. C'est un des livres les plus curieux qui soient, et c'est peut-être le seul livre de poésie catholique (non pas seulement chrétienne ou religieuse) que je connaisse.

Il est certain qu'un des phénomènes généraux qui ont marqué ce siècle, c'est la décroissance du catholicisme. La littérature, prise dans son ensemble, n'est même plus chrétienne. Et pourtant — avez-vous remarqué ? — les artistes qui passent pour les plus rares et les plus originaux de ce temps, ceux qui ont été vénérés et imités dans les cénacles les plus étroits, ont été catholiques ou se sont donnés pour tels. Rappelez-vous seulement Baudelaire et M. Barbey d'Aurevilly.

Pourquoi ont-ils pris cette attitude (car on sait d'ailleurs qu'ils n'ont point demandé au catholicisme la règle de leurs mœurs et qu'ils n'en ont point observé, sinon par caprice, les pratiques extérieures) ? — J'ai essayé de le dire au long et à plusieurs reprises (1). En deux mots, ils ont sans doute été catholiques par l'imagination et par la sympathie, mais surtout pour s'isoler et en manière de protestation contre l'esprit du siècle qui est entraîné ailleurs, — par dédain orgueilleux de la raison dans un temps de rationalisme, — par un goût de paradoxe, — par sensualité même, — enfin par un artifice et un mensonge où il y a quelque chose d'un peu puéril et à la fois très émouvant : ils ont feint de

---

(1) Voir, dans ce volume, l'article sur M. Barbey d'Aurevilly et l'article sur Baudelaire.

croire à la loi pour goûter mieux le péché « que la loi a fait », selon le mot de saint Paul : péché de malice et péché d'amour... Catholiques non pas pour rire, mais pour jouir, dilettantes du catholicisme, qui ne se confessent point et auxquels, s'ils se confessaient, un prêtre un peu clairvoyant et sévère hésiterait peut-être à donner l'absolution.

Mais il ne la refuserait point à M. Paul Verlaine. Voilà des vers vraiment pénitents et dévots, des prières, des « actes de contrition », des « actes de bon propos » et des « actes de charité ». Le poète pense humblement et docilement, ce qui est le vrai signe du bon catholique. Il est si sincère qu'il raille les libres penseurs et les républicains sur le ton d'un curé de village et conclut son invective contre la science comme ferait un rédacteur de *l'Univers* :

Le seul savant, c'est encore Moïse.

Il pleure la mort du prince impérial, parce que le prince fut bon chrétien, et il se repent de l'avoir méconnu :

Mon âge d'homme, noir d'orages et de fautes,
Abhorrait ta jeunesse.....
Maintenant j'aime Dieu dont l'amour et la foudre
M'ont fait une âme neuve!...

Il adresse son salut aux Jésuites expulsés :

Proscrits des jours, vainqueurs des temps, non point adieu !
Vous êtes l'espérance !

Il chante la sainte Vierge dans un fort beau cantique :

Je ne veux plus aimer que ma mère Marie,
. . . .
Car, comme j'étais faible et bien méchant encore,
Aux mains lâches, les yeux éblouis des chemins,
Elle baissa mes yeux et me joignit les mains
Et m'enseigna les mots par lesquels on adore...
. . . .
Et tous ces bons efforts vers les croix et les plaies,
Comme je l'invoquais, elle en ceignit mes reins.

Ses idées sur l'histoire sont d'une âme pieuse. Il regrette de n'être pas né du temps de Louis Racine et de Rollin, quand les hommes de lettres servaient la messe et chantaient aux offices,

Quand Maintenon jetait sur la France ravie
L'ombre douce et la paix de ses coiffes de lin.

Puis il se ravise, et, dans une belle horreur de l'hérésie :

Non : il fut gallican, ce siècle, et janséniste !

Il lui préfère « le moyen âge énorme et délicat ; »

il voudrait y avoir vécu, avoir été un saint, avoir eu

> Haute théologie et solide morale.

Bref, la foi la plus naïve, la plus soumise ; nous sommes à cent lieues du christianisme littéraire, de la vague religiosité romantique. M. Paul Verlaine a avec Dieu des dialogues comparables (je le dis sérieusement) à ceux du saint auteur de l'*Imitation*. Il échange avec le Christ des sonnets pieux, des sonnets ardents et qui, si l'on n'était arrêté çà et là par les maladresses et les insuffisances de l'expression, seraient d'une extrême beauté. Dieu lui dit : « Mon fils, il faut m'aimer. » Et le poète répond : « Moi, vous aimer ! Je tremble et n'ose. Je suis indigne. » Et Dieu reprend : « Il faut m'aimer. » Mais ici je ne puis me tenir de citer encore ; car, à mesure que le dialogue se développe, la forme en devient plus irréprochable, et je crois bien que les derniers sonnets contiennent quelques-uns des vers les plus pénétrants et les plus religieux qu'on ait écrits :

— Aime. Sors de ta nuit. Aime. C'est ma pensée
De toute éternité, pauvre âme délaissée,
Que tu dusses m'aimer, moi seul qui suis resté.

— Seigneur, j'ai peur. Mon âme en moi tressaille toute.
Je vois, je sens qu'il faut vous aimer. Mais comment,
Moi, ceci, me ferais-je, ô mon Dieu, votre amant,

O justice que la vertu des bons redoute ?
. . . .
Tendez-moi votre main, que je puisse lever
Cette chair accroupie et cet esprit malade.
. . . .
— Certes, si tu le veux mériter, mon fils, oui,
Et voici. Laisse aller l'ignorance indécise
De ton cœur vers les bras ouverts de mon Église
Comme la guêpe vole au lis épanoui.

Approche-toi de mon oreille. Epanches-y
L'humiliation d'une brave franchise.
Dis-moi tout sans un mot d'orgueil ou de reprise
Et m'offre le bouquet d'un repentir choisi ;

Puis franchement et simplement viens à ma table,
Et je t'y bénirai d'un repas délectable
Auquel l'ange n'aura lui-même qu'assisté.
. . . .
Puis, va ! Garde une foi modeste en ce mystère
D'amour par quoi je suis ta chair et ta raison...
. . . .
Qu'il te soit accordé, dans l'exil de la terre,
D'être l'agneau sans cris qui donne sa toison,

D'être l'enfant vêtu de lin et d'innocence,
D'oublier ton pauvre amour-propre et ton essence,
Enfin, de devenir un peu semblable à moi...,
. . . .
Et, pour récompenser ton zèle en ces devoirs
Si doux qu'ils sont encor d'ineffables délices,
Je te ferai goûter sur terre mes prémices,
La paix du cœur, l'amour d'être pauvre, et mes soirs

Mystiques, quand l'esprit s'ouvre aux calmes espoirs...

— Ah ! Seigneur, qu'ai-je ? Hélas ! me voici tout en larmes
D'une joie extraordinaire ; votre voix

Me fait comme du bien et du mal à la fois ;
Et le mal et le bien, tout a les mêmes charmes...
. . . .
J'ai l'extase et j'ai la terreur d'être choisi ;
Je suis indigne, mais je sais votre clémence.
Ah ! quel effort, mais quelle ardeur ! Et me voici

Plein d'une humble prière, encor qu'un trouble immense
Brouille l'espoir que votre voix me révéla,
Et j'aspire en tremblant.
    — Pauvre âme, c'est cela !

Avez-vous rencontré, fût-ce chez sainte Catherine de Sienne ou chez sainte Thérèse, plus belle effusion mystique ? Et pensez-vous qu'un saint ait jamais mieux parlé à Dieu que M. Paul Verlaine ? A mon avis, c'est peut-être la première fois que la poésie française a véritablement exprimé *l'amour de Dieu*.

Sentiment singulier quand on y songe, difficile à comprendre, difficile à éprouver dans sa plénitude. M. Paul Verlaine s'écrie avec saint Augustin : « Mon Dieu ! vous si haut, si loin de moi, comment vous aimer ? » En réalité, ce qu'il traduit ainsi, ce n'est pas l'impossibilité d'aimer Dieu, mais celle de le concevoir tel qu'il puisse être aimé, ou (ce qui revient au même) l'impuissance à l'*imaginer* dès qu'on essaye de le *concevoir* comme il doit être : principe des choses, éternel, omnipotent, infini... Comment donc faire ? comment aimer d'amour ce qui n'a pas de limites ni de formes ? L'âme croyante n'arrive à se satisfaire là-dessus que par une illusion. Elle croit concevoir un Dieu infini en lui prêtant une bonté, une justice infinies, etc., et elle ne s'aperçoit point qu'elle le limite par là et que ces vertus n'ont un sens que chez des êtres bornés, en rapport les uns avec les autres. Et pourtant je vous défie de trouver mieux. Car pensez : il faut que Dieu soit infini pour être Dieu, et il faut qu'il soit fini pour communiquer avec nous. Au fond, on n'aime Dieu que si on se le représente, sans s'en rendre compte, comme la meilleure et la plus belle créature qu'il nous soit donné de rêver et comme une merveilleuse âme humaine qui gouvernerait le monde.

Mais cette illusion est un grand bienfait. Car, en permettant d'aimer Dieu *déraisonnablement*, comme on aime les créatures, elle résout toutes les difficultés qui naissent dans notre esprit du spectacle de l'univers. Elle répond à tous les « pourquoi. » Pourquoi le monde est-il inintelligible ? Pourquoi le partage inégal des biens et des maux ? Pourquoi la douleur ? On aurait peine à pardonner ces choses à un Dieu que l'on concevrait rationnellement et que, par suite, on n'aimerait point : on en remercie le Dieu que l'on conçoit tout de travers, mais qu'on aime. Tout ce qu'il fait est bon, parce que nous le voulons ainsi. Toute souffrance est bénie, non comme équitable, mais comme venant de lui. Tout est bien, non parce qu'il est juste et bon, mais parce que nous l'aimons et que notre amour le déclare juste et bon quoi qu'il fasse. C'est donc notre amour qui crée sa sainteté. Remarquez que c'est exactement le parti pris héroïque et fou des amoureux romanesques, des chevaliers de la Table ronde ou des bergers de l'*Astrée*, ce qui les rendait capables d'immoler à leur maîtresse non seulement leur intérêt, mais leur raison, et d'accepter ses plus injustifiables caprices comme des ordres absolus et sacrés. Tant il est vrai qu'il n'y a qu'un amour ! Et, de fait, toutes les épithètes que l'auteur de l'*Imitation* donne à l'amour de Dieu conviennent aussi à l'amour de la femme. Le dévot aime, sous le nom de Dieu, la beauté et la bonté des choses finies d'où il a tiré son idéal, — et le chevalier mystique aimait cet idéal à travers et par delà la forme finie de sa maîtresse. On s'explique maintenant que l'amour divin donne à ceux qui en sont pénétrés la force d'accomplir les plus grands sacrifices apparents, de pratiquer la chasteté, la pauvreté, le détachement ; car ces sacrifices d'objets terrestres, nous les faisons à un idéal qu'une expérience terrestre a lentement composé : c'est donc encore à nous-mêmes que nous nous sacrifions.

Aimer Dieu, c'est aimer l'âme humaine agrandie avec la joie de l'agrandir toujours et de mesurer notre propre valeur à cet accroissement — et aussi avec l'angoisse de voir cette création de notre pensée s'évanouir dans le mystère et nous échapper. Nul sentiment ne doit être plus fort. Et cela, surtout dans la religion catholique, où la raison ne garde point, comme dans d'autres religions, des sortes de demi-droits honteux, mais se soumet toute à l'amour. On comprend dès lors que, pour une âme purement sensitive et aimante comme celle de M. Paul Verlaine, le catholicisme ait été un jour la seule religion possible, le refuge unique après des misères et des aventures où déjà sa raison avait pris l'habitude d'abdiquer.

O les douces choses que sa piété lui inspire !

> Écoutez la chanson bien douce
> Qui ne pleure que pour vous plaire.
> Elle est discrète, elle est légère :
> Un frisson d'eau sur de la mousse !...
>
> Elle dit, la voix reconnue,
> Que la bonté, c'est notre vie,
> Que de la haine et de l'envie
> Rien ne reste, la mort venue...
>
> Accueillez la voix qui persiste
> Dans son naïf épithalame.
> Allez, rien n'est meilleur à l'âme
> Que de faire une âme moins triste...
>
> . . . .
> Je ne me souviens plus que du mal que j'ai fait...
>
> Dans tous les mouvements bizarres de ma vie,
> De mes malheurs, selon le moment et le lieu,
> Des autres et de moi, de la route suivie,
> Je n'ai rien retenu que la bonté de Dieu.

Et sur la femme, auxiliatrice de Dieu, sur la femme qui console, apaise et purifie :

Beauté des femmes, leur faiblesse, et ces mains pâles
Qui font souvent le bien et peuvent tout le mal...
Et toujours, maternelle endormeuse des râles,
Même quand elle ment, cette voix !...

. . . .
    Remords si chers, peine très bonne,
    Rêves bénis, mains consacrées,
    O ces mains, ces mains vénérées,
    Faites le geste qui pardonne !

. . . .
Et j'ai revu l'enfant unique.. ...
Et tout mon sang chrétien chanta la chanson pure.

J'entends encor, je vois encor ! Loi du devoir
Si douce ! Enfin, je sais ce qu'est entendre et voir,
J'entends, je vois toujours ! Voix des bonnes pensées

Innocence ! avenir ! Sage et silencieux,
Que je vais vous aimer, vous un instant pressées,
Belles petites mains qui fermerez mes yeux !

Hélas ! toutes ces chansons ne sont pas claires. Mais ici il faut distinguer. Il y a celles qu'on ne comprend pas parce qu'elles sont obscures, sans que le poète l'ait voulu, — et celles qu'on ne comprend pas parce qu'elles sont inintelligibles et qu'il l'a voulu ainsi. Je préfère de beaucoup ces dernières. En voici une :

L'espoir luit, comme un brin de paille dans l'étable.
Que crains-tu de la guêpe ivre de son vol fou ?
Vois, le soleil toujours poudroie à quelque trou.
Que ne t'endormais-tu, le coude sur la table ?

Pauvre âme pâle, au moins cette eau du puits glacé,

Bois-la. Puis dors après. Allons, tu vois, je reste,
Et je dorloterai les rêves de ta sieste,
Et tu chantonneras comme un enfant bercé.

Midi sonne. De grâce, éloignez-vous, Madame.
Il dort. C'est étonnant comme les pas de femme
Résonnent au cerveau des pauvres malheureux.

Midi sonne. J'ai fait arroser dans la chambre.
Va, dors. L'espoir luit comme un caillou dans un creux.
Ah ! quand refleuriront les roses de septembre ?

Comprenez-vous ? Quelle suite y a-t-il dans ces idées ? Quel lien entre entre ces phrases ? Qui est-ce qui parle ? Où cela se passe-t-il ? On ne sait pas d'abord. On sent seulement que cela est doux, tendre, triste, et que plusieurs vers sont exquis. Longtemps je n'ai pu comprendre ce sonnet — et je l'aimais pourtant. A force de le relire, voici ce que j'ai trouvé.

Midi, l'été. Le poète est entré dans un cabaret, au bord de la grand'route poudreuse, avec une femme, celle qui l'a accueilli après ses fautes et ses malheurs et dont il invoque si souvent les belles petites mains. La chaleur est accablante. Le poète a bu du vin bleu ; il est ivre, il est morne. Et alors il entend la voix de sa compagne. Que dit-elle ?

Ce qui rend le sonnet difficile à saisir, c'est que l'expression de sentiments assez clairs en eux-mêmes y est coupée de menus détails, très précis, mais dont on ne sait d'où ils viennent ni à quoi ils sont empruntés. Quand on a trouvé que le lieu est un cabaret, tout s'explique assez aisément.

Premier quatrain. La voix dit : « Ne sois pas si triste. Espère. L'espérance luit dans le malheur comme un brin de paille dans l'étable. » Pourquoi cette comparaison — très juste d'ailleurs, mais si inattendue ? C'est que nous sommes, comme j'ai dit, dans une auberge de campagne. Sans doute une des portes de la salle donne sur l'étable où sont les vaches et le cheval, et, dans l'obscurité, des pailles luisent parmi la litière...

Mais, tandis que la voix parle, le poète, complètement abruti, regarde d'un air effaré une guêpe qui bourdonne autour de son verre. « N'aie pas peur, lui dit sa compagne : des guêpes, il y en a toujours dans cette saison. On a beau fermer les volets : toujours quelque fente laisse passer un rayon qui les attire. Tu ferais mieux de dormir... »

Second quatrain. « Tu ne veux pas ? » Ici le poète ouvre et ferme, d'un air de malaise, sa bouche pâteuse. — « Allons, bois un bon verre d'eau fraîche, et dors. » Le reste va de soi.

Premier tercet. — La voix s'adresse à la cabaretière qui tourne autour de la table et fait du bruit. Elle la prie de s'éloigner. — La fin est limpide. Le sonnet se termine par un souvenir et un espoir. « Les roses de septembre » marquent sans doute le commencement du dernier amour du poète. — Relisez maintenant, et dites si toute la pièce n'est pas adorable !

VIII

Aimez donc la raison : que toujours vos écrits
Empruntent d'elle seule et leur lustre et leur prix.

Si quelqu'un s'est peu soucié de ce vieux précepte, c'est M. Paul Verlaine. On pourrait presque dire qu'il est le seul poète qui n'ait jamais exprimé que des sentiments et des sensations et qui les ait traduits uniquement pour lui ; ce qui le dispense d'en montrer le lien, car lui le connaît. Ce poète ne s'est jamais demandé s'il serait compris, et jamais il n'a rien voulu prouver. Et c'est pourquoi, *Sagesse* à part, il est à peu près impossible de résumer ses recueils, d'en donner la pensée abrégée. On ne peut les caractériser que par l'état d'âme dont ils sont le plus souvent la traduction : demi-ivresse, hallucination qui déforme les objets et les fait ressembler à un rêve incohérent ; malaise de l'âme qui, dans l'effroi de ce mystère, a des plaintes d'enfant ; puis langueur, douceur mystique, apaisement dans la conception catholique de l'univers acceptée en toute naïveté..

Vous trouverez dans *Jadis et naguère* de vagues contes sur le diable. Le poète appelle cela des

« choses crépusculaires. » C'est dans Ecbatane. Des Satans sont en fête. Mais un d'eux est triste ; il propose aux autres de supprimer l'enfer, de se sacrifier à l'amour universel, et alors les démons mettent le feu à la ville, et il n'en reste rien ; mais

> On n'avait pas | agréé le sacrifice.
> Quelqu'un de fort | et de juste assurément
> Sans peine avait | su démêler la malice
> Et l'artifice | en un orgueil qui se ment (?).

Une comtesse a tué son mari, de complicité avec son amant. Elle est en prison, repentie, et elle tient la tête de l'époux dans ses mains. Cette tête lui parle : « J'étais en état de péché mortel quand tu m'as tué. Mais je t'aime toujours. Damne-toi pour que nous ne soyons plus séparés. » La comtesse croit que c'est le diable qui la tente. Elle crie : « Mon Dieu ! mon Dieu, pitié ! » Et elle meurt, et son âme monte au ciel. — Une femme est amoureuse d'un homme qui est le diable. Il l'a ruinée et la maltraite. Elle l'aime toujours. Elle lui dit : « Je sais qui tu es. Je veux être damnée pour être toujours avec toi. » Mais il la raille et s'en va. Alors elle se tue. Ici, une idée fort belle :

> Elle ne savait pas que l'enfer, c'est l'absence.

Les autres contes sont à l'avenant. On croit comprendre; puis le sens échappe. C'est qu'il n'y a rien à comprendre — sinon que le diable est toujours méchant quoi qu'il fasse, et qu'il ne faut pas l'écouter, et qu'il ne faut pas l'aimer, encore que cela soit bien tentant...

Si les récits sont vagues, que dirons-nous des simples notations d'impressions? Car c'est à cela que se réduit de plus en plus la poésie de M. Paul Verlaine. Lisez *Kaléidoscope* :

> Dans une rue, au cœur d'une ville de rêve,
> *Ce sera comme quand on a déjà vécu ;*
> Un instant à la fois très vague et très aigu...
> O ce soleil parmi la brume qui se lève !
>
> O ce cri sur la mer, cette voix dans les bois !
> *Ce sera comme quand on ignore des causes :*
> Un lent réveil après bien des métempsycoses ;
> *Les choses seront plus les mêmes qu'autrefois*
>
> Dans cette rue, au cœur de la ville magique
> Où des orgues moudront des gigues dans les soirs,
> Où des cafés auront des chats sur les dressoirs,
> Et que traverseront des bandes de musique.
>
> Ce sera si fatal qu'en en croira mourir...

Vraiment, ce sont là des séries de mots comme on en forme en rêve... Vous avez dû remarquer? Quelquefois, en dormant, on compose et l'on récite des vers que l'on comprend, et que l'on trouve admirables. Quand, d'aventure, on se les rappelle encore au réveil, plus rien..., l'idée s'est évanouie. C'est que, dans le sommeil, on attachait à ces mots des significations particulières qu'on ne retrouve plus ; on les unissait par des rapports qu'on ne ressaisit pas davantage. Et, si l'on s'y applique trop longtemps, on en peut souffrir jusqu'à l'angoisse la plus douloureuse...

Mais, en y réfléchissant, je crois que si on relit *Kaléidoscope,* on verra que l'obscurité est dans les choses plus que dans les mots ou dans leur assemblage. Le poète veut rendre ici un phénomène mental très bizarre et très pénible, celui qui consiste à reconnaître ce qu'on n'a jamais vu. Cela vous est-il arrivé quelquefois ? On croit se souvenir ; on veut poursuivre et préciser une réminiscence très confuse, mais dont on est sûr pourtant que c'est bien une réminiscence ; et elle fuit et se dissout à mesure, et cela devient atroce. C'est à ces moments-là qu'on se sent devenir fou. Comment expliquer cela ? Oh ! que nous nous connaissons mal ! C'est que notre vie intellectuelle est en grande partie inconsciente. Continuellement les objets font sur notre cerveau des impressions dont nous ne nous apercevons pas et qui s'y emmagasinent sans que nous en soyons avertis. A certains moments, sous un choc extérieur, ces impressions ignorées de nous se réveillent à demi : nous en prenons subitement conscience, avec plus ou moins de netteté, mais toujours sans être informés d'où elles nous sont venues, sans pouvoir les éclaircir ni les ramener à leur cause. Et c'est de cette ignorance et de cette impuissance que nous nous inquiétons. Ce demi-jour soudainement ouvert sur tout ce que nous portons en nous d'inconnu nous fait peur. Nous souffrons de sentir que ce qui se passe en nous à cette heure ne dépend pas de nous, et que nous ne pouvons point, comme à l'ordinaire, nous faire illusion là-dessus...

Il y a quelque chose de profondément involontaire et déraisonnable dans la poésie de M. Paul Verlaine. Il n'exprime presque jamais des moments de conscience pleine ni de raison entière. C'est à cause de cela souvent que sa chanson n'est claire (si elle l'est) que pour lui-même.

IX

De même, ses rythmes, parfois, ne sont saisissables que pour lui seul. Je ne parle pas des rimes féminines entrelacées, des allitérations, des assonances dans l'intérieur du vers, dont nul n'a usé plus fréquemment ni plus heureusement que lui. Mais il emploie volontiers des vers de neuf, de onze et de treize syllabes. Ces vers impairs, formés de deux groupes de syllabes qui soutiennent entre eux des rapports de nombre nécessairement un peu compliqués (3 et 6 ou 4 et 5 ; 4 et 7 ou 5 et 6 ; 5 et 8), ont leur cadence propre, qui peut plaire à l'oreille tout en l'inquiétant. Boiteux, ils plaisent justement parce qu'on les sent boiteux et parce qu'ils rappellent, en la rompant, la cadence égale de l'alexandrin. Mais, pour que ce plaisir dure et même pour qu'il soit perceptible, il faut que ces vers boitent toujours de la même façon. Or, au moment où nous allions nous habituer à un certain mode de claudication, M. Verlaine en change tout à coup, sans prévenir. Et alors nous n'y sommes plus. Sans doute, il peut dire : De même que le souvenir de l'alexandrin vous faisait sentir la cadence rompue de mes vers, ainsi le souvenir de celle-ci me fait sentir la nouvelle cadence irrégulière que j'y ai substituée. Soit ; — mais notre oreille à nous ne saurait s'accommoder si rapidement à des rythmes si particuliers et qui changent à chaque instant. Ce caprice dans l'irrégularité même équivaut pour nous à l'absence de rythme. Voici des vers de treize syllabes :

Londres fume et cri | e. Oh ! quelle ville de la Bible !
Le gaz flambe et na | ge et les enseignes sont vermeilles.
Et les maisons | dans leur ratatinement terrible
Épouvan | tent comme un sénat | de petites vieilles.

Les deux premiers vers sont coupés après la cinquième syllabe, le vers suivant est coupé après la quatrième ; le dernier, après la troisième ou la huitième. — Et voici des vers de onze syllabes :

Dans un palais | soie et or, dans Echatane,
De beaux démons | , des satans adolescents,
Au son d'une musi | que mahométane
Font liti | ère aux sept péchés | de leurs cinq sens.

Les deux premiers vers semblent coupés après la quatrième syllabe ; soit. Mais le suivant est coupé (fort légèrement) après la sixième, et l'autre après la troisième ou la septième.

D'autres fois, quand M. Verlaine emploie les vers de dix syllabes, il les coupe tantôt après la cinquième, tantôt après la quatrième syllabe. C'est-à-dire qu'il mêle des rythmes d'un caractère non seulement différent, mais opposé.

Aussi bien pourquoi | me mettrais-je à geindre ? (5, 5)
Vous ne m'aimez pas | , l'affaire est conclue,
Et, ne voulant pas | qu'on ose me plaindre,
Je souffrirai | d'une âme résolue (4, 6).

Ainsi, dans la plus grande partie de l'œuvre poétique de M. Verlaine, les rapports de nombre entre les hémistiches varient trop souvent pour nos faibles oreilles. Maintenant, si le poète chante pour être entendu de lui seul, c'est bon, n'en parlons plus. Laissons-le à ses plaisirs solitaires et allons-nous-en

X

Non, restons encore un peu ; car, avec tout cela, M. Paul Verlaine est un rare poète. Mais il est double. D'un côté, il a l'air très artificiel. Il a un « art poétique » tout à fait subtil et mystérieux (qu'il a, je crois, trouvé sur le tard) :

> De la musique avant toute chose,
> Et pour cela préfère l'impair
> Plus vague et plus soluble dans l'air,
> Sans rien en lui qui pèse ou qui pose.
>
> Il faut aussi que tu n'ailles point
> Choisir tes mots sans quelque méprise :
> Rien de plus cher que la chanson grise
> Où l'indécis au précis se joint...
>
> Car nous voulons la nuance encor
> Pas la couleur, rien que la nuance
> Oh ! la nuance seule fiance
> Le rêve au rêve, et la flûte au cor...

D'autre part, il est tout simple :

> Je suis venu, calme orphelin,
> Riche de mes seuls yeux tranquilles,
> Vers les hommes des grandes villes :
> Ils ne m'ont pas trouvé malin.

C'est peut-être par cette ingénuité qu'il plaît

tant à la longue. A force de l'étudier et même de le condamner, sa douce démence me gagne. Ce que je prenais d'abord pour des raffinements prétentieux et obscurs, j'en viens à y voir (quoi qu'il en dise lui-même) des hardiesses maladroites de poète purement spontané, des gaucheries charmantes. Puis il a des vers qu'on ne trouve que chez lui, et qui sont des caresses. J'en pourrais citer beaucoup. Et comme ce poète n'exprime ses idées et ses impressions que pour lui, par un vocabulaire et une musique à lui, — sans doute, quand ces idées et ces impressions sont compliquées et troubles pour lui-même, elles nous deviennent, à nous, incompréhensibles ; mais quand, par bonheur, elles sont simples et unies, il nous ravit par une grâce naturelle à laquelle nous ne sommes plus guère habitués, et la poésie de ce prétendu « déliquescent » ressemble alors beaucoup à la poésie populaire :

> Il pleure dans mon cœur
> Comme il pleut sur la ville ;
> Quelle est cette langueur
> Qui pénètre mon cœur ? etc.

Ou bien :

> J'ai peur d'un baiser
> Comme d'une abeille.
> Je souffre et je veille
> Sans me reposer.
> J'ai peur d'un baiser.

Finissons sur ces riens, qui sont exquis, et disons : M. Paul Verlaine a des sens de malade, mais une âme d'enfant ; il a un charme naïf dans la langueur maladive ; c'est un décadent qui est surtout un primitif.

VICTOR HUGO

TOUTE LA YRE

I

Ce qu'il dit
Est semblable au passage orageux d'un quadrige.
Un torrent de parole énorme qu'il dirige,
Un verbe surhumain, superbe, engloutissant,
S'écroule de sa bouche en tempête, et descend
Et coule et se répand sur la foule profonde....

Victor Hugo définit ainsi l'éloquence de Danton; mais il me paraît que ces images expriment encore mieux la poésie de Victor Hugo. C'est elle, le quadrige orageux, le torrent de parole surhumaine. J'ai lu sans interruption *Toute la Lyre*, et je ne sais plus guère où j'en suis. Je me sens ivre de mots et d'images. Ce torrent m'a noyé dans son flot qui roule des ténèbres et des étoiles. Et maintenant,

Comme l'eau qu'il secoue aveugle un chien mouillé,

ou, si vous voulez, pareil au barbet du vieux conte,

qui « secouait des pierreries », je me débats sur la rive, tout ruisselant et aveuglé de métaphores, le bruit des rythmes bourdonnant dans mes oreilles comme celui des grandes eaux ; et, dompté par un dieu, je reconnais et j'adore la toute-puissance de son verbe.

Ai-je jamais dit autre chose ? Des gens ont voulu me persuader, l'an dernier (1), que je lui avais manqué de respect. Pourquoi ? Pour avoir dit que, si nul poète ne parlait plus haut à mon imagination, deux ou trois autres disaient peut-être des choses plus rares à ma pensée et à mon cœur. A cause de cela, plusieurs m'ont traité de pygmée, ce qui est fort juste, — mais aussi de cuistre, de zoïle et même de batracien, ce qui est bien sévère. J'avoue que là-dessus, je ne les ai pas crus. J'appartiens à la génération qui a le plus aimé Victor Hugo. Je l'ai profondément et religieusement admiré dans mon adolescence et ma première jeunesse. Pendant dix ans je l'ai lu tous les jours et je lui garde une reconnaissance infinie des joies qu'il m'a données. J'ajoute que c'est peut-être pendant ces dix années-là que j'ai eu raison. Mais nos âmes vont se modifiant et, par suite, l'idée que nous nous formons des grands écrivains et des grands artistes et l'émotion qu'ils nous donnent ne sont point les mêmes aux diverses époques de notre vie : faut-il rappeler une vérité si simple ? Tout ce que je puis vous dire aujourd'hui, c'est donc l'impression que me laisse, aujourd'hui même,

(1) Voir l'article suivant.

la lecture de *Toute la Lyre*, non celle que j'ai reçue, voilà quinze ans, de *la Légende des siècles*.

— Encore de la critique personnelle ! me dit une voix que je respecte. — Hé ! vous en parlez à votre aise ! Plût au ciel que j'en puisse faire d'autre et sortir de moi !

Laissez-moi donc vous parler librement et respectueusement du dernier livre lyrique de Victor Hugo. Librement ? Ai-je donc tant besoin de m'excuser ? Et l'espèce d'éblouissement qui m'est resté dans les yeux après cette lecture n'est-elle pas le meilleur hommage, étant le plus involontaire, que je puisse rendre au plus puissant assembleur de mots qui ait sans doute paru depuis que l'univers existe, depuis qu'il y a des yeux pour voir les objets matériels, des intelligences pour concevoir des idées, des imaginations pour découvrir les rapports cachés entre tout ce visible et tout cet invisible, et des signes écrits dont les combinaisons peuvent exprimer ces rapports ?

Ainsi je suis tranquille, et c'est en toute sécurité que je vous confierai mes impressions successives. Après le bienheureux ahurissement dont je vous ai parlé, je me recueille et je cherche à me reprendre. Qu'ai-je donc lu, en somme ? Que me reste-t-il dans l'esprit, une fois ces grandes vibrations éteintes ?

Voici. Le poète nous explique en cinq ou six cents vers que la Révolution ne pouvait se faire que par l'échafaud, mais que, maintenant qu'elle est faite, il ne faut plus verser de sang. — Il croit au progrès, à la future fraternité des hommes. — Il maudit les rois et les empereurs. — Cela ne l'empêche pas de dire ensuite à Dieu : « Seigneur, expliquons-nous tous deux », et de lui demander pourquoi « il laisse mourir Rome », c'est-à-dire la civilisation latine, et grandir « l'Amérique sans âme, ouvrière glacée ». — Il gémit sur les émeutes de Lyon. — Il exhorte le jeune Michel Ney à être digne du nom qu'il porte. — Il flétrit Louis XV. — Il entend, dans la nuit, les esprits du mal encourager les panthères, les serpents, les plantes vénéneuses, les prêtres et les rois. — Il nous ouvre un mausolée royal et nous montre la poignée de cendre qu'il contient. — Il fait tous ses compliments à Mlle Louise Michel pour sa conduite après la Commune...

Puis, viennent des paysages. Ils sont fort beaux. Cette idée y revient sans cesse, que la « création sait le grand secret ». (Elle le garde joliment!) Un autre refrain, c'est que la nuit représente les puissances malfaisantes, l'ignorance, le mal, le passé, mais que l'aurore figure la délivrance des esprits, l'avenir, le progrès...

La troisième partie se pourrait résumer ainsi : — L'enfant est un mystère rassurant. — La femme est une énigme inquiétante. — Soyons bons. — Evitons même les petites fautes. — Dieu est grand. Nos batailles font à son oreille le même bruit qu'un moucheron. — La nature est mystérieuse. — C'est l'ombre qui a fait les dieux. — Les prêtres sont horribles. — L'âme est immortelle : nous retrouverons nos morts. — Le monde est mauvais : tout est nuit et souffrance. Le monde est bon. Ténèbres, je ne vous crois pas. Je crois à vous, ô Dieu ! Ombre ! Lumière !

Il est beaucoup question de littérature dans la quatrième partie. Et voici les pensées qu'on y trouve: —Les poètes primitifs aimaient la nature, et elle leur parlait. — J'ai fait de la critique quand j'étais enfant, mais j'ai reconnu l'absurdité de cette occupation. — La tragédie classique sent le renfermé. De l'air ! de l'air ! — Le bon goût est une grille. Le critique est un eunuque, etc. — Shakespeare est sublime. — Brumoy est un âne. — Le rire est une mitraille. — Laharpe, Lebatteux, Patouillet, Rapin, Bouhours, etc., sont des ânes et des pourceaux. — La nature fut la nourrice d'Homère et d'Hésiode. — Tous les grands hommes et les penseurs sont insultés, Mazzini par Thiers, Washington par Pitt, Juvénal par Nisard, Shakespeare par Planche, Homère par Zoïle, etc..... — Les poètes sont les guides du genre humain. — Les sommets sont dangereux ; on y a le vertige. — Les grands hommes sont malheureux, parce qu'ils sont les enclumes sur lesquelles Dieu forge une âme nouvelle à l'humanité.

Voilà le premier volume.

Le second... Me croirez-vous si je vous dis que c'est la même chose, et que chacune des « sept cordes de la lyre » rend sensiblement le même son ? — Cela commence, toutefois, par une série de pièces moins impersonnelles, où le poète nous dit sa vie, se raconte plus familièrement, se confie à ses amis. — Tu me dis que j'ai changé, écrit-il à l'un d'eux. Non, je n'ai pas changé ; je veux toujours le peuple grand et les hommes libres, et je rêve un avenir meilleur pour la femme. Seulement je suis plus triste. — Lorsque j'étais enfant, la France était grande. — A une religieuse : Priez ! ne vous gênez pas, je comprends tout. — A un enfant : Aime bien ta mère et soutiens-la. — J'ai beaucoup souffert, j'ai été proscrit et fugitif, mais j'avais la conscience tranquille. — « A deux ennemis amis » : Réconciliez-vous. Vous êtes trop grands l'un et l'autre pour vous haïr. — Sur la mort de Mme de Girardin : Elle s'en est allée... La foule ne comprend pas les grandes âmes... Je voudrais m'en aller aussi. — Je rêve aux morts ; je les vois. — Je méprise la haine et la calomnie. — *Idem*. — Je travaille : le travail est bon. — Je suis las ; mais quelqu'un dans la nuit me dit : Va ! — Je rentrerai, comme Voltaire, dans mon grand Paris.

Puis, ce sont des pièces d'amour. J'en mets à part trois ou quatre, qui sont exquises. Les autres sont absolument semblables aux *Chansons des rues et des bois*.

Puis, une suite de fantaisies. Quelques jeux de rimes. De courtes scènes dialoguées dont le fond se réduit à ceci : que la femme est fragile, qu'elle est contredisante, qu'elle est capricieuse, qu'elle aime les soldats, qu'elle aime les mauvais sujets. Enfin, quelques chansons, qui ne sont pas toutes les meilleures que Victor Hugo ait écrites.

Tout cela fait sept cordes (à la vérité, il serait difficile de les nommer avec précision ; il semble pourtant que les sept livres que nous venons de parcourir pourraient s'intituler : Humanité, Nature, Philosophie, Art, Foyer, Amour, Fantaisie). Mais, le poète ayant écrit :

... Et j'ajoute à ma lyre une corde d'airain,

il y a un huitième livre, tout de colère et d'indignation, dont voici à peu près le canevas : Rois, je ne suis qu'un passant, mais je vous dis que vous êtes infâmes. — Il ne fallait point détruire la Colonne parce que, ce qu'elle glorifiait en réalité, ce n'était point le despotisme, mais la gloire d'un peuple et la Révolution délivrant l'Europe. — Je flétris pareillement ceux qui ont tué les otages, et ceux qui ont massacré les soldats de la Commune. — Un tout petit roi m'a chassé de Belgique : je ne daigne pas m'en apercevoir. — Nous sommes vaincus, mais j'attends la revanche ; la France vaincra, parce qu'elle est Lumière. — Après la libération du territoire : Je ne me trouve pas délivré ; je ne le serai que lorsque nous aurons repris Metz et Strasbourg. —

Aux historiens : Ne cherchez pas à expliquer les traîtres ; on croirait que vous les excusez. — Vous n'arrêterez pas la Démocratie montante. — Toutes les fois qu'un crime se préparera contre le peuple, ma conscience rugira ..

En deux mots, maintenant : « Tout est obscur. Tout est clair. La nature rêve et voit Dieu. Haine au passé. Les rois et les prêtres sont infâmes. Le peuple est sublime. O l'enfant ! O la femme ! Pardonnons, aimons. Les poètes sont des mages. Toinon, c'est Callirhoé. » Vous n'extrairez rien de plus de *Toute la Lyre*, — et pas grand'chose de plus des quinze volumes de vers lyriques de l'immense poète.

— Eh bien ! me direz-vous, ne sont-ce pas là de beaux thèmes ? Y a-t-il plus de pensée, puisqu'il vous en faut, chez Lamartine ou Musset ? Et quelle idée vous faites-vous donc de la poésie ?

— Oui, je sais que la poésie n'est que sentiment, couleur et musique, et qu'elle n'a presque pas besoin de pensée. J'en connais qui semble faite de rien, et qui me remplit tout entier. Mais que puis-je contre une impression répétée et persistante ? Non, le bruit énorme, les cymbales retentissantes des vers innombrables de Victor Hugo ne sont point pâture d'âme, — pas assez pour moi du moins. Je dirais volontiers de ses vers : « Ils sont trop ! Ils m'empêchent de sentir sa poésie »... La demi-douzaine d'idées et de sentiments que j'énumérais tout à l'heure, songez qu'il les a développés en cinquante ou soixante mille vers. Il y a tel de ces lieux communs qu'il a repris une centaine de fois. Cette idée, qu'on aime partout de la même façon, et qu'Amaryllis et Margot, c'est *kifkif*, lui a inspiré les quatre ou cinq mille vers octosyllabiques des *Chansons des rues et des bois*. Cette autre idée, que tout finira par une embrassade de tous les hommes en Dieu, ne lui a guère moins suggéré d'alexandrins. Il nous a certainement confié plusieurs milliers de fois que le poète est un prophète et un voyant. Il n'y a pas une seule pièce dans *Toute la Lyre*, qui ne rappelle des pages, je ne dis pas analogues, mais parfaitement semblables, de chacun des recueils précédents. Voici un jeu que je propose aux rares honnêtes gens qui ont vraiment lu les poètes contemporains. Quelqu'un nous citerait au hasard des vers ou même des couplets de Victor Hugo et nous demanderait d'où ils sont tirés. Nous devinerions peut-être que ces vers sont antérieurs ou postérieurs à 1840; mais, neuf fois sur dix, nous ne saurions à quel volume les rapporter. Or, si l'on jouait au même jeu avec Lamartine et Musset (que j'ai beaucoup moins lus, les aimant depuis moins longtemps), je me ferais fort de gagner presque à tout coup. Ne m'accusez point de puérilité. Ce détour chinois m'est une façon de constater une chose étrange. Nul n'a fait des vers plus précis de contours que l'auteur de *la Légende* et des *Contemplations*, — et nul n'en a fait, si je puis dire, de plus indiscernables, de plus aisés à substituer les uns aux autres. Cela est à la fois stupéfiant de richesse et prodigieux d'indigence.

Et puis, je l'ai tant lu jadis, je me suis si bien pénétré de ses habitudes de style, de ses images ordinaires, de son vocabulaire, de son rythme, de ses rimes, de ses manies, que, lisant un nouveau volume de lui, il m'a semblé que je le relisais. Tous ces vers inconnus, je les reconnaissais à mesure. Pour un peu, j'aurais cru que, par un phénomène mystérieux, c'était moi qui les faisais, et que je parodiais l'auteur de *l'Ane*. Cette illusion vous paraîtra moins gasconne si vous songez que nul poète, en effet, n'a été ni plus souvent, ni plus aisément, ni plus parfaitement parodié. M. Albert Sorel a fait des suites de vers considérables qui pourraient, à la rigueur, être de Victor Hugo, et où, seule, quelque bizarrerie trop forte, ou mieux, quelque faiblesse de rime et quelque essoufflement laissent deviner le jeu sacrilège. Et, d'autre part, je me souviens d'avoir perdu des sommes en pariant, après un peu d'hésitation, que des vers de *la Légende*, qu'on m'avait cités, étaient de M. Sorel. (Les voici, ces vers ; ils décrivent la salle à manger d'*Eviradnus* :

> Cette salle à manger de titans est si haute,
> Qu'en égarant, de poutre en poutre, son regard
> Aux étages confus de ce plafond hagard,
> On est presque étonné de n'y pas voir d'étoiles.)

Et cela ne prouve pas précisément que les bons lettrés qui se livrent à ces exercices aient le génie de Victor Hugo. Il est même certain que ce qu'il peut y avoir de beauté dans leurs parodies (et il s'en trouve quelquefois) appartient de droit au grand poète parodié. Mais cela prouve au moins qu'il y a dans la poésie de l'auteur des *Quatre Vents de l'esprit* une énorme part de fabrication quasi mécanique et automatique, quelque chose où ni le cœur, ni la pensée ne sont intéressés. Et c'est pourquoi j'ai pu lire, avec une admiration stupéfaite, il est vrai, et dans une sorte d'ivresse physique, mais sans une minute d'émotion, de douceur intérieure, et sans le moindre désir de larmes, les dix mille vers de *Toute la Lyre*. J'assistais à cette poésie si je puis dire ; j'étais même parfois bousculé par elle ; mais elle n'entrait pas en moi.

Peut-être comprendrez-vous, maintenant ma tendresse pour Lamartine et Musset, ces médiocres ouvriers qu'on ne parodie point, que personne n'a jamais eu l'idée de parodier. Ce n'est pas qu'ils aient mis dans leurs vers ce que la poésie proprement dite ne comporte point : l'analyse aiguë de Stendhal, par exemple, ou l'ironie nuancée de Renan. Et ce n'est pas non plus qu'ils aient évité les redites. Mais, d'abord, je trouve, à tort ou à raison, plus de substance dans leur œuvre, plus de rêve et aussi de pensée chez l'un et, à coup sûr, plus de passion chez l'autre. Je les sens absolument sincères, et que leur poésie s'écoule d'eux involontairement. Et surtout il me semble toujours que, ce qu'ils expriment, je pourrais l'éprouver, que c'est mon âme à moi, qui parle dans leurs vers, et qu'elle chante, par eux, ce qu'elle n'aurait su dire toute seule. Ces poètes, qui ont un don que je n'ai pas, sont après tout des gens comme moi, de ma société et de mon temps, avec qui il m'eût été possible de converser...

L'âme de Hugo (et c'est tant pis pour moi) est par trop étrangère à la mienne. Il y a dans son œuvre trop d'attitudes, trop de sentiments, trop de façons de voir le monde et l'histoire que j'ai peine à comprendre et qui même répugnent à mes plus chères habitudes d'esprit. Les milliers de vers où il dit : « Moi, le penseur », où il se qualifie de mage effaré, où il se compare aux lions et aux aigles, où il menace l'ombre, la nuit et le mystère de je ne sais quelle effraction, sont insupportables aux hommes modestes, et à ceux qui essayent vraiment de penser. Quand il annonce avec fracas qu'il presse du genou la poitrine du sphinx et qu'il lui a arraché son secret, je me dis : « Il est bien heureux! » et quand je vois que ce qu'il a découvert, au bout du compte, c'est le manichéisme le plus naïf, ou l'optimisme le plus simplet, je me dis : « Que d'embarras! » Je sens là-dedans un air d'insincérité. Un bourgeois d'aujourd'ui qui vaticine constamment à la façon d'Isaïe et d'Ezéchiel, comme s'il vivait dans le désert, comme s'il mangeait des sauterelles et comme s'il avait réellement des entretiens avec Dieu sur la montagne, me paraît quelque chose d'aussi saugrenu et d'aussi faux qu'un bourgeois du dix-septième siècle imitant le délire de Pindare. Cela me fâche un peu que, ayant vécu dans le siècle qui a le mieux compris l'histoire, ce poète n'en ait vu que le décor et le bric-à-brac, et que les Papes et les rois lui apparaissent tous comme des porcs ou comme des tigres. Il a des enthousiasmes et des mépris qui m'offensent également. Un homme pour qui Robespierre, Saint-Just et même Hébert et Marat sont des géants, pour qui Bossuet et de Maistre sont des monstres odieux, et pour qui Nisard et Mérimée sont des imbéciles....; cet homme-là peut avoir du génie : soyez sûrs qu'il n'a que ça. Son inintelligence des âmes, de la vie humaine et de ses complexités est incroyable. Ses énumérations des grands hommes, des mages, des porte-flambeaux, sont de merveilleux coq-à-l'âne, des chefs-d'œuvre de bouffonnerie inconsciente. C'est Homais à Pathmos... De vieux bergers à barbes de fleuves qui conversent avec Dieu; des rois qui sont des brigands; des brigands qui sont des héros; des courtisanes qui sont des saintes; **des prêtres affreux :** des petits enfants qui savent le grand secret et des gotons qui l'expliquent couramment rien qu'en montrant leurs jambes; l'humanité mise en antithèses, pareille à un immense guignol apocalyptique; l'histoire, coupée en deux, net, par la Révolution; l'ombre avant, la lumière après... telle est sa vision des choses. Elle est d'une surprenante simplicité. Aucune des doctrines qui ont presque renouvelé cette vision en nous ne semble être arrivée jusqu'à lui. Il ne les a ni pressenties ni connues. Qand il rencontre Darwin, il le raille du même ton qu'aurait fait Louis Veuillot. Il n'est plus de ce temps, sans être, comme Homère, Virgile ou Racine, de tous les temps. C'est un vieux sans être un ancien. Il est loin de nous, très loin...

— Oui, tout cela peut être vrai. MAIS.....

II

« Mais ça n'est pas vrai, m'écrit un de mes amis. Tu as le droit de dire de Hugo encore plus de mal que tu n'en as dit, mais seulement à propos de ses œuvres. Ce qu'on vient d'éditer, ce sont des reliefs, des rognures, — ou des rinçures, si tu préfères cette métaphore. Les héritiers, — par piété évidemment, — font flèche de tout bois et même de tous copeaux. Ils publient tous les brouillons, même ceux du panier. Mon impression, à moi, qui ai lu tout Victor Hugo comme toi, et assez récemment, c'est que *Toute la Lyre* est une collection d'épreuves ratées ; sauf trois ou quatre exceptions, guère plus, chaque pièce me rappelle un équivalent, un « original » supérieur. Chaque théorie a déjà été exprimée avec plus de puissance et de développement... Ce qu'on nous donne aujourd'hui, c'est de la parodie de Hugo, non par Sorel, mais par Hugo. C'est comme les charges, qui sont au Louvre, du rapin Michel-Ange... »

Je répondrai alors qu'il est singulièrement malaisé de distinguer Hugo parodiste de Hugo sérieux, celui qui s'amuse de celui qui ne s'amuse pas ; et que, souvent, quand il ne s'amuse pas, il nous amuse trop ; et quand il s'amuse, il ne nous amuse pas assez... Le culte de mon ami pour Hugo le rend tout à fait injuste à l'endroit des honnêtes gens à qui le grand poète a légué sa malle. Toutes ces « rognures », ils ont mission de les publier. Et, quand même ils n'y seraient pas obligés par la volonté du défunt, comment oseraient-ils décider que ce sont en effet des rognures ? Hugo ne le pensait point : il avait annoncé lui-même, sept ou huit ans avant sa mort, la publication de *Toute la Lyre*. Et il me paraît bien, à moi, que ce dernier recueil n'est pas plus un assemblage d'« épreuves ratées » que la seconde *Légende des siècles, le Pape, l'Ane, Religions et Religion, Pitié suprême, le Théâtre en liberté* ou *la Fin de Satan*.

La vérité, c'est que c'est toujours la même chose ; et voilà précisément ce que j'ai voulu dire. *Les Chants du crépuscule* étaient la même chose que *les Voix intérieures* qui étaient la même chose que *les Feuilles d'automne* ; la seconde *Légende* était la même chose que la première ; *les Quatre vents de l'esprit* reprenaient tous les thèmes des *Contemplations*, etc. Et, à mon avis, dans cette interminable série de farouches redites, la puissance du verbe reste égale, si même elle ne va croissant. La pièce qui ouvre *Toute la Lyre*, et qui en rappelle quinze ou vingt autres, est peut-être la plus magistrale et la plus complète que Hugo ait écrite sur la Révolution. Quelques-uns des paysages qui viennent ensuite sont de purs chefs-d'œuvre. Il y a aussi deux ou trois poésies d'amour qui égalent les plus belles des *Contemplations*. Il m'est impossible de voir en quoi l'*Idylle de Floriane* est inférieure à n'importe quel morceau des *Chansons des rues et des bois*, ni en quoi la dernière partie, *la Corde d'airain*, diffère de l'*Année terrible*. Des « copeaux », cela ? Mon ami est impertinent. Ce sont du moins, dirait le poète, les copeaux de la massue d'Hercule. Non, non, quand les éditeurs nous annoncent *Toute la Lyre*, ne lisez pas : *Tout le tiroir !* Mon ami avait raison de dire que, s'il me plaisait de mal parler de Hugo, je devais prendre son œuvre entière. Mais c'est bien ce que j'ai fait, tout en ayant l'air de ne viser que son dernier volume ; et je n'aurais pu faire autrement quand je l'eusse voulu.

— Pourtant, répondrez-vous, il faut distinguer dans l'œuvre de Hugo. Elle n'est point partout si exactement semblable à elle-même. Il y a encore de braves gens qui disent : « Oh ! *Moïse sur le Nil !* Oh ! *le Chant de fête de Néron !...* Mais, Monsieur, ne trouvez-vous pas qu'il y ait déjà du mauvais goût dans les *Orientales ?* » Et d'autres, au contraire : « Il est certain qu'il y eut d'abord chez Hugo, de l'Écouchard-Lebrun, du Millevoye et du Soumet. Mais le symphoniste des *Contemplations!* mais le poète épique de *la Légende!* » L'autre jour encore M. Sarcey écrivait, dans sa causerie du *Parti National* : « Victor Hugo a plusieurs manières; il s'est renouvelé lui-même quatre ou cinq fois. » Quatre ou cinq fois ! Je voudrais bien que M. Sarcey me les indiquât avec précision. Je crois que, à bien le prendre, Hugo n'a jamais eu qu'une manière. La preuve, c'est que *Toute l. Lyre* se compose de pièces écrites par le poète aux diverses époques de sa vie, et que cependant l'unité d'impression est parfaite, va presque jusqu'à l'ennui. On peut sans doute distinguer le Hugo d'avant *les Contemplations* et celui d'après, mais c'est tout; et si vous cherchez à saisir ses « manières » successives, vous trouverez que ce sont justement celles que le dictionnaire Bouillet signale chez je ne sais quel grand peintre : « Première manière : il se cherche ; deuxième manière : il s'est trouvé ; troisième manière : il se dépasse. » Ainsi, la poésie de Hugo s'enrichit d'un vocabulaire de plus en plus vaste, se fait un *bestiarium* de mots et d'images toujours plus fourmillant, plus rugissant et plus fauve. Mais sa puissance d'expression n'offre, d'un volume à l'autre, que des différences de degré, non d'espèce.

Cette puissance, le poète l'a sans doute appliquée, dans le cours de sa vie, à des sujets différents et même à des idées contraires. Mais ces idées et ces sujets, il semble toujours les recevoir du dehors.

C'est après les poèmes de Vigny et même après *la Chute d'un Ange* qu'il conçoit *la Légende des Siècles*. C'est après Gautier et Banville qu'il se fait, à l'occasion, néo-grec. C'est après que Michelet, George Sand et d'autres ont écrit, qu'il lui vient une si grande pitié pour les misérables et les opprimés, et le culte de la Révolution, et la haine des rois, et l'humanitairerie mystique, et la charité à bras ouverts, et quelquefois à bras tendus et à poings fermés... Ce serait être dupe que de tenter l'histoire des idées de Victor Hugo, car, comme il n'est qu'un écho, elles se succèdent en lui, mais ne s'engendrent point l'une l'autre. C'est une cloche retentissante, dont les plus grandes, ou, pour mieux dire, les plus grosses idées de la première moitié de ce siècle sont venues tour à tour tirer la corde...

Si donc on veut définir le génie de Hugo par ce qui lui est essentiel, je crois qu'il convient d'écarter ses idées et sa philosophie. Car elles ne lui appartiennent pas ou ne lui appartiennent que par l'outrance, l'énormité, la redondance prodigieuse de la traduction qu'il en a donnée ; et il ne les a adoptées d'ailleurs que parce qu'elles prêtaient à cette énormité et à cette outrance d'expression. C'est l'ouvrier des mots, l'homme de style, qui commande chez lui à l'homme de pensée et de sentiment. Analyser et décrire sa poétique et sa rhétorique, c'est définir Hugo tout entier, — ou presque.

Et ainsi je reviens par un détour à la phrase que j'avais eu le chagrin ne laisser inachevée : « Oui, tout ce que j'ai dit est vrai, mais... » Mais, avec tout cela, Victor Hugo est unique, il est dieu. On peut affirmer, je crois, que nul poète, ni dans les temps anciens, ni dans les temps modernes, n'a eu à ce degré, avec cette abondance, cette force, cette précision, cet éclat, cette grandeur, l'imagination de la forme. La qualité de son esprit ne m'éblouit ni ne me charme, hélas ! ou même m'incite à me réfugier dans la pensée délicate ou dans le tendre cœur des poètes qui me sont chers : mais son verbe m'écrase. « Une âme violente et grossière », comme l'a appelée Louis Veuillot, soit ; mais une bouche divine... Et, ici, ce m'est un grand bonheur que d'autres, plus habiles que moi, M. Renouvier, M. Ernest Dupuy et surtout M. Emile Faguet, aient décrit et loué les procédés du style et de la versification de Victor Hugo : ne pouvant faire aussi bien qu'eux, je vous renvoie avec joie à leurs études (1). Je me contenterai de choisir dans *Toute la Lyre*, pour votre plus noble divertissement, quelques exemples de ce don d'amplification étourdissante et vertigineuse. Vous y verrez qu'aucun homme n'a jamais su développer une seule idée par un si grand nombre de comparai-

---

(1) *Etudes littéraires sur le* XIX*e siècle*, par *Emile Faguet*, un vol. in-18 jésus, 5ᵉ édit. (Lecène et Oudin, éditeurs). — *Victor Hugo, l'homme et le poète*, par *Ernest Dupuy*, un vol. in-18 jésus, 2ᵉ édit. (Lecène et Oudin, éditeurs).

sons et de métaphores, ni si justes, ni si brillantes, ni si rares, ni, en général, si claires, et n'a su enchaîner ces images dans des périodes qui eussent tant de mouvement, ni un mouvement si large, si emporté, si continu, — ni qui emplissent l'oreille de rythmes plus sensibles, d'une musique plus drue et plus sonore. Je sais bien que le pauvre Hugo n'a que cela. Mais ce rien, dans la mesure où je l'ai dit, personne ne l'a jamais eu. Ne le plaignons donc pas trop.

Venons au détail. Il s'agit, à un endroit du poème intitulé *l'Echafaud*, d'exprimer cette idée (vraie ou fausse, il n'importe ici) que Marat a été à la fois bon et mauvais, féroce et bienfaisant. Voici le début :

Entendez-vous Marat qui hurle dans sa cave ?
Sa morsure aux tyrans s'en va baiser l'esclave.

Or, cette idée, Hugo l'exprime dans un couplet de quarante-et un vers, par trente-cinq images différentes, toutes belles, toutes souverainement expressives. J'en prends une poignée, au hasard :

. . . . Il écrit ;
Le vent d'orage emporte et sème son esprit,
Une feuille, de fange et d'amour inondée...
. . . .
Il dénonce, il délivre ; il console, il maudit ;
De la liberté sainte il est l'âpre bandit.
. . . .
Il est le misérable ; il est le formidable ;
Il est l'auguste infâme ; il est le nain géant ;
Il égorge, massacre, extermine en créant ;
Un pauvre en deuil l'émeut, un roi saignant le charme ;
Sa fureur aime ; il verse une effroyable larme.

Et après tout ceci, qui n'est qu'un jeu d'antithèses, éclate un vers qui est enfin autre chose qu'un cliquetis de mots, un vers ému et tragique — (comme si le poëte, à force de remuer les vocables, d'épuiser toutes les façons de traduire une pensée, devait nécessairement trouver, à un moment, l'expression la plus forte et la plus émouvante, et comme si sa prodigieuse invention verbale devait fatalement rencontrer la profondeur) :

Comme il pleure avec rage au secours des souffrants !

Lisez cette page (en vous souvenant qu'il en a écrit des milliers de semblables), vous en demeurerez, je l'espère, stupides comme moi. Car, sans doute, si nous avions senti le besoin d'apprendre au monde que Marat fut fait de charité et de cruauté, nous aurions pu, en prenant notre temps, trouver cinq ou six images pour le dire ; mais lui ! ses trente-cinq images se dressent presque en même temps dans sa pensée : elles sautent d'elles-mêmes sur les mots qu'il leur faut, sur les mots dont son cerveau est l'ample ménagerie, et les chevauchent éperdument ; et c'est un flot rapide et intarissable, un torrent auquel rien ne résiste...

Et les trente-cinq images sur Marat ne lui suffisent pas. Après que la dernière a pris sa course, il lui en vient encore une douzaine à propos des bons camarades de Marat ; et il les lâche pour se soulager. Seulement (et c'est la rançon du don monstrueux que la nature injuste a mis en lui) il finit par appeler ses amis les montagnards :

Tigres compatissants ! Formidables agneaux !

Et ce qui me console de n'avoir pu trouver les autres images, c'est qu'assurément je n'aurais pas ramassé celle-là !...

Je ne puis me tenir de vous apporter encore un exemple. C'est dans le « Chœur des racoleurs » qui vont embauchant les coquins le long du quai de la Ferraille :

Les belles ont le goût des héros...

Voilà le thème. Je ne crois pas me hasarder beaucoup en disant que c'est un lieu commun. Et voici le développement ; il est proprement fantastique :

Les belles ont le goût des héros, et le mufle
Hagard d'un scélérat superbe sous le buffle
Fait briller tendrement l'hiatus des fichus ;
Quand passe un tourbillon de drôles moustachus
Hurlant, criant, affreux, éclatants, orgiaques,
Un doux soupir émeut les seins élégiaques.
Quels beaux hommes ! housard ou pandour, le sabreur
Effroyable, traînant après lui tant d'horreur
Qu'il ferait reculer jusqu'à la sombre Hécate,
Charme la plus timide et la plus délicate.
Rose qui ne voudrait toucher qu'avec son gant
Un honnête homme, prend la griffe d'un brigand

Et la baise. Telle est la femme. Elle décerne
Avec emportement son âme à la caserne :
Elle garde aux bourgeois son petit air bougon.
Toujours la sensitive adora le dragon.
Sur ce, battez, tambours ! Ce qui plaît à la bouche
De la blonde aux doux yeux, c'est le baiser farouche ;
La femme se fait faire avec joie un enfant
Par l'homme qui tua, sinistre et triomphant,
Et c'est la volupté de toutes ces colombes
D'ouvrir leurs lits à ceux qui font ouvrir les tombes.

Quelles rimes ! quel rythme ! quelle musique ! quelle couleur ! Devant ces effrénées cavalcades de mots, tout pâlit, tout languit ; les plus prestigieux ouvriers en style, les plus illustres que vous pourriez nommer, s'évanouissent, — et ils le savent bien. C'est une joie absolument pure que de lire de tels vers. Je suis si tranquille sur le fond ! Le fond, c'est quelque idée fausse, incomplète, ou qui même me répugne ; ou bien, c'est quelque idée toute simple, même banale, et que le poète laisse banale, comme Dieu l'a faite. Dans les deux cas, la chose m'est indifférente. Et alors je puis savourer uniquement, sans trouble ni souci, la magnifique, triomphante et précise surabondance de l'expression. Je ne sais, pour moi, rien de plus amusant que les méditations de Hugo sur la mort. Car, pour exprimer le néant et sa tristesse, il moissonne à brassées les figures et les formes de la vie. De même, et ne me croyez pas pour cela un mauvais cœur, rien ne me réjouit comme ses listes de tyrans (on en ferait des volumes), et comme ses énumérations de crimes, de meurtres et d'atrocités. C'est d'une prouesse de style et d'un pittoresque qui font passer en moi de petits frissons de plaisir. Il a des pages d'apocalypse qui sont de surprenantes clowneries. Le relief des détails, la plasticité de l'expression est telle que j'ai assez à faire d'admirer ce perpétuel prodige. Voici la fin d'une de ces joyeuses énumérations :

> Zeb plante une forêt de gibets à Nicée ;
> Christiern fait tous les jours arroser d'eau glacée
> Des captifs enchaînés nus dans les souterrains ;
> Galéas Visconti, les bras liés aux reins,
> Râle, *étreint par les nœuds de la corde que Sforce*
> *Passe dans les œillets de sa veste de force ;*
> Cosme, à l'heure où midi change en brasier le ciel,
> Fait lécher par un bouc son père enduit de miel ;
> Soliman met Tauris en feu pour se distraire ;
> Alonze, furieux qu'on allaite son frère,
> Coupe le bout des seins d'Urraque avec ses dents ;
> Vlad regarde mourir ses neveux prétendants,
> Et rit de voir le pal leur sortir par la bouche ;
> Borgia communie ; Abbas, maçon farouche,
> Fait, avec de la brique et des hommes vivants,
> D'épouvantables tours qui hurlent dans les vents...

etc... car ça continue. Hugo est le monstre de la parole écrite. Il résume et dépasse tous les grands rhéteurs de culture latine qui ont excellé dans le *développement* oratoire ou pittoresque. Imaginez je ne sais quel taureau de Phalaris d'où sortirait, amplifiée, la voix de Lucain, de Juvénal, de Claudien, — et aussi de d'Aubigné, de Malherbe, même de

Corneille, de tous ceux enfin qui ont le mieux su le verbe classique. Au delà de sa rhétorique, il n'y a rien... On peut dire en un sens qu'il ferme un cycle. Il est très grand. S'il ne l'est pas par la pensée, il y a cependant en lui plus de substance que je n'ai affecté d'en voir; seulement c'est, si je puis dire, son imagination et sa rhétorique qui lui ont créé sa pensée.

D'abord, et par la force des choses, il lui est arrivé, aussi souvent qu'aux plus grands des classiques, d'exprimer, selon la définition de Nisard, des idées générales sous une forme souveraine et définitive (laquelle d'ailleurs, quoique définitive, peut toujours être renouvelée). Je n'ai pas à feuilleter longtemps *Toute la Lyre* pour y rencontrer ces « vers dorés » :

Sers celui qui te sert, car il te vaut peut-être ;
Pense qu'il a son droit comme toi ton devoir ;
Ménage les petits, les faibles. Sois le maître
    Que tu voudrais avoir.

Et ceux-ci, aux fils dont les pères ont été glorieux :

Soyez nobles, loyaux et vaillants entre tous ;
Car vos noms sont si grands qu'ils ne sont pas à vous.
Tout passant peut venir vous en demander compte.
Ils sont notre trésor dans nos moments de honte,
Dans nos abaissements et dans nos abandons :
C'est vous qui les portez, c'est nous qui les gardons.

Il est évident qu'il n'y a rien de mieux dans Juvénal ni dans Sénèque, ni même dans Corneille, Bossuet ou Molière ; et cela, chez Hugo, est continuel.

Autre chose encore. Il a été le roi des mots. Mais les mots, après tant de siècles de littérature, sont tout imprégnés de sentiments et de pensée : ils devaient donc, par la vertu de leurs assemblages, le forcer à penser et à sentir. A cause de cela, ce songeur si peu philosophe a quelquefois des vers profonds ; et ce poète, de beaucoup plus d'imagination que de tendresse, a des vers délicats et tendres. (Il y en a dans *Toute la Lyre* ; voyez *Ce que dit celle qui n'a pas parlé.*)

Puis, comme la moindre idée lui suggère une image, et comme ensuite les images s'appellent et s'enchaînent en lui avec une surnaturelle rapidité, le sujet qu'il traite a beau être maigre et court dans son fond, la forme dont il le revêt est un vaste enchantement. Ces correspondances qu'il saisit entre les choses nous intéressent par elles-mêmes. La figure entière du monde finit par tenir dans le développement du moindre lieu commun. Cette poésie, que ma pensée et mon cœur ont parfois trouvée indigente, finit donc par apparaître, à qui sait lire, comme la plus opulente qui se puisse rêver.

Je voudrais ne pas trop répéter ce qu'on sait ; je ne rappellerai donc pas que Hugo a peut-être été le plus puissant et, à coup sûr, le plus débordé des descriptifs. Il voyait les choses concrètes avec une intensité extraordinare, mais toujours un peu en rêve et jusqu'à les déformer... Par suite, il a eu, plus que personne, le don de l'expression plastique. Or, rien ne donne du relief à l'expression comme les contrastes et les oppositions. Il a donc abusé de l'antithèse et a fini par ne plus avoir, dans l'ordre physique et dans l'ordre moral, que des visions antithétiques. Mais justement les plus originales conceptions du monde se réduisent à des antithèses que l'on résout comme on peut. A preuve, les systèmes de Kant, de Hegel, même de Spinoza... L'univers n'est qu'antinomies. Et ainsi c'est de la maladie de l'antithèse qu'est venu à Victor Hugo ce qu'il peut y avoir de philosophie dans son œuvre ; et si, d'aventure, il mérite çà et là ce nom de « penseur » auquel son ingénuité tenait tant, c'est à sa manie d'opposer entre eux les mots qu'il le doit.

Ce qu'il y a de sûr, c'est que Hugo ne pouvait être l'incomparable ouvrier de style qu'il a été, sans être par là même un fort grand poète. Et si son nom est encore livré aux vaines disputes des hommes, s'il est malaisé de déterminer l'étendue et les limites de son génie, c'est peut-être que son cas ressemble assez à celui de Ronsard ; c'est que son œuvre n'est pas toute dans ses livres ; c'est qu'il a eu (non pas seul, mais plus qu'aucun autre) la gloire de rajeunir l'imagination d'un siècle et de renouveler une langue, et que, par conséquent, nous ne pouvons pas savoir au juste ce que nous lui devons...

POURQUOI LUI ? (1)

L'autre jour, la Comédie-Française célébrait officiellement — quoique clandestinement (la presse n'était point conviée) — l'anniversaire de la naissance de Victor Hugo par une matinée gratuite où elle représentait *Ruy Blas*, cette histoire saugrenue d'un domestique amant d'une reine et grand homme d'Etat.

(De bonne foi, ce ne sont pas les ouvriers ni les petits bourgeois, ce sont les gens de maison du Faubourg Saint-Germain et du quartier du parc Monceau que l'on eût dû appeler à cette cérémonie. Mais ce n'est point de *Ruy Blas* que j'ai dessein de vous parler.)

Ainsi, on a fait pour Victor Hugo ce qu'on ne fait ni pour Corneille, ni pour Racine, ni pour Molière. Ceux-là, on célèbre sans doute leurs anniversaires tant bien que mal, mais on ne va pas pour eux jusqu'à la représentation gratuite. Déjà Victor Hugo était le seul de nos grands écrivains dont le cercueil eût été exposé sous l'Arc de Triomphe, le seul qui

(1) Je rappelle au lecteur que cet article et le suivant sont des articles de polémique et qu'ils rendent surtout des impressions d'un jour.

eût été inhumé au Panthéon, le seul dont les œuvres posthumes eussent eu les honneurs d'une récitation publique à la Comédie-Française.

Tout cela veut dire qu'aux yeux de nos gouvernants Victor Hugo est à part dans notre littérature, qu'il est le poète national, le grand, l'unique, enfin qu' « il n'y a que lui. »

Eh bien ! ce n'est pas vrai, il n'y a pas que lui ! C'est trop d'injustice, à la fin ! Pourquoi ce traitement spécial ? Pourquoi cette immortalité hors classe ? A qui vont ces hommages exorbitants ? Est-ce à l'auteur dramatique ? Est-ce à l'écrivain populaire ? Est-ce au poète ? Est-ce au penseur ? Est-ce à l'homme ?

*
* *

Ce ne peut être à l'auteur dramatique. Là-dessus, presque tout le monde sera d'accord. Si miraculeusement versifié qu'il soit et quelque plaisir qu'il nous donne à la lecture, ce n'est pas le théâtre de Victor Hugo qui peut justifier ces honneurs extraordinaires. Dès qu'on essaye de les « réaliser » sur la scène, de donner un corps à ces froides et éclatantes chimères, les drames de Hugo sonnent si faux que c'est une douleur de les entendre. Ou plutôt, tranchons le mot, ils ennuient le public, — et la foule aussi bien que les lettrés. Nous l'avons bien vu quand on a repris le *Roi s'amuse* et *Marion Delorme*. Il ne manque qu'une chose à ces belles machines lyriques: le frémissement de la vie, ce qui fait qu'on se croit en présence de créatures de chair et de sang.

Comme auteur dramatique, c'est plutôt Musset qui aurait droit à des célébrations d'anniversaires. *Il ne faut jurer de rien*, *On ne badine pas avec l'amour*, presque tout le théâtre de Musset nous intéresse et nous touche autrement que *Marie Tudor* ou même *Hernani*. Il est facile de prévoir qu'avant la fin du siècle les drames de Victor Hugo ne compteront dans l'histoire du théâtre qu'à titre de documents.

***

C'est donc l'écrivain populaire qu'on célèbre par des rites réservés et particulièrement solennels ? — Oui, le peuple a lu quelque peu *Notre-Dame de Paris*, et les *Misérables*, malgré les longueurs et le fatras. Mais l'*Homme qui rit* ou *Quatre-vingt-treize*, croyez-vous qu'il les ait lus ? Depuis le divorce consommé au seizième siècle entre la multitude et les lettrés, les grands écrivains n'ont été populaires chez nous que rarement et par accident. Populaires, c'est-à-dire réellement connus et aimés du peuple, Dumas père et M. d'Ennery, — ou même M. Richebourg — le sont beaucoup plus que Victor Hugo. Car ce qu'il y a d'éminent chez l'auteur des *Contemplations*, ce sont des qualités d'artiste, dont la foule ne saurait être juge, et qui lui échappent.

*
* *

Mais sans doute — et bien que le peuple ne puisse le comprendre entièrement — c'est au poète que s'adressent ces hommages que nul autre écrivain n'a jamais reçus. Et, certes, il n'est point de plus grand poète que Victor Hugo. Mais enfin on peut croire qu'il en est d'aussi grands ; et sa suprématie ne s'impose point à tous les esprits avec la force irrésistible de l'évidence. C'est affaire de sentiment et d'opinion, matière aux disputes et aux jugements incertains des hommes.

Ce qu'il a en propre, c'est une vision des choses matérielles, intense jusqu'à l'hallucination ; c'est, à un degré prodigieux, le don de l'expression, l'invention des images et des symboles ; c'est enfin l'art d'assembler les sons, de conduire les rythmes, de développer et d'enfler la période poétique jusqu'à faire songer aux déploiements harmoniques et presque à l'orchestration des symphonies et des sonates.

Mais Musset a des cris de passion égaux à tout — et une tendresse, une grâce, un esprit, qui sont un perpétuel ravissement. Et quant à Lamartine, rien n'est plus beau que ses beaux vers, par la fluidité et à la fois par la plénitude, par quelque chose d'involontaire et d'inspiré, par le large et libre essor, par l'aisance souveraine et toute divine. Ce poète, qui est un médiocre ouvrier de rimes, a des strophes devant qui tout pâlit, car c'est la poésie même.

La vérité, c'est que nous avons tous admiré également et tour à tour ces trois merveilleux poètes, selon nos âges et selon les journées. Pour moi, chacun d'eux me paraît, au moment où je le lis, le plus grand des trois.

Et, s'il me fallait avouer, à mon corps défendant, que Musset n'a peut-être pas la puissance des deux autres, du moins je ne pourrais me prononcer entre ces deux-là, et je me redirais les vers du poète Charles de Pomairols, parlant de Lamartine :

..... Et son génie aisé, que la grâce accompagne,
N'a pas le rude élan de la haute montagne
Assise pesamment sur ses lourds contreforts,
Miracle de matière, orgueilleuse géante,
Qui redresse les flancs de sa paroi béante,
Et tend au ciel lointain sa masse avec efforts.

Plutôt son œuvre douce où coulent tant de larmes
Fait songer à la mer triste, pleine de charmes,
Dont l'Esprit langoureux, fluide et palpitant,
Mollement étendu sur sa couche azurée,
S'unit de toutes parts à la voûte éthérée
Et berce tout le ciel sur ses flots en chantant.

*
* *

Mais peut-être est-ce le penseur et l'inventeur d'idées qui, chez Hugo, mérite un culte de « latrie » officielle ? Ses plus fervents admirateurs n'oseraient le soutenir. Il n'est pas plus philosophe que Musset ; il l'est moins que Lamartine.

Sa métaphysique est rudimentaire. C'est une sorte de manichéisme panthéistique avec la croyance au triomphe final du Bien. Entendez *Ce que dit la bouche d'Ombre*. « La première faute fit le premier poids et créa la matière. La matière, c'est le châtiment et l'instrument d'expiation. Le monde visible n'est qu'un purgatoire aux innombrables degrés, depuis le caillou jusqu'à l'homme et au delà. Le méchant, après sa mort, descend et devient bête, plante ou minéral, selon son crime. Le juste monte, va on ne sait où, dans quelque planète. Mais, sur cette échelle des êtres, l'homme seul ne se souvient pas du passé (pourquoi ?). De là son ignorance. Au contraire, les animaux, les plantes et les rochers se souviennent de ce qu'ils ont été et savent ce que l'homme ne sait pas : d'où leur aspect mystérieux. Mais les expiations ne sont pas éternelles. Les coupables remontent peu à peu. A la fin, tous se retrouveront, dégagés du poids, dans la lumière, en Dieu. »

Sa vision de l'histoire est de même sorte, sommaire, anticritique, enfantine et grandiose. L'histoire, c'est la lutte des mendiants sublimes et des vieillards décoratifs, à longues barbes, contre les rois atroces et les prêtres hideux. La « légende des siècles » devient ainsi, à force de simplification, une façon de Guignol épique.

Ces conceptions peuvent être, à coup sûr, d'un

grand poète : elles ne sont pas d'un homme puissant et original par la pensée. Tous les progrès de l'intelligence humaine en ce siècle se sont accomplis par d'autres que lui. Ils sont rares, ceux pour qui Victor Hugo a été l'éducateur, le directeur de la vie intellectuelle et morale. L'esprit de ce temps, c'est dans Stendhal, Sainte-Beuve, Michelet, Taine et Renan qu'il réside. Nous ne devons à Victor Hugo aucune façon nouvelle de penser — ni de sentir. Il a donné à notre imagination d'incomparables fêtes ; mais pour qui est-il l'ami, le confident, le consolateur, celui qu'on aime avec ce qu'on a de plus intime en soi, celui à qui on demande le mot qui éclaire ou qui pénètre ? Pour qui ses livres sont-ils vraiment des livres de chevet, — si ce n'est pour quelques disciples d'une génération antérieure à la nôtre ?

Chose singulière, les jeunes poètes se détournent de cet Espagnol retentissant, de cette espèce de Lucain énorme, et le respectent fort, mais l'aiment peu. Interrogez-les : vous verrez que ceux qu'ils préfèrent, c'est Baudelaire et Leconte de Lisle, et que leur véritable aïeul ce n'est point Victor Hugo, c'est Alfred de Vigny.

*
* *

Eh ! direz-vous, que font au public ces partis pris de cénacles et de chapelles ? Il reste à Victor Hugo d'avoir été, dans ce siècle démocratique, le prophète de la démocratie, l'avocat des humbles et des souffrants, l'apôtre de la fraternité. — Mais ici même, il est évident qu'il n'est pas le seul, et il est contestable qu'il soit le plus grand. L'avouerai-je ? Je trouve un sentiment de pitié et d'amour autrement sincère et profond dans les livres de Michelet, et une bonté autrement large et sereine dans les candides romans socialistes de la bonne George Sand. Et, pour ne parler que des poètes, quel plus grand cœur que Lamartine ? Et qui, mieux que l'auteur de *Jocelyn* et de la *Marseillaise de la paix*, a connu toutes les belles illusions de la foi démocratique et l'ivresse évangélique de l'amour des hommes ?

*
* *

Enfin, la personne même de Victor Hugo avait-elle une séduction, et sa vie a-t-elle eu une noblesse et une grandeur à quoi rien ne résiste et qui, s'ajoutant à son génie, lui assurent sans conteste la place la plus élevée dans l'admiration de ses contemporains ?

Il fut un surprenant travailleur ; il eut des vertus de citoyen et des qualités de bourgeois. Il souffrit pour le droit ; et si l'exil eut pour lui des compensations qu'il n'eut pas pour un grand nombre de pauvres diables, il serait cependant injuste de méconnaître le mérite et la beauté de son sacrifice.

Mais, avec cela, ce que je sais de sa personne

m'attire peu. Il ne me paraît pas qu'il eût un très grand caractère. Il y a chez lui des prudences et des habiletés qui peuvent être légitimes, mais qui ne commandent point l'admiration. Enfin, dans les dernières années de sa vie, il poussait l'inconscience du ridicule jusqu'à un excès qui affligeait les esprits délicats.

Ah ! que j'aime mieux Lamartine, si brave, si fier, si naturellement héroïque, si désintéressé, si généreux, si fastueux, si imprudent ! Et comme la douloureuse vieillesse du pauvre grand homme me devient chère quand je songe à la vieillesse d'idole embaumée de son heureux rival ! — Et quant à Musset, je sais bien tout ce qu'on peut dire contre lui ; mais il a tant souffert ! Cette souffrance est si évidente et si vraie ! A ne regarder que les hommes, l'un me paraît plus noble que Hugo, l'autre plus malheureux, — et tous deux plus aimables.

*
* *

Ainsi — et ce point réservé que nul poète ne fut plus grand par l'imagination et par l'expression — sous quelque aspect que nous considérions Victor Hugo, nous lui voyons des égaux ou des supérieurs. Comment donc expliquer les témoignages uniques de vénération officielle dont il est l'objet ?

On ne le peut que par des raisons étrangères à la littérature.

Il eut la chance d'être exilé et l'esprit de faire servir son exil à sa gloire. Il eut la chance de survivre à l'Empire, de revenir de l'exil et, à partir de ce moment, d'être l'interprète des sentiments et des passions du Paris révolutionnaire. Il eut aussi la chance de vivre longtemps. Bref, il sut grossir sa gloire de poète de la gloire spéciale d'un Raspail et d'un Chevreul.

Mais il est immoral d'honorer les gens parce qu'ils ont de la chance et qu'ils enterrent tout le monde. Il est temps de ne tenir compte à Victor Hugo que de ses œuvres, et par là de le remettre à son rang — c'est-à-dire au premier rang. Rien de moins, mais rien de plus.

ET LAMARTINE ?

J'ai eu, la semaine passée, une grande surprise : on m'a affirmé que j'avais manqué de respect à Victor Hugo.

Comment ?

En déclarant que nul poète ne lui est supérieur par l'imagination ni par l'expression. J'ajoutais, il est vrai, qu'il est peut-être temps de ne lui tenir compte que de son œuvre et de le remettre à son rang, — qui est le premier.

Or, il paraît que ces propos sont injurieux. Je n'en crois rien. C'est par piété pour la poésie que j'ai pu sembler impie en parlant d'un grand poète. Je n'ai pas réclamé contre Victor Hugo, mais pour Lamartine et Musset — et aussi pour Balzac, pour Michelet, pour George Sand.

Je dois dire que j'ai été secrètement récompensé de ma piété par les remerciements de beaucoup de bonnes âmes. Mais, tandis qu'elles me félicitaient tout bas, j'étais accusé tout haut d'injustice et d'irrévérence, et j'ai vu que plusieurs de mes confrères persistaient à revendiquer pour Victor Hugo « l'immortalité hors classe », une immortalité d'un caractère officiel, sanctionnée par les pouvoirs publics.

*
* *

Leurs raisons ne m'ont pas persuadé. M. Henry de Lapommeraye m'accuse d'« attaquer furieusement le grand poète », ce qui n'est pas exact, et me démontre que le théâtre de Victor Hugo vaut mieux que je n'ai dit, ce qui n'infirme en rien mes conclusions.

M. Aurélien Scholl, après s'être extasié sur le *Dernier jour d'un condamné*, qu'il n'a certainement pas relu pour la circonstance, estime que Victor Hugo a droit à des hommages spéciaux pour avoir écrit les *Châtiments*.

Voilà un bon sentiment, qui s'explique encore à l'heure qu'il est, et qui s'expliquait surtout il y a trente ans. Mais dans cinquante ans, je vous prie ? Les *Châtiments* paraîtront toujours un fort beau livre, mais non plus beau, j'imagine, que les *Contemplations*, les *Nuits* ou les *Harmonies*. Et d'ailleurs si, dans l'appréciation des œuvres des poètes, il fallait tenir compte de leurs vertus civiques, Lamartine, opposant son corps à l'émeute triomphante et la domptant par sa parole, ferait presque aussi bonne figure, je pense, que Victor Hugo au lendemain du coup d'Etat.

M. Francisque Sarcey me dit que, s'il est permis d'égaler quelques écrivains à Victor Hugo, celui-ci garde le mérite d'avoir fait une révolution dans la littérature, et que par là du moins il est absolument hors pair.

Ici encore, j'ai des doutes. Je ne ferai pas remarquer que les *Odes* et *Ballades* et même les *Orientales*, écrites après les *Méditations*, ont beaucoup plus vieilli, et qu'avant la *Légende des Siècles* nous avions les poèmes de Vigny et ce bizarre et çà et là sublime poème de la *Chute d'un Ange*. Je reconnais que Victor Hugo a contribué plus que personne à élargir la poésie lyrique et surtout à enrichir la langue des vers. Mais, s'il a été révolutionnaire et novateur, il l'a été à sa place et dans son ordre. Etes-vous sûr qu'il ait beaucoup plus innové dans la poésie que Michelet dans l'histoire, Sainte-Beuve dans la critique, Balzac dans le roman, Dumas fils au théâtre ?

D'autres, enfin, les plus naïfs, sont persuadés que Victor Hugo a « incarné la pensée du siècle », et qu' « on dira le siècle de Hugo comme on dit le siècle de Voltaire ». C'est là une illusion bien surprenante. Voltaire a été le plus infatigable interprète et quelquefois l'inventeur des idées essentielles du siècle dernier, et il a très puissamment agi sur l'esprit de ses contemporains. Et, malgré cela, ce n'est que rarement et pour la commodité du langage qu'on dit « le siècle de Voltaire ». Mais je vous jure qu'en 1900 on ne dira pas « le siècle de Victor Hugo ». Le poète de la *Légende* a souvent enchanté nos imaginations ; il a peu agi sur notre pensée, ayant peu pensé lui-même. Les hommes de ma génération lui doivent peu de chose ; ceux qui suivront ne lui devront rien. Et il serait étrange, enfin, qu'on imposâ[t] à notre âge le nom d'un poète qui est certes d[u] premier ordre, mais qui représente si imparfaitemen[t] [l]a tradition du génie français et qui semble presqu[e] en dehors.

N'allez pas conclure de là que je lui préfèr[e] Béranger.

* * *

Ce qui me désole en tout ceci, c'est que j'ai bea[u] faire, j'ai l'air de respecter médiocrement une grand[e] mémoire. Et pourtant qu'est-ce que je prétends ? J[e] confesse, pour la vingtième fois, que Victor Hug[o] est un des cinq ou six grands génies littéraires de c[e] siècle. Que ceux qu'il fascine particulièrement l[e] mettent au-dessus des autres, voilà qui va bien. J[e] fais seulement observer que cette suprématie n'est n[i] démontrée ni démontrable, et je demande que l[e] culte de Victor Hugo reste une affaire de dévotio[n] personnelle. Rien de plus. Puisque sa chance l[e] conduit au Panthéon — dans son hypocrite corbi[l]lard des pauvres — qu'on l'y laisse ! Mais qu'on s'e[n] tienne là, et qu'on ne trouve pas mauvais que nou[s] dressions à quelques autres d'immatériels Panthéon[s] dans nos cœurs.

Au reste, je le sais, à peine aurai-je relu le *Cheva*[lier] *Ibo*, *Booz endormi* ou le *Satyre* que je serai tout a[cquis] bimé de contrition. Mais, je le sais aussi, tout mon repentir s'évanouira quand j'aurai relu le *Lac*, la *Réponse à Némésis*, les *Laboureurs* ou la *Vigne et la Maison*.

Attendons. Cette querelle que j'ai innocemment suscitée n'est qu'un jeu de plume dont je sens à présent la puérilité. L'équitable avenir remettra toute chose à sa place. Peu à peu, par la seule vertu du temps qui s'écoule, un triage se fait dans les œuvres : les grandes figures du passé se groupent et s'ordonnent, chacune à son plan.

* * *

Lamartine a connu des triomphes égaux pour le moins à ceux de Victor Hugo, et peut-être a-t-il senti autour de lui un frémissement d'âmes plus spontané, plus amoureux et plus chaud. Et cependant, combien sommes-nous qui connaissions aujourd'hui et qui adorions encore le long poète élyséen à l'âme harmonieuse et légère ?

Mais soyez tranquilles, vous qui l'aimez. Hugo ne l'obstruera pas éternellement. Vers la fin de ce siècle, quand tous deux appartiendront également au passé, Lamartine réapparaîtra tel qu'il est, très grand.

Ce que je vais dire ne hâtera pas d'une heure sa revanche. Mais qu'importe ? Je le dis pour mon plaisir.

⁎⁎⁎

De génie plus authentique et de vie plus belle que le génie et la vie de Lamartine, je n'en trouve point. Doucement élevé, en pleine campagne, par des femmes et par un prêtre romanesque, n'ayant pour livres que la Bible, Bernardin de Saint-Pierre et Chateaubriand, il s'en va rêver en Italie et se met à chanter. Et aussitôt, les hommes reconnaissent que cette merveille leur est née : un poète vraiment inspiré, un poète comme ceux des âges antiques, ce « quelque chose de léger, d'ailé et de divin » dont parle Platon.

Ce poète, aussi peu « homme de lettres » qu'Homère, ce qu'il exprimait sans effort, c'était tous les beaux sentiments tristes et doux accumulés dans l'âme humaine depuis trois mille ans : l'amour chaste et rêveur, la sympathie pour la vie universelle, un désir de communion avec la nature, l'inquiétude devant son mystère, l'espoir en la bonté du Dieu qu'elle révèle confusément ; je ne sais quoi encore, un suave mélange de piété chrétienne, de songe platonicien, de voluptueuse et grave langueur.

Mais qui dirait cela mieux que Sainte-Beuve ? « En peignant ainsi la nature à grands traits et par masses, en s'attachant aux vastes bruits, aux grandes herbes, aux larges feuillages, et en jetant au milieu de cette scène indéfinie et sous ces horizons immenses tout ce qu'il y a de plus vrai, de plus tendre et de plus religieux dans la mélancolie humaine, Lamartine a obtenu du premier coup des effets d'une simplicité sublime, et a fait, une fois pour toutes, ce qui n'était qu'une seule fois possible. »

Loué soit-il à jamais! On se fatigue des prouesses de la versification. On est las quelquefois du style plastique et de ses ciselures, du pittoresque à outrance, de la rhétorique impressionniste et de ses contournements. Et c'est alors un délice, c'est un rafraîchissement inexprimable que ces vers jaillis d'une âme comme d'une source profonde, et dont on ne sait « comment ils sont faits. »

Sans compter que, parmi ces vers de génie — à travers les nonchalances, les maladresses et les naïvetés de facture qui rappellent les très anciens poètes, et parfois aussi à travers les formules conservées du dix-huitième siècle, — des vers éclatent et des strophes (les poètes le savent bien), d'une beauté aussi solide, d'une plénitude aussi sonore, d'une couleur aussi éclatante et d'une langue aussi inventée que les plus beaux passages de Victor Hugo ou de Leconte de Lisle.

Rappellerai-je que ce roi de l'élégie amoureuse et religieuse est aussi le poète de la *Marseillaise de la paix*, des *Révolutions*, des *Fragments du livre antique*; que nul n'a plus aimé les hommes, ni annoncé avec une éloquence plus impétueuse l'Evangile des temps nouveaux ; qu'il a fait *Jocelyn*, cette épopée du sacrifice et le seul grand poème moderne que nous ayons ; que nul n'a exprimé comme lui la conception idéaliste de l'univers et de la destinée, et qu'enfin c'est dans *Harold*, dans *Jocelyn* et dans la *Chute d'un Ange* que se trouvent les plus beaux morceaux de poésie philosophique qui aient été écrits dans notre langue ?

*
* *

Mais ce grand poète concevait quelque chose de plus grand que d'écrire des vers, et c'est pour cela peut-être que les siens sont beaux d'une beauté unique. C'est dans sa vie même qu'il voulait mettre toute poésie et toute grandeur. Il s'en va, comme un roi qui parcourt ses domaines, visiter l'Orient mystérieux, ce berceau des races. Il siège « au plafond » de la Chambre des députés, ce qui ne l'empêche pas d'être un politique très clairvoyant et très informé, en même temps qu'un merveilleux orateur. Il écrit l'*Histoire des Girondins*, renverse un trône, gouverne la France pendant quatre mois — puis rentre dans l'ombre.

Non, je ne sais rien de plus magnifique, de plus héroïque, de plus digne d'être vécu que ces quatre mois de Lamartine au pouvoir. Chose invraisemblable et que nous ne concevions plus que dans les républiques antiques, il règne réellement par la parole. Le jour où, acculé contre une petite porte de l'Hôtel-de-Ville, monté sur une chaise de paille, visé par des canons de fusils, la pointe des sabres lui piquant les mains et le forçant à relever le menton, gesticulant d'un bras tandis que de l'autre il serrait sur sa poitrine un homme du peuple, un loqueteux qui fondait en larmes, — le jour où, tenant seul tête à la populace aveugle et irrésistible comme un élément, il l'arrêta — avec des mots — et fit tomber le drapeau rouge des mains de l'émeute, — la fable d'Orphée devint une réalité, et Lamartine fut aussi grand qu'il ait jamais été donné à un homme de l'être en ses jours périssables.

Mais, comme si le destin avait voulu lui faire expier cette heure extraordinaire, — tout de suite après, l'abandon, l'oubli, la ruine amenée par l'ancien faste et par les charités royales, le travail forcé, une vieillesse attelée, pour vivre, à des tâches de librairie et finissant par tendre la main au peuple...

Cette vie si grande le paraît encore plus, s'étant achevée dans tant de douleur.

Et, puisqu'on veut que le rôle politique de l'auteur des *Châtiments* entre en ligne de compte dans le bilan de sa gloire, j'espère que l'avenir, s'il compare les vers de Hugo et ceux de Lamartine, comparera aussi leurs vies et leurs âmes.

GEORGE SAND (¹)

La Porte Saint-Martin va reprendre les *Beaux Messieurs de Bois-Doré*, cette délicieuse comédie romanesque ; et l'Odéon promet de nous rendre bientôt *Claudie*, ce drame rustique dont le premier acte, au moins, est un chef-d'œuvre, une géorgique émouvante et grandiose. J'en suis content — comme je l'ai été de surprendre, le mois dernier, un commencement de retour des esprits et des cœurs vers Lamartine. Car, à mesure que ce siècle s'achemine tristement vers sa fin, je me sens plus d'amour pour les génies amples, magnifiques et féconds qui en ont illustré les cinquante premières années.

Vous savez combien les deux moitiés du dix-septième siècle se ressemblent peu, et comment la littérature, héroïque et romanesque avec d'Urfé, Cor-

(1) Cet article est le développement d'une page des *Contemporains* (III, p. 254). On y trouvera donc quelques redites, que je n'ai pas su éviter.

neille et les grandes Précieuses, revient, vers 1660, à plus de vérité, avec Racine, Molière et Boileau. Mais ne trouvez-vous pas qu'en tenant compte de la différence des temps il s'est passé dans notre siècle quelque chose d'assez semblable ?

Après le glorieux règne des écrivains généreux et croyants, optimistes, idéalistes, épris de rêve, il s'est produit un mouvement de littérature réaliste, très brutale et très morose. La catastrophe de 1870 est encore venue augmenter la tristesse et l'âpreté des sentiments. Les grandes âmes confiantes et largement épandues qui avaient abreuvé nos grands-pères de poésie et de chimères paraissaient bien naïves à leurs petits-fils et leur étaient devenues presque indifférentes. Je me souviens que, plus jeune, je me suis grisé autant que personne de ce vin lourd du naturalisme (si mal nommé). Et il faut avouer qu'en dépit des excès et des malentendus, ce retour au vrai n'a pas été infécond, et qu'au surplus cette réaction était inévitable et parfaitement conforme aux lois les plus assurées de l'histoire littéraire.

Mais il semble que ce mouvement soit déjà bien près d'être épuisé. On commence à éprouver une grande fatigue, soit du roman documentaire, soit de l'écriture artiste et névrosée. Et voilà qu'on se retourne vers les dieux négligés, et qu'ils vont nous redevenir chers et bienfaisants.

Et pourquoi ne pas se remettre à aimer George

Sand ? Elle est peut-être, avec Lamartine et Michelet, l'âme qui a le plus largement réfléchi et exprimé les rêves, les pensées, les espérances et les amours de la première moitié du siècle. La femme, en elle, fut originale et bonne ; et, quant à son œuvre, une partie en sera belle éternellement, et l'autre est restée des plus intéressantes pour l'historien des esprits.

*
* *

Il y avait, chez George Sand, avec une imagination ardente et une grande puissance d'aimer, un tempérament robuste et sain et un fonds de bon sens qui se retrouvait toujours. Elle eut, à un degré éminent, toutes les vertus de l'honnête homme. On dit aussi qu'elle aimait comme un homme, — sans plus de scrupules et de la même façon.

N'en croyez rien. Seulement, c'était une généreuse nature, capable de beaucoup agir et de beaucoup sentir ; son sang coulait abondant et chaud comme celui d'une antique déesse, d'une faunesse habitante des bois sacrés. Elle aimait donc avec emportement. Mais chaque fois elle se sentait reprise par l'impérieux devoir de sa vocation littéraire ; et ces interruptions faisaient qu'elle aimait souvent et qu'elle ne paraissait pas aimer longtemps. Elle ne pouvait ni se garder de la passion, ni s'y tenir, sa vraie pente étant à la pitié et à la tendresse maternelle.

La liberté de sa vie n'a été, en bien des cas, qu'une déviation, peut-être excusable, de sa bonté. Elle n'était amante, comme je l'ai dit ailleurs, que pour être mieux amie, et sa destinée était d'être l'amie d'un grand nombre.

Rien, dans tout cela, de la débauche masculine, qui est proprement égoïste et qui ne se soucie point de ses associés. Joignez que la fréquence des aventures de cœur de cette femme magnanime se pourrait expliquer aussi par son romanesque, par le don qu'elle avait de voir les créatures plus belles et plus aimables qu'elles ne sont. Elle suivait la nature, comme on disait au siècle dernier, et sa faculté d'idéalisation lui fournissait des raisons de la suivre souvent. Beaucoup de mes chers contemporains font bien pire, je vous assure. Leur manie d'analyse, leur peur d'être dupes, et peut-être un appauvrissement du sang les ont rendus incapables d'aimer et réduits à la recherche maladive des sensations rares. Pas la moindre trace de névrose chez George Sand. Il y a toujours eu de la santé dans ses erreurs sentimentales.

***

On reproche à son œuvre le romanesque ; et le fait est qu'il y en a beaucoup, et de deux sortes : celui de l'action et des personnages, — et celui des idées.

Le premier ne me choque point, ou même m'amuse. D'abord il est chez elle absolument spontané ; il s'épanche d'elle sans effort. Elle a une imagination qui, naturellement et par un besoin irrésistible, transforme et embellit la réalité et trouve des combinaisons de faits imprévues et charmantes. Elle est née aède, si je puis dire, et faiseuse de contes. Elle est restée jusqu'au bout la petite fille qui, dans les traînes du Berry, inventait de belles histoires pour amuser les petits pâtres... Je suis sûr que les aventures singulières et mystérieuses de l'*Homme de neige*, de *Consuelo* et de *Flamarande* me raviraient encore. Et quelle fantaisie luxuriante, quelle vision aisément poétique des choses, dans les *Beaux Messieur de Bois-Doré*, le *Château des Désertes* ou *Teverino !*

Quant aux personnages, je sais bien qu'on rencontre, dans ses premiers romans, un peu trop de Renés en jupons, de petits-fils de Saint-Preux, d'ouvriers poètes et philosophes, de grandes dames amoureuses de paysans, — et que tout ce monde-là déclame ferme. Mais d'abord ils déclament tous naturellement, comme on respire. Puis, à mesure que le temps passe, ces personnages deviennent moins déplaisants. Comme ils ne sont plus du tout nos contemporains, leur fausseté ne nous gêne plus : nous ne voyons en eux que les témoins du romanesque d'une époque ; et même nous finissons par les aimer, parce qu'ils ont plu à nos pères.

Pour l'autre romanesque, celui des idées... eh

bien! il ne me choque pas non plus. Le mysticisme magnifique et vague de *Spiridion* ou de *Consuelo*, le socialisme un peu incohérent, mais vraiment évangélique, du *Péché de Monsieur Antoine* ou du *Meunier d'Angibaut*, la foi au progrès, l'humanitairerie... tout cela plaît chez cette femme excellente, à l'imagination arcadienne, parce que chez elle, encore une fois, tout vient du cœur et en déborde à larges flots. Son romanesque philosophique et socialiste est encore, à le bien prendre, une des formes de sa bonté. Croire à ce point au règne futur de la justice, c'est être bon pour l'univers, c'est pardonner à la réalité d'être présentement fort mêlée.

Si ce romanesque est, pendant quelque temps, tombé en défaveur, c'est que nous sommes de grands misérables. Le rêve nous déplaisait, non point parce qu'il nous faisait sentir plus durement le réel ; il nous exaspérait en tant que rêve. C'était comme une dépravation de nos intelligences. La vue du monde mauvais, nous nous y complaisions par une étrange maladie d'orgueil : nous préférions que le monde fût laid, pour paraître forts en le voyant et en le disant. Il y avait, dans notre entêtement à considérer et à peindre le mal, un refus du mieux, un méchant sentiment qui semblait venir du diable. Nous ne voulions plus embellir la vie par le rêve et l'espoir, tant nous étions fiers de la trouver ignoble, et tant ce pessimisme commode nous absolvait de tout à nos propres yeux.

Tournons-nous, il en est temps, vers ce pays d'utopie cher à George Sand. Elle a reflété dans ses livres toutes les chimères de son temps; et, comme elle était femme, elle a ajouté à son rêve celui de tous les hommes qu'elle a aimés. Cette partie de son œuvre, qui semblait caduque, m'attire aujourd'hui tout autant comme le reste Le monde ne vit que par le rêve.

*
* *

Que reproche-t-on encore à George Sand? Les pharisiens ont dit que ses premiers romans avaient perdu beaucoup de jeunes femmes, et — comédie exquise — les romanciers naturalistes ont parlé comme les pharisiens. M. Zola, lourdement, nous montre, dans *Pot-Bouille*, une petite bourgeoise qui tombe pour avoir lu *André*. Hélas! celles qui ont pu tomber après avoir lu *André* ou *Indiana* étaient mûres pour la chute; et peut-être que, sans *Indiana*, elles seraient tombées plus brutalement et plus bas. Si George Sand a paru reconnaître, dans ses premiers romans, le droit absolu de la passion, c'est uniquement de celle qui est « plus forte que la mort » et qui la fait souhaiter ou mépriser. Il se peut que ses romans, mal compris, soient pour quelque chose dans les erreurs de Mme Bovary; mais alors c'est aussi grâce à eux qu'il lui reste assez de noblesse d'âme pour chercher un refuge dans la mort. Sans eux, Emma n'aurait pas la candeur de vouloir fuir avec Rodolphe, et elle accepterait l'argent du notaire Tuvache... Nos névrosées trouveraient un grand profit moral dans la lecture de *Jacques* et de *Lélia*.

* *
*

Que si pourtant le romanesque de George Sand continue à vous déplaire, vous trouverez dans ses chefs-d'œuvre assez de vérité, et beaucoup plus qu'on ne l'a dit. Vérité choisie, comme l'est toujours la vérité exprimée par l'œuvre d'art. Seulement, le choix est ici en sens inverse de celui qui prévaut depuis une vingtaine d'années.

Je ne parle pas de ses jeunes filles si charmantes; et je ne rappellerai pas qu'elle a fait les analyses les plus fines et les plus fortes du caractère des artistes et des comédiens (*Horace, le Beau Laurence*, etc.). Mais il ne faudrait pas oublier que George Sand a inventé le roman rustique. La première, je crois, elle a vraiment compris et aimé le paysan, celui qui vit loin de Paris, dans les provinces qui ont gardé l'originalité de leurs mœurs. La première elle a senti ce qu'il y a de grandeur et de poésie dans sa simplicité, dans sa patience, dans sa communion avec la Terre; elle a goûté les archaïsmes, les lenteurs, les images et la saveur du terroir de sa langue colorée ; elle a été frappée de la profondeur et de la ténacité tranquille de ses sentiments et de ses passions ; elle l'a montré amoureux du sol, âpre au travail et au gain, prudent, défiant, mais de sens droit, très épris de justice et ouvert au mystérieux...

Ce que nous devons encore à George Sand, c'est presque un renouvellement (à force de sincérité) du sentiment de la nature. Elle la connaît mieux, elle est plus familière avec elle qu'aucun des paysagistes qui l'ont précédée. Elle vit vraiment de la vie de la terre, et cela sans s'y appliquer. Elle est le plus naturel, le moins laborieux, le moins concerté des paysagistes. Au lieu que les autres, le plus souvent, voient la nature de haut, et l'arrangent, ou lui prêtent leurs propres sentiments, elle se livre, elle, aux charmes des choses et s'en laisse intimement pénétrer. Sans aucun doute, elle nous a appris à l'aimer avec une tendresse plus abandonnée, la Nature bienfaisante et divine qui apporte à ses fidèles l'apaisement, la sérénité et la bonté.

La bonté, c'est un des mots qui reviennent toujours avec elle. Un autre mot, tout proche, c'est celui de fécondité, d'abondance heureuse. Elle épanchait ses récits, d'un flot régulier, comme une source inépuisable, — mais presque sans plan ni dessein, ne sachant guère mieux où elle allait qu'une large fontaine dans les grands bois. Son style même, ample, aisé, frais et plein, ne se recommande ni par une finesse ni par un éclat extraordinaire, mais par des qualités qui semblent encore tenir de la bonté et lui être parentes...

George Sand a été une matrice pour recevoir, un peu pêle-mêle, les plus généreuses idées. Elle a été un sein nourricier pour verser aux hommes la poésie et les beaux contes. Elle est l'Isis du roman contemporain, la « bonne déesse » aux multiples mamelles, toujours ruisselantes. Il fait bon se rafraîchir dans ce fleuve de lait.

M. TAINE ET NAPOLÉON BONAPARTE

On en veut beaucoup à M. Taine des deux chapitres sur Napoléon qu'il vient de publier dans la *Revue des Deux-Mondes*. On a trouvé le portrait faux, outré et inopportun. Peu s'en faut qu'on n'ait accusé M. Taine de manquer de patriotisme. Le Napoléon de Béranger a gardé plus de croyants que je ne l'eusse imaginé.

Quelles sont donc les choses inouïes et scandaleuses que M. Taine a osé nous dire sur Napoléon Bonaparte ? Voici les grandes lignes de ce portrait. Je n'atténue rien, et je transcris, autant que possible, les expressions mêmes du grand historien philosophe.

Démesuré en tout, mais encore plus étrange, non seulement Napoléon Bonaparte est hors ligne, mais il est hors cadre. Par son tempérament, par ses instincts, par ses facultés, par son imagination, par ses passions, par sa morale, il semble fondu dans un moule à part, composé d'un autre métal que ses contemporains.

Les idées ambiantes n'ont pas de prise sur lui. S'il parle le jargon humanitaire de son temps, c'est sans y croire. Il n'est ni royaliste, ni jacobin. Il descend des grands Italiens, hommes d'action de l'an 1400, aventuriers militaires, usurpateurs et fondateurs d'Etats viagers ; il a hérité, par filiation directe, de leur sang et de leur structure innée, intellectuelle et morale.

Il a d'abord, comme eux, un esprit vierge et puissant, qui n'est point, comme le nôtre, déjeté tout d'un côté par la spécialité obligatoire, ni encroûté par les idées toutes faites et par la routine. C'est un esprit qui fonctionne tout entier et qui jamais ne fonctionne à vide. Les faits seuls l'intéressent. Il a en aversion les fantômes sans substance de la politique abstraite. Toutes les idées qu'il a de l'humanité ont eu pour source des observations qu'il a faites lui-même. Joignez que sa puissance de travail, d'attention et de mémoire est prodigieuse. Il a trois atlas principaux en lui, à demeure, chacun d'eux composé « d'une vingtaine de gros livrets » distincts et perpétuellement tenus à jour : un atlas militaire, recueil énorme de cartes topographiques aussi minutieuses que celles d'un état-major ; un atlas civil, qui comprend tout le détail de toutes les administrations et les innombrables articles de la recette et de la dépense ordinaire et extraordinaire ; enfin, un gigantesque dictionnaire biographique et moral, où chaque individu notable, chaque groupe local, chaque classe professionnelle ou sociale, et même chaque peuple a sa fiche. A ces facultés si grandes, ajoutez-en une autre, la plus forte de toutes : l'imagination constructive. On connaît ses rêves de conquête orientale, de domination universelle et d'organisation du monde selon sa volonté. Il crée dans l'idéal et l'impossible. C'est un frère posthume de Dante et de Michel-Ange. Il est leur pareil et leur égal; il est un des trois esprits souverains de la Renaissance italienne. Seulement, les deux premiers opéraient sur le papier ou le marbre; c'est sur l'homme vivant, sur la chair sensible et souffrante que celui-ci a travaillé.

Comme par l'esprit, il ressemble par le caractère à ses grands ancêtres italiens. Il a des émotions plus vives et plus profondes, des désirs plus véhéments et plus effrénés, des volontés plus impétueuses et plus tenaces que les nôtres.

La force, qui chez lui coordonne, dirige et maîtrise des passions si vives, c'est un instinct d'une profondeur et d'une âpreté extraordinaires, l'instinct de se faire centre et de rapporter tout à soi, un égoïsme prodigieusement actif et envahissant, développé par les leçons que lui donnent la vie sociale en Corse, puis l'anarchie française pendant la Révolution. Son ambition est sans limite et, par suite, son despotisme est sans détente : « Je suis à part de tout le monde, je n'accepte les conditions de personne », ni les obligations d'aucune espèce. Il ne fait rien pour un intérêt national, supérieur au sien. Général, consul, empereur, il reste officier de fortune et ne songe qu'à son avancement. Par une lacune énorme d'éducation, de conscience et de cœur, au lieu de subordonner sa personne à l'Etat, il subordonne l'Etat à sa personne. Il sacrifie l'avenir au présent, et c'est pourquoi son œuvre ne peut être durable. Entre 1804 et 1815 il a fait tuer environ quatre millions d'hommes. Pourquoi? Pour nous laisser une France amputée des quinze départements acquis par la République...

Ce résumé, je le sais, est fort décharné. Chaque proposition dans M. Taine s'appuie sur des faits significatifs et rigoureusement ordonnés. Les propositions s'enchaînent et, au-dessous d'elles, les séries de faits se commandent. Cela ressemble aux assises successives d'un vaste monument. M. Taine construit un portrait moral comme on construirait une pyramide d'Egypte. Ce que sa bâtisse a de grandiose a dû disparaître dans le plan très sommaire que j'en ai donné. Mais, enfin, ce plan est fidèle ; et qu'y voyons-nous ? La première partie nous montre que Napoléon fut un homme d'un surprenant génie ; et la seconde, que ce génie fut égoïste, et, au bout du compte, malfaisant. Nul ne l'a peut-être établi avec plus de force et de méthode que M. Taine ; mais bien d'autres l'ont dit avant lui, et, pour ma part, je l'ai toujours cru. D'où vient donc ce soulèvement contre le nouvel historien de Napoléon Bonaparte ?

Ces protestations si vives partent d'un sentiment qui paraît excellent quoiqu'il ne le soit pas, et que j'examinerai tout à l'heure, — pour le repousser.

Mais on ne fait pas seulement à M. Taine des objections sentimentales. On lui reproche de manquer de critique, de s'appuyer sur des documents arbitrairement choisis et sans valeur sérieuse. « Il nous cite toujours, dit-on, les *Mémoires* de Bourrienne, qui sont sont en grande partie apocryphes, et ceux de Mme de Rémusat, qui sont d'une ennemie, d'une femme qui avait contre l'empereur des griefs personnels, — et des griefs féminins. Quelle base fragile et menteuse pour y édifier l'histoire ! »

Eh bien ! non, ce n'est pas tout à fait cela. M. Taine (et nous pouvons nous en rapporter là-dessus à sa conscience d'historien, qui est difficile et exigeante) a évidemment lu tout ce que les contemporains ont écrit sur son héros. Lui-même nous avertit que sa principale source est la *Correspondance de Napoléon*, en trente-deux volumes. S'il cite volontiers Bourrienne et Mme de Rémusat, c'est sans doute que leur témoignage concorde avec l'idée qu'il se fait de l'empereur. Mais cette idée, il ne se l'est pas formée sur la seule foi de ces deux témoins ; elle est le résultat d'une vaste enquête préalable, qu'il n'avait pas à nous étaler. Quand il nous rapporte un mot de Mme de Rémusat (et il en rapporte aussi de Miot, de Talleyrand, de Rœderer, de Lafayette, etc.), ce mot n'est point pour lui la preuve unique, mais simplement une confirmation de ce qu'il croit et sent être la vérité.

Puis, le témoignage de Mme de Rémusat n'est peut-être pas aussi suspect, aussi partial, aussi calomnieux qu'on le prétend. L'empereur, dit-on, lui avait fait une injure que les femmes ne pardonnent point. L'auteur des *Mémoires* est une femme dédaignée et qui se venge. De plus, nous n'avons de ces *Mémoires* qu'une seconde rédaction, et qui date de 1817, d'une époque où il était utile de penser et de dire du mal du demi-dieu déchu. — Mais, d'abord, il n'est nullement prouvé que Mme de Rémusat eût contre l'empereur le genre de griefs qu'on a dit : ce n'est qu'une supposition de notre malignité. Et quand même ici cette malignité aurait raison, s'ensuit-il nécessairement que les *Mémoires* de cette aimable femme soient une œuvre de rancune longuement recuite? Je n'ai pas du tout cette impression.

On reconnaît, à un accent qui ne trompe pas, qu'elle a commencé par admirer sincèrement l'empereur et qu'elle ne s'est détachée de lui que lentement et malgré elle, à mesure que se découvrait la vraie nature de ce terrible homme. Qu'il l'ait un jour blessée dans son amour-propre de femme, c'est ce que nous ne saurons jamais ; mais, dans tous les cas, cette blessure dut être assez vite cicatrisée ;

Mᵐᵉ de Rémusat n'était certes pas assez naïve pour penser qu'elle retiendrait longtemps un homme comme lui ; et, d'un autre côté, nous savons par elle que Napoléon la traita toujours avec des égards et une estime particulière. Enfin, qu'on ne dise point que, écrivant ses *Mémoires* sous la Restauration, elle devait être plus dure pour celui qui avait été son maître. Il me semble qu'à ce moment-là les anciens serviteurs de Napoléon devaient plutôt, devant le mystère tragique de cette destinée, être pris d'une immense compassion et comme pénétrés d'une horreur sacrée où s'évanouissaient les rancunes personnelles. Pour moi, je ne sens point chez Mᵐᵉ de Rémusat l'âme étroite et mesquine qu'on lui prête : je suis fort tenté de croire à la parfaite liberté de son jugement comme à la sincérité de son récit ; et je ne pense point faire preuve, en cela, de tant de naïveté.

Pour en revenir à M. Taine, l'ensemble des textes et documents de toute espèce ne s'oppose point à ce que l'on conçoive Napoléon précisément comme il l'a fait. Tout ce qu'on peut dire, c'est qu'ils permettent aussi de le concevoir un peu autrement. Ainsi, sans nier l'exactitude générale de la colossale image construite par M. Taine, j'y voudrais çà et là quelques atténuations. Je crains, en y réfléchissant, qu'il ne place son héros d'abord un peu trop au-dessus, puis un peu trop au-dessous — ou en dehors — de l'humanité.

Son Napoléon est comme une statue de bronze jaillie d'une matrice inconnue, un bloc impénétrable, inaltérable, tel au commencement qu'il sera à la fin, et à qui le temps ni les événements ne pourront faire aucune retouche. Nulle différence entre le lieutenant d'artillerie et l'empereur. C'est un géant immobile. J'imagine pourtant qu'il dut subir, dans une certaine mesure, les influences extérieures et les idées ambiantes ; qu'il dut se développer, se modifier et, qui sait ? traverser peut-être des crises morales. Il semble bien que le meurtre du duc d'Enghien, par exemple, marque pour lui une de ces crises, et qu'il n'ait pas été tout à fait le même avant et après cet attentat. M. Taine, qui le voit immuable, le voit aussi presque surnaturel. Il lui prête des facultés qui dépassent par trop la mesure humaine. Croyez-vous que les « trois atlas » que Napoléon portait dans sa tête fussent vraiment complets ? Moi pas ; j'y soupçonne des lacunes. Seulement Napoléon faisait croire qu'ils étaient complets.

En second lieu, M. Taine fait son héros un peu trop inhumain, ne lui laisse pas un seul bon sentiment. Mais il me paraît presque impossible qu'un homme placé au-dessus des autres hommes, un conducteur de peuples, n'ait jamais de vues supérieures à son intérêt personnel, du moins dans les choses où cet intérêt se confond avec l'intérêt général. Or, il se trouve que, jusqu'en 1809, ce qui est utile à l'empereur est utile à la France. Il a donc pu avoir cette illusion que son œuvre était bonne à d'autres qu'à lui et, par suite, lui survivrait. Son orgueil même y trouvait son compte. La gloire la plus haute, c'est de fonder ce qui dure ; et ce qui n'est fait que pour un seul ne dure pas. Napoléon n'a pas pu l'oublier toujours. Le genre d'égoïsme que M. Taine lui attribue finirait par être inconcevable. Par la force des choses, ayant besoin, pour être grand, de l'assentiment des hommes, même dans l'avenir, il lui était presque interdit d'être égoïste de la façon dont peut l'être un marchand ou un voleur.

Au reste, dans la sphère où il se mouvait, l'orgueil se teint forcément de mysticisme. Quand on n'a aucun front terrestre au-dessus de soi, on y sent l'inconnu. Se croire pétri d'un autre limon que le commun des hommes, c'était pour Napoléon une manière d'être religieux ; car dès lors il se sentait « élu ». Il lui paraissait donc légitime de tout rapporter à lui. Tandis qu'il essayait de réaliser son rêve gigantesque de domination universelle, apparemment il songeait au passé et à l'avenir, il se comparait, il se « situait » dans l'histoire, il se considérait comme l'un des grands ouvriers du drame humain, et sa destinée était pour lui-même un mystère dont il frissonnait...

Rien d'humain ne battait sous son épaisse armure.

Cela n'est vrai que d'une vérité simplifiée et lyrique.

Napoléon à Sainte-Hélène parlait de « ce pays qu'il avait tant aimé ». Pourquoi ne pas le croire un peu? Il l'aimait, dit M. Taine, comme le cavalier aime sa monture. Mais cet amour du cavalier pour son cheval peut être profond. L'empereur aimait dans la France sa propre gloire, dont elle était l'indispensable instrument. Quand il passait sur le front de sa grande armée, et qu'il songeait que ces milliers d'hommes étaient prêts à mourir pour son rêve, savons-nous ce qui remuait en lui? Tout n'était pas jeu dans la cordialité brusque avec laquelle il traitait ses vétérans. On aime toujours ceux pour qui on est un dieu. La conception de M. Taine suppose chez Napoléon une possibilité de se passer de sympathie, à laquelle j'ai peine à croire. Il le parque dans un tel isolement moral que l'air y doit être irrespirable pour une poitrine humaine. Lui seul d'un côté, — et l'univers de l'autre! Une telle situation serait effroyable. Je doute qu'un homme né de la femme la puisse soutenir. Je suis sûr que l'égoïsme de Napoléon avait des défaillances. Néron même a eu des amis.

Puis, malgré tout, l'empereur était un peu de son temps. Il aimait la tragédie. En littérature, il avait le goût, si j'ose dire, un peu « pompier ». — Il n'était pas proprement cruel; j'entends qu'il n'a fait tuer presque personne en dehors des champs de bataille. Il a certainement aimé Joséphine. Il s'est bien conduit avec Marie-Louise, peut-être parce qu'elle était

« née ». M. Taine nous dit qu'en certaines circonstances, par exemple à la mort de quelque vieux compagnon d'armes, il avait des accès de sensibilité et de douleur, — suivis de rapides oublis. Qu'est-ce à dire, sinon qu'il était quelquefois comme nous sommes presque tous ? Bref, c'était un être humain à peu près normal, — sauf par les points et dans les moments où il était anormal et surhumain.

Et c'est ainsi que, par un détour, je donne raison à M. Taine. Il n'avait à tenir compte que de ces moments-là. Il est probable que Napoléon ne donnait pas tous les jours un coup de pied dans le ventre à Volney. Il y a apparence qu'il n'était pas, à tous les instants de sa vie, et dans les proportions énormes qu'on a vues, l'effrayant condottiere échappé de l'Italie du quinzième siècle. Mais il l'était au fond. Or, c'est ce fond intime et permanent que M. Taine a voulu dégager. M. Taine peint les hommes en philosophe plus qu'en historien ou en romancier. Il ne fait pas évoluer son modèle dans l'espace et dans le temps, et il ne tient pas compte de ce qu'il peut avoir de commun avec les autres hommes. Il le décompose ; il saisit et définit ses facultés maîtresses, et élimine le reste. Et assurément, ces facultés n'agissent pas, dans la réalité, d'une façon continue : mais elles sont pourtant le véritable et suprême ressort d'une âme. Les analyses de M. Taine seraient donc justes, si elles restaient inanimées.

Le malheur, c'est que ce philosophe a l'imagination

d'un poète ; c'est qu'il a, à un degré surprenant, le don de la vie, et alors voici ce qui se passe. Ces ressorts généraux d'un caractère et d'un esprit, après les avoir atteints et définis, il les rapproche, il les anime, il les met en branle. Nous voyons les « facultés maîtresses » agir à la manière de roues reliées par des courroies ou mues par des engrenages. Les âmes qu'il a décomposées et réduites à leurs éléments essentiels prennent des airs de machines à vapeur, de léviathans de métal d'une force effroyable et aveugle. Ils vivent, mais d'une vie qui ne paraît plus humaine. C'est donc la méthode et le style de M. Taine qui font paraître son Napoléon monstrueux, — monstrueux comme son Milton ou son Shakspeare, monstrueux comme ses jacobins. Au fond, il n'est point si faux.

— « Mais ce monstre, dit-on, a fasciné sa génération. Il a été le grand amour de millions et de millions d'hommes. Il suffisait de l'approcher pour subir l'ascendant de sa volonté et pour lui appartenir. Pendant la retraite de Russie, quand les soldats gisaient dans la neige, à demi-morts, si quelqu'un disait : « Voilà l'ennemi ! » personne ne bougeait ; mais si l'on criait : « Voilà l'empereur ! » tous se levaient comme un seul homme. C'est ce que M. Taine n'explique point. Ce qui manque dans son étude, c'est la silhouette du « petit caporal ». Oui, c'est vrai, M. Taine a oublié le Napoléon de la légende. Sans doute il a répondu sur ce point en faisant le compte des conscrits réfractaires. Mais cette réponse ne vaut que pour les dernières années. Jusqu'à Moscou, le peuple aimait Napoléon. Et surtout il l'a adoré depuis sa mort. Le peuple est grand admirateur de la force et de la grandeur matérielle.

On reprend : « Le peuple a raison. Napoléon nous a donné la gloire. Ce n'est certes pas le moment d'en faire bon marché. Vous dites que les millions d'hommes qu'il a fait tuer n'ont servi de rien, puisqu'il a laissé la France plus petite qu'il ne l'avait prise? Plus petite! Ne le croyez pas. Il l'a laissée plus grande du souvenir de cent victoires. Il a fait la guerre pendant vingt ans : cela veut dire que, pendant vingt années, il a tenu haut l'âme de ce peuple, en exaltant chez lui le courage, la fierté, l'esprit de sacrifice. Ah! vienne un monstre comme celui-là, qui nous secoue enfin et qui nous venge ! »

Ces considérations n'ont point ému M. Taine. Pourquoi? Parce que ce philosophe positiviste est un homme très moral. La gloire militaire ne l'éblouit pas : car, partout ailleurs que dans la guerre défensive, elle n'est que la gloire d'opprimer et de dépouiller les autres, et ce qu'elle satisfait chez le vainqueur, ce sont les instincts les plus cupides et le plus brutal orgueil. Cette gloire, c'est la pire de ces « grandeurs de chair » dont Pascal parle avec mépris. Venir se vanter aujourd'hui des conquêtes du premier empire, c'est justifier la conquête allemande. Hoche ou Marceau, voilà ce qu'il nous faudrait. Mais un Napoléon Bonaparte, le ciel nous en préserve !

Et puis, M. Taine est tendre. Ne vous récriez pas. Les quatre millions d'hommes tués, et la somme de douleurs humaines que cela suppose, le découragent d'admirer le grand empereur. Ce qui arrive ici est assez singulier. Ce sont les spiritualistes, les idéalistes, les gens bien pensants et les plus belles âmes du monde qui nous disent : — Napoléon fut un monstre ? Qu'importe, puisqu'il a fait la France glorieuse ! (entendez : puisque nous lui devons de pouvoir dire aux Allemands : « Vous avez été atroces, mais nous l'avons été encore plus il y a quatre-vingts ans, et cela nous console »). — Et c'est M. Taine, le philosophe « matérialiste », celui qui a écrit que le vice et la vertu étaient des produits comme le sucre et le vitriol, c'est lui qui réprouve, de quelque éclat qu'elles soient revêtues, l'injustice et la violence ! C'est lui, l'homme qui considère l'histoire comme un développement nécessaire de faits inévitables et qui a toujours goûté en artiste les manifestations de la force, — c'est lui qui aujourd'hui se fond en pitié ! Nul n'a peint de couleurs plus brillantes le déroulement immoral de l'histoire, — et voilà qu'il souffre, comme une femme compatissante et naïve, de cette immoralité ! Ce contraste d'une philosophie très cruelle et d'un cœur très humain me paraît charmant. Déjà le sang versé par la Révolution l'avait empli d'horreur, jusqu'à troubler, peu s'en faut, sa clairvoyance. Certes, je ne lui reproche point cette faiblesse, et je la proclame bienheureuse. Car « je hais, comme dit Montaigne, cruellement la cruauté », et j'aimerais mieux, je vous le jure, être privé des « bienfaits de la Révolution » et vivre dans la plus fâcheuse inégalité civile, — et qu'on n'eût pas coupé la tête de Marie-Antoinette et celle d'André Chénier.

M. TAINE ET LE PRINCE NAPOLÉON

Vous vous rappelez que, il y a quelques mois, M. Taine publiait dans la *Revue des Deux-Mondes* deux chapitres sur l'empereur Napoléon. Je les ai résumés, j'en ai dit mon impression, et quelles atténuations et quels compléments j'aurais voulus à ce portrait grandiose, à la fois abstrait et vivant. Au reste, je m'attachais moins à discuter la vérité de l'inhumaine et surhumaine figure tracée par l'historien qu'à démêler comment et pourquoi il l'avait vue ainsi. C'est à ces deux chapitres que répond aujourd'hui le prince Napoléon. Peut-être eût-il mieux fait d'attendre l'apparition du volume, où sans doute le jugement porté sur l'homme s'expliquera mieux par le jugement porté sur l'œuvre ; mais nous concevons la généreuse impatience du neveu de l'empereur.

Le livre du prince Napoléon est éloquent et violent. Mais au fond et malgré les inexactitudes et les partis pris relevés chez M. Taine, cette réplique passionnée n'infirme point, à mon avis, ses conclusions dans ce qu'elles ont d'essentiel. Cela prouve seulement qu'il y a deux façons de se représenter la personne et l'œuvre de Napoléon. Et il y en a une troisième, mitigée et tempérée : celle de M. Thiers. Et il y en a une quatrième, celle des grognards (s'il en reste) qui ne connaissent que « le petit caporal ». Et il y en a encore d'autres. Il y a même celle du vieux Dupin, ce Chevreul des vaudevillistes, à qui l'on demandait s'il avait vu l'empereur : « Oui, répondit-il, je l'ai vu. C'était un gros, l'air commun. » Rien de plus. — Et toutes ces façons sont bonnes, et celle du prince est particulièrement intéressante, parce qu'il est ce que nous savons, et parce qu'il écrit d'une bonne plume, vigoureuse et rapide, — un peu celle de l'oncle. Seulement, si vous voulez ma pensée, la façon de M. Taine garde tout de même son prix.

J'admets un moment qu'il soit difficile d'être plus injuste pour l'empereur que ne l'a été M. Taine. Mais, à coup sûr, il est impossible d'être plus injuste pour M. Taine que ne l'est le prince Napoléon.

Il lui reproche sa « mauvaise foi » et sa « perfidie ». Il l'appelle déboulonneur académique et l'assimile aux communards. « ... Sa tentative part du même esprit ; elle est inspirée des mêmes haines ; *elle relève du même mépris.* »

Cette manière de traiter l'auteur de *l'Intelligence*

n'est pas très philosophique. M. Taine a dû être aussi étonné de s'entendre accuser de perfidie et de mauvaise foi que M. Renan de voir taxer d'immoralité les fantaisies de *la Fontaine de Jouvence* ou de *l'Abbesse de Jouarre*. Je ne comprends pas du tout le calcul prêté ici à M. Taine. Quel intérêt pouvait-il avoir à écrire contre sa pensée ? Je ne parle pas de son caractère, qui est connu ; mais ses œuvres répondent pour lui. S'il a jamais été de mauvaise foi, il n'est pas commode de dire à quel moment ; car, s'il l'était en faisant le procès de l'ancien régime, il ne l'était donc pas en faisant le procès de la Révolution, — et inversement. Cet homme a trouvé le moyen de déplaire successivement à tous les partis politiques : c'est dire qu'il vit fort au-dessus des partis et de tout intérêt qui n'est pas celui de la science. La continuité, l'universalité de son pessimisme et de sa misanthropie garantit sa sincérité. Je cherche en vain à quelle rancune il a pu obéir, à qui il a voulu plaire en faisant son portrait de Napoléon. Il est étrange de venir nous parler ici de « mauvaise foi ». Et, quant au mépris dont on l'assure, M. Taine a certes le droit de n'y pas prendre garde.

Ce qui est vrai, c'est que, étudiant Napoléon, il l'a vu fort noir, parce qu'il voit tout ainsi. Ce qui est vrai, c'est que, s'étant fait, après enquête, une certaine idée de Napoléon, il a paru ne tenir compte que des textes qui la confirmaient. Mais cette idée, on ne peut pas dire que ces textes seuls la lui aient suggérée ; peut-être même l'avait-il avant de les connaître. Ce qui est vrai encore, c'est qu'il lui est arrivé de tirer à lui les documents, de les présenter de la façon la plus favorable à sa thèse. Il ne faut donc point l'accuser d'être de mauvaise foi, c'est-à-dire d'altérer sciemment la vérité dans un intérêt personnel, — mais d'user parfois d'un peu d'artifice dans la démonstration de ce qu'il croit être la vérité. Cela est bien différent ; et le parti pris n'est point nécessairement mensonge. Osons le dire, ces inexactitudes, ces habiletés d'interprétation à demi volontaires, vous les trouverez chez tout historien digne de ce nom, qu'il soit artiste, philosophe ou politique. L'érudit seul peut s'en passer (encore ne s'en passe-t-il pas toujours). Mais elles deviennent inévitables dès que l'historien essaie d'interpréter l'histoire et de la « construire », dans quelque esprit que ce soit. Si jamais le prince Napoléon écrit l'histoire de son oncle, nous le défions de ne pas choisir les textes et les arranger à peu près dans la même proportion que M. Taine. Et ce jour-là nous nous garderons de suspecter sa bonne foi, même si nous remarquons qu'en pareille matière la sincérité du neveu de l'empereur doit être exposée à plus de tentations que celle du philosophe sans aïeux.

Le prince Napoléon est encore injuste d'une autre manière. Il ne me paraît pas très bien comprendre ni définir l'esprit de M. Taine. Il pouvait être plus clairvoyant, même dans la malveillance. Il écrit :

« M. Taine est un entomologiste; la nature l'avait créé pour classer et décrire des collections épinglées. Son goût pour ce genre d'étude l'obsède; pour lui, la Révolution française n'est que la « métamorphose d'un insecte ». Il voit toute chose avec un œil de myope, il travaille à la loupe, et son regard se voile ou se trouble dès que l'objet examiné atteint quelques proportions. Alors il redouble ses investigations; il cherche un endroit où puisse s'appliquer son microscope; il trouve une explication qui rabaisse, à la portée de sa vue, la grandeur dont l'aspect l'avait d'abord offusqué, etc. »

Rien de plus faux, à mon sens, que ce jugement. Le prince Napoléon est évidemment dupe des apparences. Il est même dupe des mots. De ce que M. Taine compare la Révolution à une métamorphose d'*insecte*, il conclut que M. Taine n'est en effet qu'un entomologiste, un myope, uniquement attentif aux petites choses, comme si, au contraire, cette comparaison n'impliquait pas une vue très générale sur l'histoire de la Révolution. Des petits faits entassés par M. Taine dans presque tous ses ouvrages, le prince ne voit que le nombre, il ne voit pas la puissance avec laquelle ils sont enchaînés et classés, — et qu'ils ne sont là que pour préparer et appuyer les généralisations les plus hardies. C'est une fantaisie étrange que de traiter d'entomologiste l'homme qui a écrit l'introduction de l'*Histoire de la littérature anglaise*, les chapitres sur Milton et sur Shakespeare, les dernières pages de l'*Intelligence* ou le parallèle de l'homme antique et de l'homme moderne dans le troisième volume (je crois) des *Origines de la France contemporaine*. Je ne pensais pas qu'il pût échapper à personne que M. Taine est un des esprits les plus invinciblement généralisateurs qui se soient vus. Je ne pensais pas non plus qu'on pût nier les qualités de composition de M. Taine. Sa composition n'est que trop serrée; les parties de chacun de ses ouvrages ne sont que trop étroitement liées et subordonnées les unes aux autres; on y voudrait un peu plus de jeu et un peu plus d'air. Or, apprenez que « ses articles ne sont qu'une mosaïque; on n'y sent *aucune unité de travail.* » Le prince est dupe, cette fois, d'une apparence typographique, de la multiplicité des guillemets.

J'ai peur aussi que le prince ne s'entende pas toujours très bien dans ces pages dont on a fait grand bruit et que des badauds nous donnent déjà comme un morceau de style. Il prête à M. Taine des défauts contradictoires; il lui reconnaît ce qu'il lui a dénié; il reproche à cet épingleur d'insectes son « idéologie » et sa « folie métaphysique ». Il écrit : « Quand on borne son talent à une accumulation de petits faits, on devrait être au moins réservé dans ses conclusions et sobre dans ses théories. » C'est dire, dans la même phrase, que M. Taine « borne » son talent à cette accumulation, et qu'il ne l'y borne pas. Et encore : « Il démontrera que la morale de la Réforme trouve son origine dans l'usage de la bière; et, devant un tableau, ayant à juger la chevelure d'une femme, il essayera de compter les cheveux. » La phrase est amusante; mais, en admettant que cette plaisanterie des cheveux comptés puisse s'appliquer à M. Taine critique d'art, les deux parties de la phrase, qui ont l'air d'exprimer deux critiques analogues, se contredisent en réalité : car, si le dénombrement des cheveux d'un portrait indique bien un esprit myope et borné, tout au contraire l'explication d'un phénomène moral et religieux par une habitude d'alimentation serait plutôt d'un esprit philosophique et discursif à l'excès, capable d'embrasser de vastes ensembles de faits et de les ramener les uns dans les autres. — Enfin, le prince ne peut contenir son indignation contre cet « analyste perpétuel » qui « prend plaisir à déchiqueter sa victime jusqu'aux dernières fibres, sans un cri de l'âme, *sans une aspiration vers l'idéal* ». Je n'entends pas clairement ce que cela signifie. Et je ne trouve pas que ce soit juger M. Taine avec beaucoup de finesse que de le traiter de « matérialiste », comme pourrait faire un curé de village. Cela aurait bien fait rire Sainte-Beuve.

Après avoir ainsi arrangé M. Taine, le prince Napoléon examine les témoignages sur lesquels il s'est appuyé, en nie la valeur, juge les témoins et les exécute. Metternich est le constant ennemi de la Révolution, dont l'empereur est pour lui le représentant. Bourrienne est un coquin qui se venge d'avoir été pris la main dans le sac. L'abbé de Pradt est un espion, Miot de Mélito un plat fonctionnaire. Mme de Rémusat est une coquette dépitée et une femme de chambre mauvaise langue. Tous ces témoins avaient des raisons pour ne pas dire la vérité. Le prince en conclut qu'ils ne l'ont jamais dite. C'est peut-être excessif.

J'abandonne les autres; mais je ne puis m'empêcher de réclamer un peu pour cette charmante Mme de Rémusat. Vraiment on lui prête une âme trop basse, des rancunes trop viles, trop féroces et trop longues. Je veux bien (quoique, après tout, cela ne soit nullement prouvé) qu'elle ait été déçue soit dans son amour, soit dans son ambition ou sa vanité; je veux qu'elle en ait gardé du dépit, et qu'elle ait vu Napoléon d'un tout autre œil qu'auparavant. S'ensuit-il qu'elle l'ait calomnié? Qui dira si c'est avant ou après sa mésaventure qu'elle a le mieux connu l'empereur ? Je suis tenté de croire que c'est après. On peut parfaitement soutenir que l'amour et l'intérêt aveuglent plus que la rancune. Je crois d'ailleurs sentir, dans ses *Mémoires*, que c'est à regret qu'elle s'est détachée de son héros, qu'elle n'a découvert que peu à peu son vrai caractère, et que cette découverte lui a été une douleur, non un plaisir méchant. C'était une femme fort intelligente, — habile, et même adroite; — ce n'était pas un petit esprit, ni un cœur bas. Je crois, pour ma part, à la bonne foi d'une femme qui ne craint pas de nous faire cet aveu : « Je finis par souffrir de mes espérances trompées, de mes affections déçues, des erreurs de quelques-uns de mes calculs. » Cette confession ne me semble pas d'une âme vulgaire, et j'en tire des conclusions absolument opposées à celles du prince Napoléon. — Mais, dira-t-on, si elle avait sur l'empereur l'opinion qu'elle nous a livrée, elle n'avait qu'à s'en aller, et même elle le devait. A-t-on le droit de juger ainsi ceux que l'on sert, ou, les jugeant ainsi, de continuer à les servir, c'est-à-dire à vivre d'eux ? — Je ne sais ; les choses, dans la réalité, ne se présentent point aussi simplement. D'abord, Mme de Rémusat a mis plus d'un jour à connaître l'empereur ; puis, elle pouvait croire qu'elle ne manquait point à son devoir, du moment qu'elle ne divulguait pas ses sentiments secrets ; puis son service à la cour pouvait lui paraître un service public autant que privé, et qui la liait au chef de l'Etat plus qu'à la personne même de Napoléon ; enfin... je n'ai point dit que Mme de Rémusat fût une héroïne.

Le prince Napoléon se divertit à la mettre en contradiction avec elle-même en citant, pour la même époque, des passages de ses *Mémoires* et des passages de ses *Lettres*. Ici l'empereur est malmené, là glorifié. Sur quoi, le prince triomphe. C'est évidemment dans les *Lettres*, dit-il, qu'il faut chercher la vérité : « Si les *Mémoires*, refaits en 1818 dans les circonstances que j'ai indiquées, doivent être justement suspects, les lettres de Mme de Rémusat à son mari, au contraire, lettres écrites au jour le jour sous l'Empire et récemment publiées, sont une source précieuse pour l'histoire. C'est une correspondance, tout intime, qui n'était pas destinée à la publication. On n'y trouve que des impressions vives, spontanées et sincères. »

« Sincères ? » On a déjà répondu : — Et le cabinet noir ? — « Vives et spontanées ? » Jugez plutôt. Voici une lettre citée par le prince : « Quel empire, mon ami, que cette étendue de pays jusqu'à Anvers! Quel homme que celui qui peut le contenir d'une seule main! combien l'histoire nous en offre peu de modèles !... Tandis qu'en marchant il crée pour ainsi dire de nouveaux peuples, on doit être bien frappé d'un bout de l'Europe à l'autre de l'état remarquable de la France. Cette marine formée en deux ans, etc....; ce calme dans toutes les parties de l'empire, etc...., enfin l'administration, etc.... : voilà bien de quoi causer la surprise et l'admiration, etc.... » Est-ce que cela n'est pas glacial ? Est-ce qu'une femme écrit comme cela quand elle croit n'être lue que de son mari ?

Mais j'admets qu'elle soit sincère dans ses lettres. C'est possible : après tout, elle avait aimé l'homme et pouvait s'en ressouvenir quelquefois ; et, d'autre part, elle ne pouvait pas ne pas admirer l'empereur. Mais pourquoi ne serait-elle pas également sincère dans ses Mémoires ? Je crois, d'une façon générale, à sa sincérité dans les deux cas. Où a-t-elle dit la vérité? C'est une autre question et dont chacun décide, le prince aussi bien que M. Taine, par des impressions prises ailleurs.

En somme, le prince Napoléon a démontré que les témoignages dont se sert M. Taine étaient suspects, parce qu'ils émanaient des ennemis de l'empereur. Mais on démontrerait avec la même facilité que les témoignages de ses amis ne sont pas moins suspects, pour d'autres raisons. Alors ?...

Le parti pris du prince est pour le moins aussi imperturbable et aussi artificieux que celui de l'académicien. Seulement, il ne paraît pas s'en douter. Je voudrais pouvoir dire qu'il a d'étonnantes candeurs.

M. Taine ayant rappelé *en note* qu'on accusait Napoléon « d'avoir séduit ses sœurs l'une après l'autre » : « Ici, dit le prince, je n'éprouve pour l'écrivain qui reproduit de telles infamies qu'un sentiment de commisération. » C'est bientôt dit. J'ignore tout à fait si l'empereur a eu la fantaisie un peu vive qu'on lui prête, et cela m'est égal ; mais je crois qu'il était fort capable de l'avoir. Pourquoi ? Parce que, dans la situation *unique* qu'il occupait sur la planète et que ses origines rendaient plus extraordinaire, la mesure du bien et du mal ne *devait* pas lui sembler la même pour lui que pour les autres hommes. Et cela, par la force des choses.

Ailleurs, M. Taine se plaignant qu'on n'ait pas donné toute la correspondance de Napoléon Ier, le prince répond : « En principe, j'établis qu'héritiers de Napoléon, nous devions nous inspirer de ses désirs avant tout, et le faire paraître devant la postérité *comme il aurait voulu s'y montrer lui-même.* » C'est pourquoi l'on a exclu de la *Correspondance* « les lettres ayant un caractère purement privé ». Mais c'est justement de cela que M. Taine se plaint. Mérimée, nous raconte le prince, s'en plaignait aussi. Il est vrai que Mérimée était « un sceptique et un cynique ».

Dans les dernières pages de son livre, le prince excuse le meurtre du duc d'Enghien par la raison d'Etat, justifie la guerre d'Espagne, affirme que l'empereur n'a été que le propagateur désintéressé des idées de la Révolution, qu'il n'a jamais été ambitieux ni égoïste, et insinue que ce qu'il avait peut-être de plus remarquable, c'était la bonté de son cœur.

Vraiment, c'est là de l'histoire écrite pour les images d'Epinal. Et le prince, à force de défendre son oncle, le diminue. A le faire si raisonnable, il risque de lui enlever cette merveilleuse puissance d'imagination qui l'égale, dans son ordre, aux plus grands artistes, à Dante et à Michel-Ange. Napoléon est beaucoup plus grand dans le livre de son « détracteur » que dans celui de son apologiste. Et, malgré tout, en dépit de la fragilité de quelques-uns des témoignages invoqués par M. Taine, les traits principaux de la figure qu'il a tracée demeurent. On sent que la constitution de l'âme de Napoléon devait être, au fond, telle qu'il nous la montre. D'abord, tout le premier chapitre est irréprochable ; on y voit, méthodiquement décomposé, le génie d'un grand homme de guerre et d'un grand conducteur de peuples. Qu'est-ce que le prince nous dit donc, que M. Taine « arrive à cet extraordinaire paradoxe d'écrire, sur Napoléon, de longues pages, sans qu'il soit fait même une allusion à son génie militaire? » Eh bien ! et la page sur « les trois atlas » ? M. Taine n'avait pas, je pense, à raconter ici les campagnes de l'empereur. Dans le second chapitre, c'est l'être moral qui est décomposé et décrit. La description est effrayante et sombre. Mais, prenez garde, elle ne s'appliquerait pas mal à Frédéric II ou à Catherine de Russie. C'est, au fond, la psychologie plausible de tous les individus qui ont exercé matériellement une très puissante action sur les affaires humaines...

L'espace me manque pour conclure. J'aurais voulu dire que, au bout du compte, j'aime le monstre conçu par M. Taine, non point avec mon cœur, mais avec mon imagination ; que d'ailleurs, après l'homme, l'œuvre resterait à juger, et qu'il faut donc attendre; que, si les deux chapitres de M. Taine me ravissent, le volume du prince Napoléon ne me déplaît point ; que celui-ci juge en « homme d'action » et celui-là en « philosophe » (je n'ai pas le loisir d'extraire la substance de ces deux mots), et qu'il faut des uns et des autres pour la variété du monde.

SULLY-PRUDHOMME

« LE BONHEUR »

Le dernier poème de M. Sully-Prudhomme est austère et beau, d'une beauté toute spirituelle, et qui se sent mieux à la réflexion. Il fait rêver, et surtout il fait penser. Bien que l'action se passe dans des régions ultra-terrestres, c'est bien un drame de la terre ; et, quoiqu'il ait pour titre : *le Bonheur*, c'est un drame d'une mélancolie profonde. Son principal intérêt vient même de cette contradiction et de ce qu'on y sent d'inévitable et de fatal. Instruisez-vous, mortels, et bornez vos vœux,

Vous ne pouvez sortir ni de vous-même ni de la planète qui vous sert d'habitacle et que vous reflétez. Vous ne pouvez imaginer d'autres conditions de vie que celles qui vous ont été faites ici-bas par une puissance inconnue. Ce que vous appelez idéal n'est qu'un nouvel arrangement, fragile et incertain, des éléments de la réalité. Quand vous croyez rêver le bonheur, vous ne rêvez tout au plus que la suppression de la souffrance; encore vous ne la rêvez pas longtemps : bientôt votre songe vous paraît insignifiant et vain, et vous vous hâtez de rappeler la douleur, d'où naît l'effort et le mérite, et par qui seul se meut, — vers quel but? nous ne savons, — l'incompréhensible univers. Ce monde vous paraît mauvais ; et cependant vous ne sauriez l'imaginer autre qu'il n'est, à moins de l'arrêter dans sa marche et de lui retirer tous ses ferments de vie et de progrès. La terre vous tient, vous enserre, vous emprisonne, vous défie d'inventer d'autres images de béatitude que celles mêmes qu'elle a pu vous offrir aux heures clémentes de vos journées. Tandis que votre désir bat de l'aile contre la cloison de la réalité, il ne s'aperçoit point que ce qu'il place par delà cette cloison, c'est encore et toujours ce qui est en deçà. Vous pouvez concevoir (peut-être) la justice parfaite, non la parfaite félicité. Résignez-vous.

Ce poème du bonheur, c'est donc, en somme, le poème des efforts impuissants que fait l'esprit pour se le représenter et pour le définir. Et l'effet est d'autant plus saisissant que le poète, sans doute, ne l'avait ni cherché ni prévu. M. Sully-Prudhomme suppose que Faustus, après sa mort, se réveille dans une autre planète, qu'il y retrouve Stella, la femme qu'il aimait, et que tous deux jouissent d'un bonheur qui va s'achevant et s'accomplissant par la science et par le sacrifice. Ce bonheur, il s'efforce de nous en décrire les phases diverses. Mais il se donne tant de peine (et pourquoi ? pour nous présenter en fin de compte, sous le nom de bonheur idéal, les joies mêlées, les joies terrestres que nous connaissions déjà) ; il se torture si fort l'entendement pour aboutir à ce chétif résultat, que, vraiment, le drame est beaucoup moins dans l'âme de Faustus et de Stella, les pauvres bienheureux, que dans celle du poète tristement acharné à la construction de ce pâle Eden et de ce douteux Paradis.

Rien n'est plus touchant, par son insuffisance et sa stérilité même, que ce rêve laborieux du bonheur. Faustus et Stella habitent un séjour délicieux. Voyons comment le poète se le figure :

Elle lui prend la main. Ils s'enfoncent dans l'ombre
D'une antique forêt aux colonnes sans nombre,
Dont les fûts couronnés de feuillages épais
En portent noblement l'impénétrable dais, etc.

Et plus loin :

En cirque devant eux s'élève une colline
Qui jusques à leurs pieds languissamment décline ;
Une flore inconnue y forme des berceaux
Et des lits ombragés de verdoyants arceaux...

Ainsi, il y a des forêts dans ce merveilleux séjour, et il y a des collines. Qu'est-ce à dire, sinon que ce paradis ressemble parfaitement à la terre ? Le poète y place une « flore inconnue ». Inconnue ? Cela signifie proprement qu'il nous est fort difficile d'en imaginer une plus belle que la flore terrestre. — Faustus et sa compagne connaissent d'abord les jouissances du goût et de l'odorat. Ils respirent des fleurs, boivent de l'eau et mangent des fruits. Mais quels fruits ! et quelle eau ! et quelles fleurs ! — Laissez-moi donc tranquille ! Quand le poète nous a dit que cette eau est suave et fortifiante, que tel parfum est discret comme la pudeur, ou léger comme l'espoir, ou chaud comme un baiser, et que les « arbres somptueux » portent des « fruits nouveaux », il est au bout de ses imaginations ; et nous sentons bien que ce ne sont là que des mots, et que, moins timoré ou plus franc, il eût simplement transporté dans son Paradis les coulis du café Anglais et les meilleurs produits de la parfumerie moderne, ou qu'il se fût contenté de mettre en vers cet admirable conte de *l'Ile des plaisirs*, où le candide Fénelon exhorte les enfants à la sobriété en les faisant baver de gourmandise.

Faustus et Stella savourent ensuite la forme et les couleurs... et c'est encore la même chose. Car, que pouvons-nous rêver de supérieur à la beauté de l'homme et de la femme, à celle de la nature ou à l'éclat du soleil ? Et si parfois nous avons conçu quelque chose de plus beau ou de plus harmonieux que la réalité, n'avions-nous point l'art pour fixer notre rêve ? Stella nous dit que, dans cette bienheureuse planète, les grands artistes contemplent enfin leur idéal vivant :

Ils possèdent leur songe incarné sans effort:
C'est aux bras d'Athéné que Phidias s'endort ;
Souriante, Aphrodite enlace Praxitèle ;
Michel-Ange ose enfin du songe qui la tord
Réveiller sa Nuit triste et sinistrement belle.

Ici le grand Apelle, heureux dès avant nous,
De sa vision même est devenu l'époux ;
L'Aube est d'Angelico la sœur chaste et divine ;
Raphaël est baisé par la Grâce à genoux,
Léonard la contemple et, pensif, la devine ;

Le Corrège ici nage en un matin nacré,
Rubens en un midi qui flamboie à son gré ;
Ravi, le Titien parle au soleil qui sombre
Dans un lit somptueux d'or brûlant et pourpré
Que Rembrandt ébloui voit lutter avec l'ombre ;

Le Poussin et Ruysdaël se repaissent les yeux
De nobles frondaisons, de ciels délicieux,
De cascades d'eau vive aux diamants pareilles ;
Et tous goûtent le Beau, seulement soucieux,
Le possédant fixé, d'en sentir les merveilles.

Certes, ce sont là des vers d'une qualité tout à fait rare. Mais il reste ceci que le poète, cherchant la manifestation suprême de la beauté plastique, n'a rien trouvé de mieux que le musée du Louvre ou les Offices de Florence. De même, pour nous donner l'idée des délices parfaites que Faustus et Stella goûtent par les oreilles, le poète fait chanter le rossignol dans le crépuscule, nous décrit les sensations et les sentiments qu'éveille en lui la musique de Beethoven ou de Schumann, et se contente d'ajouter que Stella chante mieux que le rossignol, et que la musique du paradis est encore plus belle que celle des concerts Lamoureux. Même on peut trouver qu'il abuse quelque peu (mais c'est ici franchise et non rhétorique) de l'exclamation, de l'interrogation et de la prétérition :

Elle chante. O merveille ! ô fête ! Hélas ! quels mots
Seront jamais d'un chant les fidèles échos ?
Quels vers diront du sien l'indicible harmonie ?
. . . .
Car dans l'air d'ici-bas que seul nous connaissons,
Jamais pareils transports n'émurent pareils sons.
Ah ! ton art est cruel, misérable poète !
Nul objet n'a vraiment la forme qu'il lui prête ;
Ta muse s'évertue en vain à les saisir.
Les mots n'existent pas que poursuit ton désir.

Vous le voyez. *Habemus confitentem*. Il renonce à décrire une autre musique que celle de la terre : n'est-ce point parce qu'il ne saurait, en effet, en concevoir une autre ?

De même, enfin, c'est bien l'amour terrestre que connaissent ses deux bienheureux. Il nous affirme que leur amour est plus épuré. N'en croyez rien. C'est bien le même, puisqu'il n'y en a pas deux. Tout ce qu'il trouve à dire, c'est que, leur âme étant « vêtue d'une chair éthérée », l'amour de Faustus et de Stella est affranchi de la pudeur. Mais cela même est une imagination terrestre : l'amour de Daphnis et de Chloé, celui d'Adam et d'Eve avant la pomme, sont aussi « affranchis de la pudeur. » (pour d'autres raisons, il est vrai). L'amour de Faustus et de Stella, c'est bien encore, au fond, l'amour des pastorales et des idylles. Et le dernier vers de Stella semble presque traduit de l'*Oaristys* :

Je m'abandonne entière, épouse, à mon époux.

Et ici j'ai envie de chercher querelle à M. Sully-Prudhomme. Lui, si pur, si délicat, si tendre ! la matérialité de son rêve me déconcerte et me scandalise. Ne trouvez-vous pas que son paradis ressemble fort, jusqu'à présent, au paradis de Mahomet ? La seule différence, c'est que Faustus reste monogame. Mais, enfin, Faustus et Stella boivent et mangent, respirent des parfums, regardent de beaux spectacles, entendent de bonne musique, dorment ensemble dans les fleurs, et puis c'est tout. — Trouvez mieux ! me dira-t-on. — Eh bien ! oui, on pouvait peut-être mieux trouver. Il ne m'eût pas déplu, d'abord, que le poète éliminât de son paradis l'amour charnel, parce que c'est un bien trop douteux, trop rapide, mêlé de trop de maux, précédé de trop de trouble, suivi de trop de dégoût... J'ose presque dire que M. Sully-Prudhomme n'a pas su transporter dans son Eden les meilleurs et les plus doux des sentiments humains. Il y a, même ici-bas, des bonheurs qui me semblent préférables à celui de

Faustus et de sa maîtresse. Il y a, par exemple, le désir et la tendresse avant la possession, ce que M. Sully-Prudhomme lui-même appelle ailleurs « le meilleur moment des amours ». Il y a la paternité, c'est-à-dire la douceur du plus innocent des égoïsmes dans le plus complet des désintéressements. Il y a aussi de suaves commerces de cœur et d'esprit entre l'homme et la femme; l'amitié amoureuse, qui est plus que l'amour, car elle en a tout le charme, et elle n'en a point les malaises, les grossièretés ni les violences : l'ami jouit paisiblement de la grâce féminine de son amie, il jouit de sa voix et de ses yeux, et il retrouve encore, dans sa sensibilité plus frémissante, dans la façon dont elle accueille, embrasse et transforme les idées qu'il lui confie, dans sa déraison charmante et passionnée, dans le don qu'elle possède de bercer avec des mots, d'apaiser et de consoler, la marque et l'attrait mystérieux de son sexe. Et il y a aussi les songes, les illusions, les superstitions, les manies mêmes, d'où viennent aux hommes leurs moins contestables plaisirs.

Rien de tout cela dans le paradis de Sully-Prudhomme. Et ce n'est point un reproche, car il ne pouvait l'y mettre. Le bonheur de Faustus et de Stella impliquait, par définition, la connaissance de la vérité et excluait l'erreur, si chère aux hommes pourtant, et si bienfaisante quelquefois. Et quant aux autres joies dont je parlais tout à l'heure, songez que ce sont presque toutes des joies spéciales, des aubaines individuelles, et que l'infortuné poète s'était imposé le devoir de décrire le bonheur *en général*. Faustus et Stella sont des êtres abstraits, qui représentent tous les hommes et qui ne sauraient éprouver des jouissances particulières. Dès lors, le poète ne pouvait faire que ce qu'il a fait ; il n'avait d'autre ressource que de nous peindre les plaisirs des sens, et, parmi ces plaisirs, ceux qui sont le plus universellement connus et recherchés. Mais, justement, nul poète peut-être n'était plus impropre à cette tâche que l'auteur des *Epreuves* et de *la Justice*. Il avait contre lui la tournure philosophique de son esprit et l'austérité naturelle de sa pensée.

Et ainsi vous voyez le résultat. Il fallait tout au moins, pour nous donner vraiment l'impression du bonheur, réunir comme en un faisceau tous les plaisirs des sens : M. Sully-Prudhomme, trop fidèle à ses habitudes d'analyse, procède méthodiquement, divise ce qu'il faudrait ramasser, étudie successivement les sensations du goût, de l'odorat, de la vue, de l'ouïe et du toucher. — Puis, cette description du bonheur de tous les sens à la fois, il fallait qu'elle fût ardente, caressante, enveloppante, voluptueuse ; qu'il y eût de la flamme, et aussi de la langueur, de la mollesse et quelquefois de l'indéterminé dans les mots. — Or, M. Sully-Prudhomme est le moins sensuel et le plus précis des poètes : il pense et définit au lieu de sentir et de chanter. Tandis que dans ses vers serrés, tout craquants d'idées, il décompose le bonheur de Faustus et de Stella, nous nous disons que Faustus et Stella doivent s'ennuyer royalement... Voulez-vous un exemple ? C'est au moment où les deux bienheureux vont s'enlacer :

L'âme, vêtue ici d'une chair éthérée,
Sœur des lèvres, s'y pose, en paix désaltérée,
Et goûte une caresse où, né sans déshonneur,
Le plaisir s'attendrit pour se fondre en bonheur.

Ces vers sont nobles et beaux ; ils sont remarquables de netteté, de justesse et de concision. Mais ils ne parlent qu'à l'esprit ; ils ne « chatouillent » pas, pour parler comme Boileau. Ce vaste poème sur le bonheur est sans volupté et sans joie. Il y a plus de bonheur senti dans tel hémistiche de Ronsard ou de Chénier, dans telle page de *Manon Lescaut* ou de *Paul et Virginie* ou même de quelque roman inconnu et sans art, que dans ces cinq mille vers d'un très grand poète.

Mais cela même devient, par un détour, extraordinairement intéressant. J'aime cet effort désespéré d'un poète triste et lucide pour exprimer l'ivresse et la joie. Le poème du bonheur devient le poème du désir impuissant et de la mélancolie incurable. En somme, nous n'y perdons pas.

J'ai dit que, dans la pensée de M. Sully-Prudhomme, la science faisait partie du bonheur idéal. Faustus, après le parfait contentement de ses sens, a la joie plus haute de connaître la vérité. Quelle vérité ? — C'est, hélas ! la même histoire que dans la première partie du poème. Faustus jouissait comme nous jouissons : il sait ici ce que nous savons, et le poète ne pouvait, en effet, que lui prêter une science humaine. Il sait ce qu'ont pensé et découvert les philosophes anciens et modernes, d'Empédocle à Schopenhauer, et d'Euclide à Claude Bernard. C'est beaucoup, et c'est peu. Pascal, qu'il retrouve dans son froid paradis, a beau lui dire : « Ne cherche pas davantage ; l'homme, dans cette vie nouvelle, connaît tout, hormis la cause première :

La cause où la nature entière est contenue
Outrepasse la sphère où l'homme est circonscrit,
Elle est l'inabordable et dernière inconnue
Du problème imposé par le monde à l'esprit. »

Il est bon, là, Pascal ! Mais c'est justement cette « dernière inconnue » que nous voudrions saisir. Je dirais presque : — Qu'importe que nous connaissions plus ou moins complètement la série des causes secondes, si la cause première doit nous échapper à jamais ? M. Sully-Prudhomme accorde la science parfaite à Faustus, et, dans le même temps, il lui interdit (forcément) la seule notion qui constituerait la science parfaite.

A part cette inconséquence, — d'ailleurs inévitable comme toutes les autres, — les trois grands morceaux sur *la Philosophie antique*, sur *la Philosophie moderne* et sur *les Sciences*, sont de pures merveilles. Les divers systèmes philosophiques et les principales découvertes de la science y sont formulés avec un éclat et une précision où nous goûtons à la fois la force de la pensée et une extrême adresse à vaincre d'incroyables difficultés. Cela tient du tour de force? Soit. Ce n'est que de la poésie mnémotechnique? Mais cette poésie-là a de nobles origines. Hésiode et Théognis l'ont pratiquée ; et l'on demeure stupéfait de tout ce qu'elle contient et résume ici. Au reste, elle n'exclut pas le mouvement ni la vie. L'histoire de la philosophie antique est menée comme un drame ; et quelle plus juste et plus expressive image que celle-ci (après la chanson des Epicuriens) :

... Soudain, quand la joyeuse et misérable troupe
Ne se soutenait plus pour se passer la coupe,
Une perle y tomba, plus rouge que le vin...
Ils levèrent les yeux : cette sanglante larme
D'un flanc ouvert coulait, et, par un tendre charme,
Allait rouvrir le cœur au sentiment divin.

Et je ne sais rien de plus beau, de plus riche de sens et de poésie, de plus saisissant par la grandeur et l'importance de l'idée exprimée, et en même temps par la simplicité superbe et la rapidité précise et ardente de l'expression, que ces trente vers où nous est rendue présente, comme dans un large éclair, la suprême découverte de la science et la conception la plus récente de l'unité du monde physique.

Combien sur le vrai fond des choses
La forme apparente nous ment !
Le jeu changeant des mêmes causes
Emeut les sens différemment ;
Le pinceau des lis et des roses
N'est formé que de mouvement ;
Un frisson venu de l'abîme,
Ardent et splendide à la fois,
Avant d'y retourner anime
Les blés, le sang, les fleurs, les bois.
Ce vibrant messager solaire
Dans les forêts couve, s'endort
Et se réveille après leur mort
Dans leur dépouille séculaire,
Noir témoin des printemps défunts,
Qui nous réchauffe, nous éclaire
Et nous rend l'âme des parfums !
Dans l'aile du zéphir qui joue,
Dans l'armature du granit,
Roi des atomes, il les noue,
Les dénoue et les réunit.
La terre mêle à son écorce
Ce Protée en le transformant
Tour à tour, de chaleur en force,
En lumière, en foudre, en aimant.

Soleil ! gloire à toi, le vrai père,
Source de joie et de beauté,
D'énergie et de nouveauté,
Par qui tout s'engendre et prospère !

Peut-être ai-je trop querellé Faustus sur son prétendu bonheur. Mais voici qu'il me donne lui-même raison. Tandis qu'il menait, sur les gazons de sa planète paradisiaque, son éternelle et pâle idylle, la plainte de la Terre montait dans les espaces, frôlant les astres, et cherchant partout la justice. Et vraiment, cette plainte, revenant à intervalles réguliers, nous avait semblé plus belle que les froides effusions des deux bienheureux. Un jour, Faustus entend cette voix des hommes et la reconnaît. Et tout de suite, sa félicité lui pèse, parce qu'il ne l'a pas assez méritée. Une chose lui manque : la joie, la fierté de l'effort et du sacrifice accompli.

Car l'homme ne jouit longtemps et sans remords
Que des biens chèrement payés par ses efforts...
Il n'est vraiment heureux qu'autant qu'il se sent digne.

Or, à partir du moment où Faustus redevient un homme et recommence à souffrir, je n'ai plus qu'à admirer. Les magnifiques lamentations de la race humaine, l'éveil de la mémoire et de la pitié de Faustus au bruit de cette plainte qui passe, la scène où, assis près de Stella, il cherche au firmament son ancienne patrie, la terre ;

(Je me rappelle cet enfer...
Et cependant je l'aime encore
Pour ses fragiles fleurs dont l'éclat m'était cher,
Pour tes sœurs dont le front en passant le décore.)

les dialogues où il exprime à Stella les inquiétudes de sa conscience et son dessein de redescendre sur la terre pour faire profiter les pauvres hommes de ce qu'il a appris dans un monde meilleur, et même, s'il le faut, pour souffrir encore avec eux... il y a dans tout cela une émotion, une beauté du sentiment moral, et comme un sublime tendre où M. Sully-Prudhomme avait à peine encore atteint dans ses meilleures pages d'autrefois...

Donc la Mort ramène sur la terre Faustus et Stella. Trop tard. La planète humaine voyage depuis si longtemps que l'humanité a disparu du globe terrestre : des strophes colorées (d'une imagination nette, mais peut-être un peu courte) nous le montrent entièrement reconquis par les plantes et par les animaux. Faustus et Stella délibèrent s'ils doivent le repeupler : ils communiqueraient leur omniscience à une humanité neuve et plus heureuse. « Non, dit la Mort : l'humanité défunte refuserait de revivre une vie exempte des tourments qui ont fait sa grandeur. » Et sur son aile, à travers les constellations, elle remporte les deux amants, parfaitement heureux désormais, puisque, s'ils n'ont pu accomplir le sacrifice, ils l'ont du moins tenté.

La conclusion est bien celle que j'indiquais au commencement. Faustus lui-même juge le bonheur dont il jouissait avant son sacrifice moins désirable que l'antique destinée humaine... C'était déjà la conclusion des *Destins*. Le monde, qui est mauvais, est bon néanmoins, puisqu'il ne peut être conçu meilleur sans déchéance. Ce poème du *Bonheur*, qui se déroule dans les astres, nous enseigne que le bonheur est sur la terre. (Et pourtant !)... C'est donc un avortement en cinq mille vers du rêve d'une félicité supra-terrestre et, si vous voulez, une grandiose, involontaire et douloureuse tautologie... Que serait donc un poème qui aurait pour titre : *le Malheur* ? Le même apparemment, sauf le ton. Cela est très instructif.

Je n'ai prétendu donner, sur l'œuvre nouvelle de M. Sully-Prudhomme, qu'une première impression. *Le Bonheur* est (avec *la Justice*) un des plus vastes efforts de création poétique qu'on ait vus chez nous depuis les grands poèmes de Lamartine et de Hugo. Ces livres-là se relisent ; et l'impression qu'on en a eue d'abord peut se corriger, se compléter et s'éclaircir. Je n'ai donc pas tout dit, ni même peut-être ce qu'il y avait de plus important à dire.

⁂

P.-S. J'ai commis, en vous rendant compte du poème de M. Sully-Prudhomme, quelques erreurs dont je tiens à m'excuser. J'ai remarqué que la béatitude de Faustus et de Stella était purement humaine, et j'ai triomphé là-dessus. Mais le poète nous avertit lui-même que ses héros conservent intégralement, dans leur premier paradis, leur qualité d'hommes. Ainsi, page 113 :

Mais, homme, ne crains-tu d'essayer l'impossible ?

Et page 146 :

Je suis homme !... Tu sais comment me fut rendu
Ce repos que j'avais, en t'oubliant, perdu.

C'est précisément parce qu'ils demeurent *hommes* que le poète leur donne un premier paradis qui n'est qu'une terre sans intempéries. Il ne pouvait en imaginer un autre et n'en avait nulle envie. Si leur voluptueuse oisiveté finit par les lasser, c'est précisément encore parce qu'ils sont *hommes*, et qu'à ce titre Faustus se sent tourmenté par la curiosité. Pascal n'entend pas satisfaire en eux cette curiosité tout entière ; il leur explique pourquoi ils ne peuvent savoir. Bref, M. Sully-Prudhomme n'a nullement voulu dénaturer et diviniser ses héros dans cette première étape d'outre-tombe. C'est seulemen après l'achèvement de leur destinée humaine par le sacrifice qui leur prouve leur valeur morale, qu'ils dépouillent leur matérialité pour entrer dans le dernier paradis, dont le poète se résigne à ne se faire qu'une très vague idée...

— Mais alors, pourquoi l'aventure de Faustus et de Stella ne se passe-t-elle pas tout simplement sur la terre?

Enfin, voyez vous-même dans quelle mesure ces rectifications et ces explications doivent modifier l'impression que m'avait laissée le poème. Si elles ne peuvent en augmenter beaucoup la beauté poétique et plastique, elles lui restituent du moins toute sa beauté logique et de construction, si je puis dire.

ALPHONSE DAUDET

L'IMMORTEL

(*Premier article*).

16 juillet 1888.

Je tiens à dire, avant tout, que M. Alphonse Daudet n'a rien fait de plus brillant, de plus crépitant ni de plus amusant ; rien où l'observation des choses extérieures soit plus aiguë ni l'expression plus constamment inventée ; rien où il ait mieux réussi à mettre sa vision, ses nerfs, son inquiétude, son ironie... Un livre comme celui-là, c'est de la sensibilité accumulée et condensée, une bouteille de Leyde littéraire. Le plaisir qu'il vous fait est presque trop vif ; il s'y mêle un peu du malaise qu'on éprouve les jours d'orage ; on dirait, en feuilletant cette prose de névropathe, qu'il vous part des étincelles sous les doigts.

Ceci dit, et pour avoir le droit d'admirer tranquillement tout à l'heure, je commencerai par un paquet d'objections. Toutefois, il y en a une que tout le monde a faite et que je ne formule à mon tour que pour l'écarter aussitôt.

L'*Immortel* est un roman de mœurs parisiennes et en même temps une très violente satire de l'Académie. C'est là-dessus qu'on a réclamé. On a dit, ou à peu près :

— Voilà qui est, en vérité, bien outré et bien peu philosophique ; et l'Académie inspire à M. Alphonse Daudet des moqueries, des colères et des indignations singulièrement disproportionnées. Il y a, parmi les académiciens, des médiocres qui arrivent par le respect et parce qu'ils ne portent ombrage à personne ? Il y en a qui arrivent par l'intrigue, la flatterie, ou des influences de salons et des manèges féminins ? Mais quoi ! Cela se voit partout, même, il paraît, dans la politique. — Il y en a qui gardent le goût des femmes, voire des petites femmes, jusque dans un âge avancé ? C'est que les académiciens sont des hommes. — Il y en a qui sont laids ? C'est que la nature capricieuse n'a pas donné à tout le monde de noirs cheveux bouclés, un nez d'une fine courbure, de longs yeux, une tête charmante et toujours jeune de roi sarrasin. — Il y en a qui sont infirmes et cacochymes ? C'est que l'Académie ne garantit point contre les inconvénients de la vieillesse... Et encore ils sont bien trente sur quarante qui sont à peu près valides, et vingt qui ont un physique présentable, et trois ou quatre qui ont de beaux profils romains. — Il est absurde et scandaleux qu'une compagnie proprement littéraire et qui, par définition, doit compter « dans son sein » les meilleurs écrivains du temps, soit à ce point encombrée de médiocrités, et il y a pas mal de ces bonshommes à qui on aurait envie de fourrer dans les narines les branches de persil qu'ils portent sur leur collet? Mais non : il y en a une bonne moitié qui sont incontestablement des esprits ou des talents supérieurs (ce qui est une jolie proportion !), et les autres sont tout au moins de bons lettrés et, je suppose, d'honnêtes gens. Je ne vous dirai pas que « l'Académie est un salon », parce que je crois que ce mot est une bêtise, et parce qu'il ne nous importe nullement que trente-neuf messieurs très bien élevés se rassemblent de temps en temps pour causer avec politesse au bout du pont des Arts. Mais je pense, avec Anatole France, qu'il est excellent que l'Académie ne soit pas infaillible ou même soit parfois injuste dans ses choix. Car, si les membres de cette vénérable compagnie étaient *nécessairement* les quarante plus grands esprits de France, ce serait trop triste pour les autres : ils seraient jugés par là même ; tandis que, l'Académie se recrutant parfois d'une façon bizarre, on est tout de même content d'en être, et on n'est point humilié de n'en être pas. — L'Académie est, pour ceux qui y entrent, l'éteignoir du talent, la fin des belles et généreuses audaces ? Si cela est vrai (et ce ne l'est pas toujours), c'est peut-être que ceux qui se laissent éteindre par elle ne flambaient plus guère ; et on ne saura jamais si c'est elle qui leur a coupé leurs élans ou si c'est eux qui ont cessé d'en avoir. — L'institution est ridicule et surannée ? Ses rites et ses costumes sont grotesques ? L'habit vert est le plus vain des hochets ? Eh ! laissez-nous celui-là ! Il est tout au moins inoffensif, quoi que vous disiez ; et nous vivons de vanités. Faites-nous grâce, homme au cœur fort !

Ainsi les esprits, même les plus modérés, refusent d'entrer dans les sentiments de M. Alphonse Daudet. Et même il se passe ici quelque chose de curieux et de touchant. On n'est pas fâché contre M. Daudet, non ; mais on est affligé, et très sincèrement, de ses irrévérences et de son injustice. La superstition de l'Académie est si forte dans ce pays que beaucoup sont incapables de comprendre qu'un homme qui pourrait en être ne le veuille point. Et alors ils le plaignent d'être si aveugle et de repousser un si grand bien. Ils en ont la larme à l'œil. Et ils ne croient pas à sa sincérité : « Oui, ce sont de ces choses qu'on dit... Mais vous y viendrez... On finit toujours par y venir. »

Mais enfin, si pourtant M. Alphonse Daudet déteste l'Académie ?... Je m'explique. Il reconnaîtrait lui-même, si on le pressait un peu, que les académiciens ne sont pas tous des imbéciles, des intrigants, ni des invalides. Il est, d'ailleurs, personnellement ami de plusieurs d'entre eux. Qu'est-ce que cela prouve ? Tout artiste ne retient de la réalité que ce qui est conforme à son dessein ; et, en outre, toute satire est forcément injuste. Mais ici l'injustice paraît si grande qu'elle vient peut-être d'un sentiment plus profond et plus réfléchi qu'on ne croit. Et si c'est à l'institution même que M. Daudet en veut ? Pensez-vous que les raisons manquent pour cela ? Elles ne manquent jamais pour rien, les raisons. Tâchons de pénétrer celles de l'auteur de *Sapho*.

On conçoit à la rigueur qu'à une époque où tout était chose d'Etat, où s'achevait l'unité de la France, où toute son histoire aboutissait enfin à la monarchie absolue, où partout, dans les mœurs, dans les manières, dans la religion, dans les lettres, triomphait le même esprit de discipline et d'autorité, un cardinal ait eu l'idée de préposer une compagnie de lettrés à la fixation et à la conservation de la langue. Mais aujourd'hui ? dans une société si différente de l'ancienne et quand la notion même de l'Etat se trouve quasi renversée ? Quelle cuistrerie insupportable de vouloir que l'art et la littérature continuent à relever d'une sorte de tribunal revêtu d'un caractère officiel ! et quel enfantillage que ces distributions de prix, ce prolongement du collège qui assimile pour toute la vie les littérateurs à des écoliers ! Et ne dites pas : « C'est tout ce qui nous reste de l'ancienne France ; gardons une institution si vénérable par son antiquité. Il faut que vous soyez, Monsieur, tout à fait dénué du sens de l'histoire, c'est-à-dire de la faculté de trouver bon ce qui est vieux, pour insulter l'Académie ! » Eh ! la royauté aussi, et les parlements, et les corporations, et la noblesse étaient vénérables par leur grand âge ! Ne dites pas non plus : « L'Académie maintient le goût. » Quel goût ? Le sien apparemment. Mais peut-elle en avoir un, alors que ses membres en ont nécessairement plusieurs ? Et de quel droit, à quel titre définirait-elle « le goût » ? Je crois volontiers à la compétence de tel ou tel académicien : je ne puis croire à celle de l'Académie. Au reste, je crois surtout à la mienne ; et, comme je sens qu'elle ne vaut que pour moi, je tire de là des conséquences. Ne dites pas davantage que l'Académie conserve une tradition de décence et de politesse. Nous savons fort bien être décents et polis sans elle, quand on ne nous met pas en colère. Enfin, je vois que quatre ou cinq des plus grands génies littéraires de ce siècle, sans compter une douzaine de talents supérieurs, ont été repoussés ou oubliés par l'Académie. Quoi qu'on dise, cela est grave et cela me la gâte. Et j'avais tort de prétendre tout à l'heure qu'elle ne peut avoir un goût collectif et qui soit le goût académique. Seulement, ce goût ne saurait être qu'un goût moyen, entendez un goût médiocre. Et ce goût moyen, ce goût bourgeois et lâche, qui n'est peut-être pas celui de tous les académiciens, mais qui est celui de l'Académie, s'impose plus ou moins à qui veut lui plaire, et peut faire par là beaucoup de mal... S'ils avaient été préoccupés de la coupole, ni MM. Meilhac et Halévy n'auraient fait *la Grande Duchesse*, ni M. Zola n'aurait fait *l'Assommoir*, ni M. Daudet n'aurait fait *l'Immortel*...

Il est certain qu'avec tout cela, on l'aime, cette risible Académie, et que les plus fiers et les plus révoltés finissent souvent par lui faire amende honorable. Pourquoi ? Oh ! tout simplement parce qu'elle assure ceux qu'elle choisit de leur propre mérite, qu'elle le garantit solennellement, que parfois même elle l'apprend au public qui l'ignorait ; parce qu'elle donne de la considération, de l'importance, des galons, un chapeau, une épée. Mais, au fond, cela ne fait guère honneur à l'humanité ; cela montre combien nous sommes faibles et vaniteux. Que dis-je ? L'Académie est une institution radicalement immorale, puisqu'elle n'ajoute rien au vrai mérite et qu'elle en donne les apparences à l'intrigue ou à la médiocrité. Peuple ! elle te trompe, car sa fonction affirme une compétence qu'elle *ne peut* avoir... (Je songe seulement que la compétence du gouvernement est encore plus contestable sur la même matière... et, comme on m'affirme que M. Alphonse Daudet est officier de la Légion-d'Honneur, *pour ses livres*, je médite douloureusement sur les inconséquences des âmes les mieux trempées.)

Tout ce que j'ai voulu dire au bout du compte, c'est qu'il y a quelque chose d'aussi outré, pour le moins, dans les reproches amers ou tendres adressés par nombre de bonnes gens à M. Alphonse Daudet que dans les colères de celui-ci contre l'institution des Quarante. Je me hâte d'ajouter que j'ai la modestie de ne point partager les sentiments de M. Daudet. Car, pour les partager, il serait bon d'être aussi fort, aussi austère et aussi évidemment désintéressé que lui. (C'est ce qu'ont oublié quelques chroniqueurs farouches, de ceux qui vont criant : « Ne coupez pas les ailes au génie », comme s'ils étaient personnellement menacés.) Mais je reconnais à M. Daudet (et c'est singulier d'avoir à dire une chose si simple) le droit d'éprouver ces sentiments ; je le lui reconnais avec entrain, et je suis enchanté qu'il les ait éprouvés, puisqu'il en a fait ce livre, et qu'il a su répondre si crânement, à travers deux siècles et demi, aux *Sentiments de l'Académie sur le Cid* par les *Sentiments de Tartarin sur l'Académie*.

Tartarin, c'est ici Védrine, le bon, le fier, le génial Védrine. Et c'est maintenant que commencent mes objections, à moi. Védrine ne me plaît pas énormément. C'est lui qui éreinte tout le temps l'Académie et qui tire la morale de l'histoire. J'aimerais que l'éreintement se fît uniquement par le récit et les tableaux, et que la morale s'en dégageât d'elle-même. Le livre y gagnerait, à mon sens ; et les malveillants auraient moins beau jeu à l'accuser de puérilité et d'injustice. Déjà M. Emile Zola, dans *l'Œuvre*, nous avait montré un romancier qui était, à n'en pas douter, M. Zola en personne ; et ce romancier était fort, était généreux, était magnanime : une manière de bon Dieu ! De même le sculpteur Védrine. Il a tout : du génie, des vertus, une femme qui l'adore, des enfants d'une beauté merveilleuse. Il n'aime pas l'argent. Il transperce les hommes de son regard, il sonde les reins et les cœurs. Il morigène, il fustige, il stigmatise. Quelquefois aussi, il bénit. Du bateau où il croque des paysages, pendant que ses beaux enfants « pétris d'amour et de lumière » s'ébattent sur la rive, il tend ses mains de christ aux jeunes générations... Avec tout cela, je crois bien qu'il lui arrive de dire des sottises, — des sottises de rapin échauffé, d'artiste à grande barbe et à grands gestes. Le malheureux a conservé cette illusion, que c'est la faute de l'Université s'il n'y a pas plus d'esprits originaux en France, et qu'un professeur de rhétorique est un homme qui s'est donné pour tâche d'étouffer le génie chez les pauvres potaches confiés à ses soins. Ecoutez-le parler du père Astier-Réhu : « Ah ! le saligaud, nous a-t-il assez raclés, épluchés, sarclés... Il y en avait qui résistaient au fer et à la bêche, mais le vieux s'acharnait des outils et des ongles, arrivait à nous faire tous propres et plats comme un banc d'école. Aussi regarde-les, ceux qui ont passé par ses mains, à part quelques révoltés comme Herscher qui, dans sa haine du convenu, tombe à l'excessif et à l'ignoble, comme moi qui dois à cette vieille bête mon goût du contourné, de l'exaspéré, ma sculpture en sacs de noix, comme ils disent... tous les autres, abrutis, rasés, vidés... » Bien candide, ce bon Védrine... J'ai eu l'honneur d'être professeur de rhétorique, ce qui est un métier fort amusant ; et je jure devant Dieu que je n'ai jamais étouffé le génie et que je n'ai jamais vu personne l'étouffer autour de moi...

Tous les autres personnages sont, à des degrés divers, vivants et vrais ; mais quelques-uns avec un peu d'inattendu et comme des trous, des solutions de continuité dans leur psychologie,

Voici l'historien Astier-Réhu. Oh ! nous savons tout de suite que c'est un imbécile, et « quel pauvre cerveau de paysan laborieux, quelle étroitesse d'intelligence cachent la solennité de ce lauréat académique fabricant d'in-octavos, sa parole à son d'ophicléide faite pour les hauteurs de la chaire », Mais M. Alphonse Daudet le hait d'une haine si féroce, qu'il oublie de nous dire que cet imbécile est un fort honnête homme, et que je le prenais, moi, de la meilleure foi du monde, sinon pour un vieux gredin, du moins pour un fort plat personnage. Or, dans toute la seconde partie du roman, il fait un tas de choses fort au-dessus de la probité moyenne, et qui semblent même partir d'une âme vraiment haute. Et certes on peut être à la fois une vieille bête et un très honnête homme ; mais, je ne sais comment cela se fait, je n'étais point préparé du tout aux belles actions d'Astier-Réhu. Quand j'ai vu tout à coup cet

Auvergnat éclater d'indignation parce que son fils doit épouser une femme qui a vingt ans de plus que lui et qui a eu un amant, mais qui est duchesse, très belle, influente et prodigieusement riche, ma surprise n'a pas été mince. Je l'aurais cru moins insensible, je ne dis pas à l'argent, mais aux titres, aux marques extérieures de la puissance : je m'étais trompé. C'est sans doute ma faute ; et lorsque, ensuite, je l'ai vu si digne dans l'affaire des faux autographes, si décidé à braver le ridicule, à sacrifier sa réputation et toute sa vie à la justice et à la vérité, je n'ai plus eu d'étonnement. Mais il m'en est revenu un peu, je l'avoue, à le voir se jeter à la Seine du haut du pont des Arts... Oui, je sais, le retour chez lui, les propos atroces de sa femme ont achevé de le désespérer et de l'affoler... Mais il m'avait si bien paru jusque-là qu'Astier-Réhu n'était point de ceux qui se suicident ! Car enfin, quoi qu'il lui soit arrivé, il reste académicien, secrétaire perpétuel, logé à l'Institut ; et les choses s'oublient, et dans huit jours on ne songera plus à son affaire, ou même sa loyauté et son courage lui auront ramené des défenseurs... Vous me direz que, au moment de son suicide, il est revenu de tout, même des vanités académiques... Mais justement il m'avait donné l'idée d'un homme absolument incapable de revenir jamais de certaines vanités. Bref, j'ai des doutes.

Peut-être en aurais-je moins, si M. Daudet avait moins accablé de ses mépris, au commencement, cet excellent cuistre, et s'il l'avait considéré avec moins d'antipathie et plus de sérénité. Moi, les Astier-Réhu ne me sont point si odieux. Il peut y avoir de la bonhomie et il y a toujours de la candeur dans leur pédantisme et dans leur étroitesse d'esprit... Enfin, n'en parlons plus.

De même, quand la sèche et sifflante Mme Astier l'attend à la fin pour lui jeter sa haine à la figure et pour lui apprendre que, s'il est arrivé à l'Académie, c'est qu'elle s'en est mêlée (... Et elle précisait les détails de son élection, lui rappelait son fameux mot sur les voilettes de Mme Astier, qui sentaient le tabac, malgré qu'il ne fumât jamais... « un mot, mon cher, qui vous a rendu plus célèbre que tous vos livres »), je cherche quel intérêt peut avoir une personne si fine à désespérer et à chasser d'auprès d'elle un mari qui ne serait rien sans elle, il est vrai, mais sans qui elle serait moins encore. Et, si vous répondez que la colère l'emporte, je m'étonne donc qu'elle se possède si bien dans tout le reste du livre. Ou bien alors, je demande comment il se fait que cette femme si avisée et qui a tant de pouvoir sur son mari ne l'ait pas empêché, à tout prix et par tous les moyens, d'intenter le risible procès où doit sombrer une considération dont elle a sa part. Là encore j'ai des doutes.

Et j'en ai de plus sérieux encore sur la vraisemblance de l'aventure d'Astier-Réhu et d'Albin Fage. M. Alphonse Daudet m'alléguera celle d'Emile Chas-

les et de Vrain-Lucas. Mais le maniaque Emile
Chasles était un mathématicien qu'aucune étude
antérieure n'avait pu prémunir contre les mystifications dont il fut victime. Le cas d'Astier-Réhu n'est
point le même. Astier-Réhu a été professeur d'histoire ; il est, je suppose, agrégé d'histoire et docteur
ès lettres pour une thèse historique. Cela veut dire
qu'il sait son métier. Quoiqu'il ne soit qu'un imbécile, il connaît certainement les méthodes de vérification des manuscrits ; il n'est point nécessaire
d'être un aigle pour les savoir et les appliquer...
L'Académie peut bien faire encadrer l'autographe de
Rotrou, parce qu'elle n'y regarde pas de très près,
parce qu'elle est un corps et que les corps sont toujours bêtes. Mais Astier-Réhu, si simple qu'il soit,
ne peut être à ce point la dupe de Fage. D'ailleurs,
il a publié des livres d'histoire qui ont été lus, jugés,
épluchés par les rédacteurs de la *Revue historique*,
de la *Revue critique* et du *Journal des savants*, et ni
M. Gabriel Monod, ni M. Fustel de Coulanges, ni
M. Paul Meyer, ni M. Ernest Lavisse, ni M. Sorel, ni
M. Guiraud ne se seraient laissés prendre aux pièces fabriquées par l'astucieux bossu. L'aventure
d'Astier-Réhu me paraît tout bonnement *impossible*.
M. Daudet, parti d'un fait vrai, l'a rendu totalement
invraisemblable et faux parce qu'il en a changé
toutes les conditions. Il est fâcheux que le principal
épisode de son roman repose sur cette impossibilité
radicale.

(*Deuxième article.*)

20 août 1888

J'ai attendu, pour vous reparler de *l'Immortel*, qu'on en parlât un peu moins et que l'on pût enfin s'apercevoir qu'il y a peut-être dans le dernier roman de M. Alphonse Daudet autre chose qu'une satire de l'Académie.

Le spectacle a été des plus divertissants pendant un mois. On a pu voir, au tapage qui s'est produit, à quel point nous avons la superstition académique dans les moelles. Cela est consolant. Il y a donc encore du respect en France, et quelque attache au passé, à la tradition. Il me paraît même que les colères soulevées par *l'Immortel* ont été aussi disproportionnées que les sentiments de M. Alphonse Daudet sur l'Académie.

Ou plutôt, non; ces colères étaient justifiées. Car, enfin, on avait bien vu des hommes de lettres conspuer l'Académie dans leur jeunesse, quand elle ne songeait pas à eux, et y entrer dans leur âge mûr; mais on n'avait jamais vu, que je sache, un écrivain, n'ayant qu'un signe à faire pour y entrer, déclarer publiquement qu'il ne voulait pas en être, et, l'Académie lui ayant pardonné, renouveler cette impertinente déclaration. On a beau dire, cela est unique. Je ne sais pas si c'est détachement chrétien, ou comble d'orgueil, ou esprit de contradiction, ou crainte de déplaire à des amis envers qui l'on se croit engagé. Je ne prétends même pas que tant de protestations soient d'un goût très distingué. J'irai même plus loin : je crois qu'un pauvre diable médiocre et correct, ou génial et malchanceux, mais académisable à la rigueur, aurait, en dépit des apparences, plus de mérite que M. Alphonse Daudet à conspuer l'Académie ; car elle pourrait lui apporter quelque chose à lui, et, la repoussant, il repousserait de réels avantages. Mais M. Alphonse Daudet, renonçant au fauteuil qu'on lui tenait tout prêt, ne renonce à rien, puisqu'il a déjà tout, « la gloire et la fortune », comme dans la chanson. Il lui est trop commode de mépriser ce que tous les autres désirent. Ce qu'il en fait, c'est pour nous ennuyer. C'est malice pure, plaisir d'insulter au plus innocent de nos préjugés et à la plus durable de nos institutions nationales. Cela est mal ; cela n'est point charitable.

Mais, je le répète, c'est unique : à tel point que beaucoup refusent obstinément de croire à la sincérité de M. Daudet, ou prétendent qu'il a des regrets, tout au fond. Moi, la nouveauté de cette conduite m'intéresserait plutôt, et me rangerait du parti de l'impie. Mais voilà! je crains qu'il ne soit trop profondément satisfait de sa manifestation et de tout ce qui s'en est suivi. « Eh bien, c'est une assez bonne pierre dans la mare aux grenouilles ! Ils en crient encore au bout d'un mois », a-t-il dit à l'un de ses compatriotes. Je songe là-dessus : « Croit-il donc avoir fait quelque chose de si héroïque, de si terrible et de si original? » Et alors je ne suis pas fâché du bon tour que lui joue ce gros malin de M. Zola en rendant hommage à la tradition, juste au moment où ce méchant tsigane la piétine.

— Tsigane, lui? cet homme dont le premier roman a été précisément couronné par l'Académie, cet écrivain de vie si bourgeoise et qui est notoirement un si bon père de famille? — Tsigane, oui. D'abord, parce qu'il le dit. Ensuite, parce que je le crois. Tsigane à Nîmes, à Lyon; tsigane à Paris, dans sa prime jeunesse.

Ainsi tout s'arrange, dès qu'on reconnaît au Romanichel qui vit toujours secrètement dans la peau de l'ancien Petit Chose le droit d'être un Romanichel. Ce qui m'embarrassait dans cette affaire, c'est que, sans rien perdre d'ailleurs de son grand talent, M. Alphonse Daudet avait été amené à nous révéler, dans *l'Immortel*, des sentiments, ou plutôt une disposition d'esprit, une philosophie générale, dont je me sens, pour ma part, fort éloigné. — Oui, ce qu'il y a au fond, dans ce roman anti-académique, c'est, comme l'a fait remarquer M. Ferdinand Brunetière, le mépris, la haine et peut-être l'inintelligence du passé et des traditions qui en maintiennent le respect.

M. Alphonse Daudet juge la besogne d'un Astier-Réhu inutile et grotesque, et il considère Astier-Réhu comme un odieux imbécile. Or, il est certain que, si un type analogue à cet académicien avait été conçu par Dickens ou Georges Elliot, ils en auraient fait un délicieux bonhomme, et beaucoup plus touchant que ridicule. Moi-même, je ne comprends rien du tout au mépris enragé de M. Daudet pour ce digne et honnête professeur et pour tous ses pareils. Comment un romancier peut-il rétrécir à ce point sa sympathie et ses facultés compréhensives?... L'auteur de *l'Immortel* est bien le même homme que j'ai entendu traiter Racine de haut en bas, parce que Racine exprime rarement des choses concrètes, et qui disait n'avoir retenu, de tout Tacite, qu'une phrase pittoresque sur les funérailles de Britannicus. Une telle disposition d'esprit est évidemment pour déplaire à ceux qui goûtent et essayent de comprendre les formes de la vie et de l'art dans le passé, qui y séjournent volontiers, qui y trouvent autant d'intérêt qu'au spectacle de la vie contemporaine, qui voient dans l'Académie soit une institution vénérable et salutaire, soit même une absurdité charmante, — et qui ne sont pas pour cela des cuistres ni des snobs, qui ont même quelque chance d'avoir une sagesse plus détachée et plus libérale que cet éternellement jeune Petit Chose.

M. Alphonse Daudet est un artiste hypnotisé par le présent. Les impressions qu'il reçoit des objets sont si vives qu'il n'existe pour ainsi dire pas en dehors d'elles. Il a, de plus, reçu le don de les traduire dans une langue si fébrilement expressive, que tout lui paraît languir à côté de ce mode de traduction. Etant doué de façon si particulière, il est nécessairement étroit et intransigeant (quoiqu'il lui soit arrivé, je le sais, de faire effort pour élargir ses sympathies). Il ne s'aperçoit pas qu'il y a autant de pédants impressionnistes et modernistes que de pédants académiques, et que les premiers ne sont pas toujours les moins bornés ni les moins déplaisants... Qu'est-ce que cela fait si, grâce à sa myopie, qui n'est qu'une vision intense des choses rapprochées, il nous fait, du monde où nous vivons, des peintures, éparses sans doute et fragmentaires, mais dont le relief et la couleur vibrante n'ont jamais, je crois, été égalées ? Gardons notre sagesse et laissons-lui la sienne. Il vaut mieux qu'il soit comme il est ; car, s'il pensait comme nous, il ne serait, tout au plus, qu'un stérile dilettante, et cela nous est tout à fait égal qu'il méprise les bons et utiles Astiers-Réhus, et qu'il n'aime pas la tragédie, puisqu'il écrit *le Nabab* et *Sapho*.

C'est un écrivain infiniment curieux. Intense, outrée, intermittente et comme émiettée, telle est d'ordinaire sa traduction de la vie. Ce qu'il rend toujours, et qu'il communique, c'est l'impression directe, immédiate, des choses. Il est, je crois, l'écrivain le plus sincèrement « réaliste » qui ait été. Le réaliste, c'est lui, et non M. Zola, je l'ai répété maintes fois. Sa façon même de composer, l'absence de liaison continue dans le développement de ses personnages, en est une preuve. Et, par contre, c'est parce que M. Zola observe sommairement, parce qu'il construit ses romans *à priori* et subordonne à ses conceptions les rares remarques qu'il a pu faire sur le vif, c'est pour cela que ses récits ont une si forte unité, sont d'une si large coulée, — et rappellent les belles œuvres classiques en dépit des ordures qu'il y entasse. Mais les livres de M. Daudet, construits uniquement sur des impressions notées, participent du décousu de ces impressions, en même temps qu'ils en conservent l'incomparable vivacité.

Chacun de ses personnages ne nous est présenté que dans les instants où il agit ; et il n'est pas un de ses sentiments qui ne soit accompagné d'un geste, d'un air de visage, commenté par une attitude, une silhouette. C'est à cause de cela qu'ils nous entrent si avant dans l'imagination et qu'ils nous restent dans la mémoire. Entre ces apparitions, rien. C'est à nous de faire ou de supposer les liaisons nécessaires. Jamais de ces analyses de sentiments faites par l'auteur *ex professo*, et qu'on retrouve même chez Flaubert et les Goncourt; jamais de « morceau psychologique ». Ces personnages ne vivent que dans les minutes où nous les voyons. Mais alors comme ils vivent! Cela n'a qu'un inconvénient: nous avons parfois quelque peine à accorder parfaitement entre elles ces apparitions trop espacées. Je croyais, l'autre jour, voir des trous dans le développement du caractère d'Astier-Réhu et de Mme Astier. Je n'avais pas fini et j'oubliais la duchesse. Vous vous rappelez comment ce jeune « struglifeur » de Paul Astier se fait épouser par cette Corse altière et passionnée. Aux chapitres XII et XIII, elle est encore très belle, et l'on nous apprend que ses bras et sa gorge se tiennent fort bien. Elle est, du reste, éperdument amoureuse. Et maintenant tournez quelques feuillets, et voyez au dernier chapitre le récit du mariage :

« Et Védrine disait son saisissement en voyant paraître, dans cette salle de mairie, la duchesse Padovani, pâle comme une morte, navrée, désenchantée, sous une toison de cheveux gris, ses pauvres beaux cheveux qu'elle ne prenait plus la peine de teindre. A côté d'elle, Paul Astier, Monsieur le comte, souriant et froid, toujours joli... On se regarde, personne ne trouve un mot, excepté l'employé, qui, après avoir dévisagé les deux vieilles dames, éprouve le besoin de dire en s'inclinant, la mine gracieuse :

— Nous n'attendons plus que la mariée...

— Elle est là, la mariée, répond la duchesse s'avançant la tête haute.

« ... Puis la sortie, de froids saluts échangés entre les arcades du petit cloître, et le soupir soulagé de la duchesse, son : « C'est fini, mon Dieu! » avec l'intonation désespérée de la femme qui a mesuré le gouffre et s'y jette les yeux ouverts, pour tenir un engagement d'honneur. »

Comprenez-vous? Si la fière duchesse n'aime plus son architecte, pourquoi l'épouse-t-elle? Parce qu'elle l'a promis? Allons donc! Ou bien si, tout en le jugeant, elle l'aime encore, il est bien singulier qu'elle ait perdu subitement tout souci de lui plaire... Je ne dis point que tout cela soit inexplicable ; je voudrais que tout cela me fût expliqué. Que s'est-il donc passé enfin, soit entre les deux amants, soit dans l'âme de Mari' Anto, depuis le moment où nous l'avons vu sauter à cheval pour rattraper son joli jeune homme à la station?...

Cette horreur de tout développement suivi, de tout éclaircissement qui n'est pas en action, est si forte chez M. Alphonse Daudet que, lorsqu'il est obligé de nous donner, pour établir son « milieu », certaines explications un peu longues, il n'hésite pas à employer l'artifice d'une correspondance ou d'un journal. C'est ainsi qu'il imagine, dans le *Nabab*, les mémoires de Passajon, et, dans *l'Immortel*, les lettres du candidat Freydet à sa sœur. Cet artifice détonne étrangement dans des livres où le souci de la vérité est, partout ailleurs, si évident. Car il se trouve que Freydet et même Passajon ont l'œil et le style de M. Daudet, ce qui nous déconcerte un peu. Mais tout lui paraît préférable à l'exposition liée, unie, discursive. (Croyez-vous cependant que nous ne nous intéresserions pas davantage au candidat Freydet, si l'éducation, la jeunesse, le passé de ce hobereau homme de lettres nous étaient racontés tout tranquillement, tout bellement, à la papa?)

Mêmes intermittences dans la marche de l'action que dans la vie des personnages. Ici, trois actions qui s'entrecoupent : l'histoire des grandeurs et de la chute d'Astier-Réhu ; l'histoire de la candidature académique d'Abel de Freydet et des progrès de la maladie verte chez ce brave garçon ; l'histoire des manœuvres de Paul Astier à la poursuite d'un grand mariage. Et, sans doute, on voit aisément le lien des deux premières, puisqu'elles se rapportent toutes deux à l'Académie. Il n'est pas non plus difficile de reconnaître que l'histoire du fils se rattache à celle du père par un effet de contraste. Même il y a, dans les rencontres de ce père et de ce fils, qui n'ont pas une idée en commun, un dramatique froid navrant qui serre le cœur (et qui serait peut-être doublé si l'auteur semblait moins persuadé qu'Astier-Réhu n'est qu'une horrible vieille bête)... Mais enfin cette unité secrète, intérieure du livre, M. Alphonse Daudet s'est si peu donné la peine de nous la rendre sensible, que nous pourrions presque affecter de ne pas l'apercevoir. J'ai hâte de dire que cette façon de composer ne me choque point. Elle se rapproche de la réalité des choses, où nulle action ne se poursuit isolément, où toutes s'enchevêtrent. Je n'ai voulu que constater ce retour de M. Alphonse Daudet aux procédés de *Nabab*, après l'effort de l'*Evangéliste* et de *Sapho* vers la classique unité d'action.

Troisièmement : même absence de liaison apparente dans le style que dans les caractères et dans la composition du livre. Pas une phrase pleine, ronde, de tour oratoire ou didactique. C'est une dislocation ou, pour mieux dire, un émiettement, un poudroiement. Jamais on n'a fait un si prodigieux usage de toutes les « figures de grammaire » abréviatives, de l'anacoluthe, de l'ellipse et de ce qu'on appellerait, s'il s'agissait de latin, l'ablatif absolu. Des notations brèves, rapides, saccadées, toc-toc, comme autant de secousses électriques. Pas un poncif ; une attention scrupuleuse, maladive, à traduire la sensation immédiate des objets par le moins de mots possibles et par les mots ou les concours de mots les plus expressifs. C'est une continuelle invention de style, si audacieuse, si frémissante et si sûre que, les meilleures pages de Goncourt mises à part, on n'en a peut-être pas vu de pareilles depuis Saint-Simon. Astier-Réhu oserait dire que c'est une perpétuelle hypotypose.

J'ouvre au hasard (et je vous assure que ce n'est point ici une formule) :

« Pour midi, la messe noire (*essayez de dire la chose en moins de mots; et encore il y a une image !*)

et, bien avant l'heure, un monde énorme affluait autour de Saint-Germain-des-Prés, la circulation interdite (*ablatif absolu*), les seules voitures d'invités ayant droit d'arriver sur la place agrandie (*c'est une sensation que vous avez certainement éprouvée : une place vide, mais entourée d'une foule, paraît beaucoup plus grande ; la sensation est ici notée par un seul mot*), bordée d'un sévère cordon de sergents de ville espacés en tirailleurs (*cela encore fait image*). » Ne raillez point mes commentaires ; ne dites pas que chacune de ces « visions » est assez commune et que vous en auriez été capable. C'est possible. Mais songez qu'en voilà trois ou quatre dans la première phrase venue. C'est leur fourmillement qui est extraordinaire dans cette prose. J'ouvre encore et je lis :

« ...Et penchés, soufflant très fort, académiciens et diplomates, la nuque avancée, leurs cordons, leurs grands-croix *ballant comme des sonnailles*, montrent des *rictus de plaisir* qui ouvrent jusqu'au fond des lèvres humides, des *bouches démeublées* laissant entendre de petits *rires semblables à des hennissements*. Même le prince d'Athis humanise la courbe méprisante de son profil devant ce miracle de jeunesse et de grâce dansante qui, *du bout de ses pointes, décroche tous ces masques mondains ;* et le Turc Mourad Bey, qui n'a pas dit un mot de la soirée, affalé sur un fauteuil, maintenant gesticule au premier rang, gonfle ses narines, *désorbite ses yeux*, pousse *les cris gutturaux d'un obscène et démesuré Caragouss*. Dans ce *frénétisme de vivats*, de bravos, la fillette volte, bondit, *dissimule si harmonieusement* le travail musculaire de tout son corps que sa danse paraîtrait facile, la distraction d'une libellule, sans les *quelques pointes de sueur sur la chair gracile et pleine du décolletage* et le sourire en coin des lèvres, aiguisé, volontaire, presque méchant, où se trahit l'effort, la fatigue du ravissant petit animal. »

Je vous prie de méditer sur cette page. Je ne veux plus citer, car où m'arrêterais-je ? Je vous engage seulement à relire le dîner chez la duchesse Padovani, l'enterrement de Loisillon, le duel de Paul Astier, etc... Il y a là-dedans, avec un peu d'outrance tartarinesque, une concision puissante, une ironie à la fois très violente et très fine ; et surtout, jamais on n'a mieux su nous enfoncer les choses dans les yeux, rien qu'avec des mots. Et notez que l'effort s'arrête toujours au point extrême par delà lequel il s'en irait tomber dans le précieux ou dans le charabia impressionniste. Dans ses plus grandes audaces, M. Daudet garde un instinct de la tradition latine, un respect spontané du génie de la langue.

(Je ne puis m'empêcher, à ce propos, de vous dire combien *la Vie parisienne* m'a affligé dernièrement par son commentaire grammatical de *l'Immortel*, jugeant cette prose d'après la syntaxe du dix-huitième siècle et les principes de l'abbé le Batteux... Savez-vous les phrases que *la Vie parisienne* aurait dû relever ? Il y en a deux, sans plus ; mais elles sont atroces. Voici la première : « En cette parfaite association, sans joie... *une seule note humaine et naturelle, l'enfant ; et cette note troubla l'harmonie.* » Et voici l'autre : « ...*L'évolution* toute naturelle de la douleur débordante à ce complet apaisement *s'accentuait* ici *de l'appareil* du veuvage inconsolable, etc...).

Donc, pour tout le reste, je ne veux plus qu'aimer et admirer. Et voilà que je ne tiens plus du tout à mes critiques. On a dit que les personnages de *l'Immortel* n'étaient que des pantins fort expressifs, qu'ils n'avaient pas de « dessous ». Ces dessous ne sont pas exprimés, c'est vrai, mais la pantomime de ces véridiques et vivantes marionnettes est si juste que chacun de leurs gestes ou de leurs airs de tête nous révèle leur âme et tout leur passé ; et je ne croirai jamais qu'un romancier qui, rien qu'en notant des mouvements extérieurs et de brefs discours, a pu suggérer à M. Brunetière l'idée d'un si beau roman (*Revue des Deux-Mondes* du 1ᵉʳ août), soit un psychologue si insuffisant. Complétons ce qu'il nous donne, sans en être autrement fiers ; car ce qu'il nous donne, c'est ce que nous n'aurions pas trouvé. Au contraire, ce qui manque à son roman, je serais presque capable de l'y mettre, et le père Astier-Réhu lui-même saurait nous le dire et nous le développer... Le seul don de l'expression pittoresque, *à un pareil degré*, me fait passer aisément sur une psychologie peut-être sommaire et sur un certain manque de renanisme... Et puis, je ne sais plus. Après huit jours de soleil, voilà le froid revenu, un froid dur, brutal, noir. Nos raisins ne mûriront pas. Je n'ai rencontré ce matin, dans la campagne, que des figures tristes. Brr... je vais me chauffer à la cuisine, — aujourd'hui, 17 août.

ERNEST RENAN

LE « PRÊTRE DE NÉMI » (1).

Le grand magicien nous préparait une dernière surprise : il vient d'écrire une œuvre de foi. Telle a été mon impression dès l'abord, et elle m'est demeurée, bien que le livre ait produit sur d'autres une impression toute contraire. C'est peut-être qu'il y a plusieurs façons de lire et d'entendre M. Renan, et que, cette fois, j'ai choisi la bonne. *Le Prêtre de Némi*, contre toute attente, m'a édifié.

Sans doute vous y reconnaîtrez quelques-unes des idées que M. Renan a exprimées déjà (dans les *Dialogues philosophiques*, dans *Caliban*, dans *la Fontaine de Jouvence*, dans les *Souvenirs*, dans l'article sur Amiel); vous y retrouverez son dilettantisme, son attitude en face du monde, son âme hautaine et

(1) Cf. Les *Contemporains*, I, et *Impressions de théâtre*, I.

tendre, caressante et ironique, attirante et fuyante. Et pourtant ce n'est plus la même chose. L'œuvre est d'une beauté moins perverse (je parle ici comme un cœur simple). La préoccupation de la femme y est moins aiguë : ce n'est plus une hantise. Vous y chercherez en vain les anciennes fantaisies de négation voluptueuse, la philosophie du suicide délicieux de Prospero. Puis le doute, s'il n'est pas précisément absent du livre, y est plus austère et plus triste. Il semble enfin que, des opinions confrontées dans le drame, une affirmation se dégage, plus nette qu'on ne l'attendait de M. Renan, et qu'après nous avoir si longtemps troublés autant qu'il nous charmait, il se repose aujourd'hui dans l'espèce de certitude dont il est capable et dans une sérénité moins inquiétante pour nous.

Voilà du moins ce que j'avais cru voir ; mais je n'en étais pas absolument sûr. La préface, que j'ai lue, ensuite, m'a prouvé que j'avais bien vu. « J'ai voulu dans cet ouvrage, dit M. Renan, développer une pensée analogue à celle du messianisme hébreu, c'est-à-dire la foi au triomphe définitif du progrès religieux et moral, nonobstant les victoires répétées de la sottise et du mal. » Voyons donc sous quel aspect se présente l'acte de foi de M. Renan.

I

Qu'il a bien fait de ressusciter cette vieille forme du conte, du dialogue, du drame philosophique, si fort en honneur au siècle dernier, et comme cette forme convient à son esprit! Nulle ne se prête mieux à l'expression complète et nuancée de nos idées sur la vie, sur le monde et l'histoire. Elle fait vivre les abstractions en les traduisant par une fable qui est de l'observation généralisée ou, si on veut, de la réalité réduite à l'essentiel. Elle permet de présenter une idée sous toutes ses faces, de la dépasser et de revenir en deçà, de la corriger à mesure qu'on la développe. Elle permet de s'abandonner librement à sa fantaisie, d'être artiste et poète en même temps que philosophe. Comme la fable choisie n'est point la représentation d'une réalité rigoureusement limitée dans le temps et dans l'espace, on y peut mettre tout ce que le souvenir et l'imagination suggèrent de pittoresque et d'intéressant. Il n'est point de forme littéraire par où nous puissions exprimer avec autant de finesse et de grâce ce que nous avons d'important à dire. Je me figure que le conte ou le drame philosophique serait le genre le plus usité dans cette cité idéale des esprits que M. Renan a quelquefois rêvée. Car les vers sont une musique un peu vaine et qui combine les sons selon des lois trop inflexibles; le théâtre impose des conventions trop étroites, nécessaires et pourtant frivoles; le roman traite de cas trop particuliers, enregistre trop de détails éphémères et négligeables, et où ne sauraient s'attacher que des intelligences enfantines. Au contraire, le conte ou le drame philosophique est le plus libre des genres, et ne vaut, d'autre part, qu'à la condition de ne rien exprimer d'insignifiant. C'est pour cela que M. Renan l'a adopté. L'*Histoire des origines du christianisme* elle-même tient beaucoup du conte philosophique.

Revenons au *Prêtre de Némi*. C'est un étrange composé. Nous sommes à Albe-la-Longue, près du lac Némi, sept cents ans avant l'ère chrétienne. Sur la terrasse du rempart, d'où l'on découvre à l'horizon les murs de Rome naissante, nous rencontrons nos contemporains, des députés de l'extrême droite, des « centre gauche », des opportunistes et des anarchistes. Il est vrai qu'il faut les supposer habillés comme les personnages de Masaccio au Carmine de Florence, et que la sibylle Carmenta porte la robe des Vertus de François d'Assise dans le tableau de Sano di Pietro. Mais cela n'empêche point le grand prêtre Antistius de parler et de penser, vingt-cinq siècles à l'avance, comme M. Ernest Renan, tout en traduisant au passage un vers d'Eschyle et un vers de Lucrèce. Et l'histoire se termine par un verset de Jérémie. Tout cela fait un mélange de haute saveur. On voltige sur les âges; c'est charmant. Ce drame contient, du reste, une douce satire politique, la peinture d'un peuple décadent vaincu par un peuple jeune, des paysages, une idylle, des prières et des effusions mystiques, une philosophie de l'histoire, une conception du monde. Ce drame contient même un drame, qu'il faut raconter brièvement.

II

Une tradition veut que le grand prêtre de Némi n'arrive au sacerdoce que par le meurtre de son prédécesseur. Antistius a rompu cette tradition en se faisant nommer par le suffrage populaire. C'est un homme de progrès, un rêveur. Il veut épurer le culte, abolir les sacrifices humains ; et, quoique Albe-la-Longue ait été vaincue par Rome, il n'a point de haine contre les vainqueurs ; il est plus Latin qu'Albin, il prévoit la future grandeur de Rome et son rôle bienfaisant. Mais ce novateur mécontente tout le monde. Les citoyens « modérés et sensés » lui reprochent de hâter la décadence d'une société qui se décomposera si elle ne garde ses vieilles institutions. Les hommes du peuple le haïssent parce qu'ils tiennent à leurs superstitions et « parce qu'il n'a pas l'air d'un prêtre ». Métius, qui représente l'aristocratie, tout en reconnaissant l'intelligence et la vertu d'Antistius, le blâme par esprit de conservation et par patriotisme, un noble étant intéressé plus qu'un autre au maintien des coutumes et au salut de la cité. Liberalis, un peu naïf, admire le grand prêtre, mais conserve des craintes. Cethegus, chef des démagogues, le hait par bassesse de nature et « parce qu'un prêtre est un aristocrate comme un autre » et que « la morale, le bien, la vertu sont encore des restes de prêtrise ». Le plat Tertius lui-même, « organe d'un bon sens superficiel », est irrité « parce qu'il ne déteste rien tant que l'imagination ». « Je vous le dis, conclut Voltinius, une cité est perdue quand elle s'occupe d'autre chose que de la question patriotique. Questions sociales, religieuses, sont autant de saignées faites à la force vive de la patrie. — *Titius* : Oui, on meurt par le fait de trop vivre, comme par le fait de ne pas vivre assez. — *Voltinius* : Albe, je crois, mourra par le gâchis. — *Titius* : On va bien loin avec cette maladie. »

Nous sommes maintenant dans le vestibule du temple de Diane. Antistius distribue aux pauvres la viande des victimes, ce qui fait gronder les employés du temple. Les Herniques amènent cinq esclaves pour être sacrifiés à la déesse : Antistius délivre les prisonniers ; mais ses sacristains les immolent à son insu. Une mère dont l'enfant est malade lui offre de l'argent : « Garde tes offrandes... Oses-tu croire que la divinité dérange l'ordre de la nature pour des cadeaux comme ceux que tu peux lui faire ? — Quoi ! dit la mère, tu ne veux pas sauver mon fils ? Mé-

chant homme ! » Deux amoureux viennent offrir
deux colombes : Antistius délivre les colombes et
bénit les amoureux. Arrive une députation des Æquicoles : il s'agit de donner une nouvelle constitution à
leur cité. « Toutes les victimes nécessaires pour
obtenir l'assistance des dieux, nous les fournirons.
— Consultez l'esprit des pères, répond Antistius ;
pratiquez la justice et respectez les droits des hommes. — Hé ! répliquent les Æquicoles, s'il ne s'agit
que de raison, nous avons aussi des sages parmi
nous... Voilà la première fois que nous voyons un
prêtre ne pas pousser aux sacrifices. » Antistius, resté
seul, se désespère, et voilà que Carmenta, sa sibylle,
sa fille spirituelle, vient à lui, découragée. Elle voudrait bien être épouse et mère. « On ne délie per_
sonne du devoir, répond le prêtre. — Au moins, dit
la jeune fille, aimez-moi un peu. La femme ne fera
jamais le bien que par l'amour d'un homme. — Sœur
dans le devoir et le martyre, je t'aime », dit Antistius en la baisant tristement au front.

Cependant tout le monde veut la guerre contre
Rome, même les démagogues, parce qu'ils espèrent
qu'une révolution en sortira ; même les libéraux,
parce que « leur retraite, disent-ils, serait le triomphe de l'absurde ». Antistius se prête mollement aux
cérémonies qui doivent accompagner la déclaration
de guerre. Le mécontentement grandit ; un scélérat,
Casca, égorge le grand prêtre et lui succède, réta-
blissant ainsi l'antique tradition. Mais Carmenta,

surgissant frappe Casca d'un coup de poignard au cœur. Puis elle prophétise vaguement et magnifiquement la religion future et le triomphe du juste et du vrai... A ce moment on apprend que Romulus a tué son frère. « Mauvaise nouvelle ! La ville est fondée. La fondation de toute ville doit être consommée par un fratricide ; au fond de toutes les substructions solides, il y a le sang de deux frères. » Et à la même heure un prophète d'Israël, captif, qui a tout vu de Babylone, prononce ces paroles :

> Ainsi les nations s'exténuent pour le vide ;
> Et les peuples se fatiguent au profit du feu.

III

Il est difficile, diriez-vous, d'imaginer un drame plus décourageant et plus sombre, et voilà qui ne ressemble guère à une œuvre de croyant. — Oui, si l'on s'en tient aux faits. Mais il y a le rôle d'Antistius ; et, justement, si les faits n'étaient pas ironiques, déconcertants, cruels, ce rôle ne pourrait être ce qu'il est : un long acte de foi. Antistius finit par reconnaître qu'avec ses bonnes intentions il a fait plus de mal que de bien, et qu'il « a porté préjudice à la patrie, laquelle repose en définitive sur des préjugés généralement admis. » Mais, si la réalité ne démentait pas son rêve, il ne croirait pas, il serait sûr, et la certitude abolirait la beauté et la grandeur de son effort. On oublie toujours que, dans l'ordre moral, nous ne pouvons avoir de certitude proprement dite, mais seulement le désir ou plutôt le besoin que ce que nous jugeons le meilleur existe, — besoin dont l'intensité se traduit en affirmation. On peut dire qu'en ce sens M. Renan a toujours eu la foi ; mais cela n'a jamais été si évident que dans le rôle du prêtre de Némi.

Il est clair, en effet, qu'Antistius, c'est M. Renan lui-même, ou du moins qu'il est le porte-voix des sentiments dont M. Renan est le plus pénétré. L'accent du rôle suffirait à nous en convaincre ; mais nous avons le témoignage de M. Renan lui-même :

« ... Laissez ce doux rêveur finir tristement, demander pardon à Dieu et aux hommes de ce qu'il a fait de bien. Un jour, à un point donné du temps et de l'espace, ce qu'il a voulu se réalisera. A travers toutes les déconvenues, le pauvre Liberalis s'obstinera également dans sa simplicité. *Métius, l'aristocrate méchant et habile, qui se moque de l'humanité, sera confondu. Ganeo sera pardonné avant lui...* »

Ainsi M. Renan répudie nettement les opinions de Métius ; et même on peut trouver — chose absolument inattendue — qu'il est un peu dur pour ce sceptique élégant. C'est en cela surtout que consiste, à mon avis, le progrès décisif de M. Renan dans la foi. Car jusqu'à présent les personnages où l'on était autorisé à croire qu'il s'était incarné étaient toujours un composé d'Antistius et de Métius. Toutes les ironies inquiétantes de ce dernier, vous les retrouverez éparses dans les discours de Théophraste, de Théoctiste et de Prospero. M. Renan s'est enfin purifié de Métius, ou, si vous préférez, il ne lui donne plus, dans les dialogues qu'ont entre eux les lobes de son cerveau, qu'un rôle d'avertisseur. Comparez un peu les dénouements de *la Fontaine de Jouvence* et du *Prêtre de Némi*. Tandis que Prospero s'éteint voluptueusement entre les bras des sœurs Célestine et Euphrasie, les nonnes douces et jolies élevées pour la distraction des cardinaux, Antistius meurt pour ses chimères d'une mort sanglante. Le vieux magicien s'est sanctifié : il a chassé le démon moqueur qui était en lui.

Or, si Antistius est bien réellement l'interprète des pensées les plus chères à M. Renan, on peut constater que M. Renan croit encore à bien des choses. Car Antistius croit en Dieu, ou plutôt, comme il est impossible que la conception d'un Dieu personnel ne tourne pas à l'anthropomorphisme, il croit au divin. « Les dieux sont une injure à Dieu ; Dieu sera, à son tour, une injure au divin. » Il croit à la raison, à un ordre éternel. Il croit au progrès, au futur avènement de la religion pure. « Toujours plus haut ! toujours plus haut ! Coupe sacrée de Némi, tu auras éternellement des adorateurs. Mais maintenant on te souille par le sang ; un jour, l'homme ne mêlera à tes flots sombres que ses larmes. Les larmes, voilà le sacrifice éternel, la libation sainte, l'eau du cœur.

Joie infinie ! Oh ! qu'il est doux de pleurer ! » Même après que l'étroitesse d'esprit et la grossièreté de ses compatriotes l'ont dépouillé de ses illusions, il croit encore : « Ne serait-il pas mieux de les laisser suivre leur sort et de les abandonner aux erreurs qu'ils aiment ? Mais non. Il y a la raison, et la raison n'existe pas sans les hommes. L'ami de la raison doit aimer l'humanité, puisque la raison ne se réalise que par l'humanité... O univers, ô raison des choses, je sais qu'en cherchant le bien et le vrai je travaille pour toi. » Il croit à l'obligation de se sacrifier pour les fins de l'univers, telles qu'il nous a été donné de les concevoir. Et voici l'un de ses derniers cris : « Impossible de sortir de ce triple postulat de la vie morale : Dieu, justice, immortalité ! La vertu n'a pas besoin de la justice des hommes ; mais elle ne peut se passer d'un témoin céleste qui lui dise : Courage ! courage ! Mort que je vois venir, que j'appelle et que j'embrasse, je voudrais au moins que tu fusses utile à quelqu'un, à quelque chose, fût-ce à la distance des confins de l'infini... » Il est vrai que lorsqu'il a vu, par le cynique dialogue de Ganeo et de Sacrificulus, ce que deviennent ses doctrines en passant dans des âmes basses qui n'en comprennent que les négations, il recule épouvanté et renie son œuvre involontaire. Mais il y a encore dans son cri de désespoir un acte de foi : « Oui, une vérité n'est bonne que pour celui qui l'a trouvée. Ce qui est nourriture pour l'un est poison pour l'autre. O lumière, qui m'as induit à t'aimer, sois maudite ! Tu m'as trahi. Je voulais améliorer l'homme ; je l'ai perverti. Joie de vivre, principe de noblesse et d'amour, tu deviens pour ces misérables un principe de bassesse. Mon expiation sera qu'ils me tuent. Ah ! vous dites qu'on ne meurt que pour des chimères. On verra... »

Je demande s'il est possible, en dehors des religions positives, d'avoir une foi plus complète et plus précise. Je serais curieux de connaître le *credo* de plusieurs de ceux qui qualifient M. Renan de sceptique. Espérer que le juste et le bien seront un jour réalisés quelque part et, en attendant, y conformer notre vie, que pouvons-nous de plus ? Quand le train des choses humaines, à le considérer en philosophes, devrait nous faire conclure au nihilisme absolu, n'est-ce rien de proclamer quand même qu'une œuvre mystérieuse et bonne s'accomplit dans l'univers ? Ce sont justement ceux qui ne conforment leur conduite qu'à leur intérêt propre et tout au plus à l'intérêt de la petite collection d'hommes dont ils font partie, ce sont eux, — les Métius et les Liberalis d'aujourd'hui, — qui sont des hommes de peu de foi. Et, tandis qu'ils reprochent à M. Renan son scepticisme dissolvant, c'est en réalité le manque de foi qui les pousse si résolument à l'action.

IV

Maintenant il est certain que la foi de M. Renan a sa couleur et son accent, et qu'elle n'est pas précisément celle du charbonnier. Et notez qu'il y a des charbonniers même en philosophie.

Faisons d'abord une remarque. On s'est habitué à ne donner presque le nom de foi qu'aux croyances imposées par les religions. Et, en effet, cette foi est la plus fixe et la plus solide, étant délimitée par des dogmes ; et elle prend, ou peut s'en faut, chez les fidèles, tous les caractères de la certitude, étant enfoncée dans leur cœur par l'éducation et y étant maintenue par la terreur. A côté de celle-là la foi volontaire et acquise, mouvement du cœur qui désire que ce que la raison conçoit comme le bien soit aussi le vrai, n'a plus l'air d'être la foi. Et pourtant les deux sentiments sont au fond identiques. La prière d'Antistius n'est pas moins un acte de foi que la démarche des Æquicoles venant consulter l'oracle. Seulement, à mesure que croissent nos lumières, la foi, tout en s'épurant, participe moins de la certitude, et n'est plus que ce qu'elle peut être : une aspiration passionnée.

C'est bien le cas pour M. Renan. Mais d'autres causes encore ont contribué à obscurcir sa foi aux yeux des gens superficiels.

Il n'est pas d'écrivain qui ait paru plus ondoyant et plus insaisissable, à qui l'on ait prêté plus de dessous et de tréfonds, de plus inextricables ironies et des fantaisies plus diaboliques. J'ai donné moi-même dans ce travers de croire que M. Renan manquait tout à fait de naïveté. J'en fais bien mon *mea culpa*. Je crois à présent que le meilleur moyen de comprendre M. Renan, c'est de lire d'une âme confiante ce qu'il écrit et de n'y point chercher plus de malice qu'il n'en a mis. Si M. Renan nous semble si compliqué, c'est que, les éléments dont se compose son génie total étant nombreux, divers et quelquefois contradictoires, il les laisse transparaître dans son œuvre avec une parfaite sincérité. En d'autres termes, s'il paraît si peu candide, c'est à force de candeur.

Ainsi s'explique tout ce qui, dans ses livres, nous étonne et nous met en défiance, même en nous séduisant. — Après avoir affirmé quelque grande vérité morale, insinue-t-il que le contraire serait possible, que cette affirmation n'est en somme qu'une espérance ? C'est qu'il a cru, autrefois, d'une foi entière et absolue à des dogmes dont il s'est détaché depuis, et que cette aventure l'a rendu prudent. — Au milieu d'une effusion mystique et lyrique, s'arrête-t-il tout à coup pour nous jeter quelque impitoyable réflexion sur le train brutal et fatal des choses humaines ? C'est qu'il les connaît pour les avoir étudiées dans le passé et dans le présent et que, s'il est poète, il est historien. — Ou bien parmi de magnifiques paroles sur la vertu, il nous avertit subitement qu'elle n'est que duperie, et cela nous scandalise ; mais ce n'est pourtant qu'une façon de dire que la vertu est à elle-même sa très réelle récompense. S'il ne le dit pas, c'est scrupule de Breton héroïque, à qui nul sacrifice ne paraît assez entier, ou, si vous voulez, illusion d'une conscience infiniment délicate qui veut nous surfaire la vertu. — S'il garde parfois dans l'expression des sentiments les plus éloignés du christianisme, l'onction chrétienne et le ton du mysticisme chrétien, nous croyons ces combinaisons préméditées et nous y goûtons comme le ragoût d'un très élégant sacrilège. Point : c'est l'ancien clerc de Saint-Sulpice qui a conservé l'imagination catholique. — S'il témoigne de son respect et de sa sympathie pour les choses religieuses, pour les mensonges sacrés qui aident les hommes à vivre, qui leur présentent un idéal accommodé à la faiblesse de leur esprit, nous y voulons voir une raillerie secrète. Mais c'est nous qui manquons de respect : pourquoi le sien ne serait-il pas sincère ? — Si telle pensée nous scandalise, prenons garde : c'est que nous ne lisons pas bien. C'est que, voulant exprimer quelque opinion singulière dont il n'est pas lui-même bien sûr, il a cherché exprès, pour la traduire, une forme hardie et inattendue dont l'excès nous fasse sourire et nous avertisse. Ne nous a-t-il pas prévenu qu'il écrivait souvent *cum grano salis ?* Ce grain de sel, il est toujours facile de voir où il l'a mis. — Si la femme le préoccupe, s'il parle d'elle avec un mélange de dédain et d'adoration qui n'est qu'à lui, ces deux sentiments s'expliquent par son passé ecclésiastique et par la longue austérité de sa jeunesse : voudriez-vous qu'il abordât la femme avec la belle tranquillité de M. Armand Silvestre ? — S'il rêve, c'est le Breton qui rêve en lui ; s'il raille, c'est le Gascon qui prend la parole ; s'il prie, c'est l'ancien lévite ; s'il se défie, c'est l'historien. On ne peut vraiment pas attendre des livres simples d'un poète qui est un savant, d'un Breton qui est un Gascon, d'un philosophe qui a été séminariste. S'il est divers jusqu'à la contradiction, c'est qu'il a l'esprit merveilleusement riche. Remarquez ce qu'a de singulier et d'unique le cas de cet hébraïsant, de cet érudit, de ce philologue qui se trouve être un des plus grands poètes qu'on ait vus, et jugez de tout ce qu'il faut pour remplir, comme dit Pascal, l'entre-deux.

Il est candide puisque, étant compliqué, il s'est toujours montré tel qu'il était. Il est candide, et je n'en veux, pour dernière preuve, que la simplicité avec laquelle, dans sa préface, il se compare tour à tour à Platon, à Shakespeare et à Edgar Poë. Mais — et je retourne ici ma proposition, — s'il est candide, il reste complexe, et j'avoue que cette complexité ne permet pas de voir toujours très clairement l'homme de foi que j'ai découvert dans *le Prêtre de Némi*, et qui s'y trouve,

V

Au siècle dernier, *le Prêtre de Némi* eût été, avec toutes les différences que vous devinez sans peine, un conte philosophique de vingt pages intitulé : *Antistius, ou Toute vérité n'est pas bonne à dire*. Relisez quelques contes de Voltaire ou de Diderot ; puis relisez *Caliban, la Fontaine de Jouvence* et *le Prêtre de Némi* : vous pourrez mesurer de combien de notions et de sentiments s'est enrichie, en cent ans, l'âme humaine ; et vous déborderez de reconnaissance et d'amour pour le plus suggestif et le plus ensorcelant de nos grands écrivains.

M. ÉMILE ZOLA

« L'ŒUVRE ».

J'ai essayé de définir (1) il y a un an, l'impression que faisaient sur moi, pris dans leur ensemble, les romans de M. Emile Zola. Or, bien que nous soyons, nous et le monde, dans un flux perpétuel, et qu'il y ait d'ailleurs quelque plaisir à changer (d'abord on jouit ainsi des choses en un plus grand nombre de façons, et puis cette faculté de recevoir du même objet des impressions diverses peut aussi bien passer pour souplesse que pour légèreté d'esprit), toutefois, et je le dis à ma honte, je n'ai pas assez changé dans cet espace d'une année pour avoir rien d'essentiel à ajouter à ce que j'ai dit déjà. Mais du moins le nouveau livre du poète des *Rougon-Macquart* m'a donné la joie d'assister au développement prévu de ce génie robuste et triste, de retrouver sa

(1) Cf. *Les Contemporains*, I.

vision particulière, ses habitudes d'esprit et de plume, ses manies et ses procédés, d'autant plus faciles à saisir cette fois que le sujet où ils s'appliquent appelait peut-être une autre manière et se présentait plutôt comme un sujet d'étude psychologique (je risque le mot, quoiqu'il soit de ceux que M. Zola ne peut entendre sans colère).

Et le livre présente encore un autre intérêt, et des plus rares. M. Zola s'y est peint en personne. A côté de Claude Lantier, l'artiste impuissant tué par son œuvre, il nous montre Sandoz, l'artiste triomphant qui vit d'elle parce qu'il a su la faire vivre. Le vertueux romancier naturaliste qu'on entrevoyait dans *Pot-Bouille*, le monsieur du second, le seul locataire propre de la maison de la rue Choiseul, traverse *l'Œuvre* à la façon d'un bon Dieu, faisant le bien et prononçant des discours. Nous savons donc sous quels traits M. Zola se voit comme homme et, ce qui nous touche davantage, comme romancier; nous savons ce qu'il est ou ce qu'il croit être. L'auteur lui-même, dans ce précieux roman, nous enseigne comment il conçoit le roman ; et nous avons à la fois sous les yeux ce qu'il a fait et ce qu'il a voulu faire.

I

Voici le plus complet des discours où Sandoz expose ses théories :

« Hein ? étudier l'homme tel qu'il est, non plus leur pantin métaphysique, mais l'homme physiologique, déterminé par le milieu, agissant sous le jeu de tous ses organes... N'est-ce pas une farce que cette étude continue et exclusive de la fonction du cerveau, sous prétexte que le cerveau est l'organe noble ?... La pensée, la pensée, eh ! tonnerre de Dieu ! la pensée est le produit du corps entier. Faites donc penser un cerveau tout seul, voyez donc ce que devient la noblesse du cerveau quand le ventre est malade !... Non ! c'est imbécile ; la philosophie n'y est plus, la science n'y est plus ; nous sommes des positivistes, des évolutionnistes, et nous garderions le mannequin littéraire des temps classiques, et nous continuerions à dévider les cheveux emmêlés de la raison pure ! Qui dit psychologue dit traître à la vérité. D'ailleurs, physiologie, psychologie, cela ne signifie rien : l'une a pénétré l'autre, toutes deux ne sont qu'une aujourd'hui, le mécanisme de l'homme aboutissant à la somme totale de ses fonctions... Ah ! la formule est là ; notre révolution moderne n'a pas d'autre base ; c'est la mort fatale de l'antique société, c'est la naissance d'une société nouvelle, et c'est nécessairement la poussée d'un nouvel art, dans ce nouveau terrain... Oui, on verra la littérature qui va germer pour le prochain siècle de science et de démocratie ! »

Si vous voulez mon sincère avis, je trouve que ces propos sentent à plein la secte et l'école. Il y a du pédantisme dans ce débraillé, et de la naïveté dans ces affirmations méprisantes et superbes. Il est difficile de rien imaginer de plus intolérant, de plus vague et de plus faux. Le bon Sandoz se grise de grands mots (*positivistes, évolutionnistes*), comme un illettré dans une réunion publique. Saisissez-vous clairement la relation entre l'avènement de la démocratie et celui du naturalisme, qui est une littérature d'aristocrates et de mandarins ? — « Qui dit psychologue dit traître à la vérité », voilà une opinion d'une singulière candeur. Il suffit de dire que la psychologie n'est pas toute la vérité. Mais la physiologie seule l'est encore moins. Il est tout à fait puéril de diviser les romanciers en psychologues, tous idiots ou charlatans, et en physiologistes, seuls peintres du vrai. Au fond, il y a de bons et de mauvais romanciers; et, parmi les bons, il y en a qui expriment surtout le monde extérieur et les sensations, et d'autres qui analysent de préférence les sentiments et les pensées; et ceux-ci ne sortent pas plus de la réalité que ceux-là. Me pardonnera-t-on de répéter des choses aussi banales ? Mais c'est que, pour ce brave Sandoz, la psychologie est je ne sais quoi d'absurde, de suranné, de ridicule, de gothique, de tout à fait en dehors du monde réel. Or la psychologie est tout uniment, pour les philosophes, l'étude expérimentale des facultés de l'esprit, et, pour le romancier, la description des sentiments que doit éprouver une créature humaine, étant donnés son caractère, son tempérament s'il y a lieu, et une situation particulière. Est-ce donc quelque chose de si chinois et de si scolastique ? Il y a, pour le moins, autant de psychologie que de physiologie dans Balzac; il y en a plus dans Stendhal : et je ne pense pas pourtant que ni l'un ni l'autre se soient amusés à « dévider les cheveux emmêlés de la raison pure ». Au fait, qu'est-ce que cela veut dire ? *Adolphe* est aussi vrai que *Germinal*, et même *Indiana* que *Nana*.

Ce ne sont pas les mêmes personnages ni le même point de vue, voilà tout. Il est très juste de dire que « physiologie, psychologie, cela ne signifie rien », qu'on ne saurait les séparer absolument, et que celle-ci est le prolongement de celle-là (le caractère dépendant du tempérament et quelquefois du milieu, et tout sentiment ayant son point de départ dans une sensation). Seulement il y a des êtres primitifs chez qui ce prolongement n'est presque rien, et d'autres plus raffinés chez qui ce prolongement est presque toute la vie. Dans ce dernier cas, je ne vois pas pourquoi il serait interdit de sous-entendre une partie des origines physiologiques de l'état d'âme et d'esprit qu'on veut analyser, et de faire de cette analyse son objet principal. M. Paul Bourget, en écrivant *Un crime d'amour*, est resté en pleine réalité. Et on est tenté parfois de trouver cette étude du réel invisible aussi attachante que celle du visible réel. Sandoz rapetisse étrangement le domaine de l'art, et, ce qu'il y a de curieux, c'est que cet enragé croit l'agrandir! Ah! que le monde est donc plus vaste, plus profond, plus varié et plus amusant qu'il ne le voit! Et que les états de certaines âmes sont plus intéressants en eux-mêmes que les événements extérieurs qui les « conditionnent »! J'ai peur que le bon Sandoz n'ait jamais vu que la surface grossière de la vie et son écorce. Je suis charmé que le naturalisme soit venu : il a fait une besogne utile et peut-être nécessaire; mais quelle horreur et quel ennui,

Dieu juste! s'il n'y avait plus au monde que des romanciers naturalistes! Déjà même le naturalisme paraît « dater », est presque aussi vieux que le romantisme : tout va si vite aujourd'hui! Et parmi les naturalistes il n'y a guère que M. Zola qui m'attire encore; mais ce qui est vivant en lui, ce n'est pas son naturalisme, c'est lui-même.

II

Ce que je vois de plus clair dans la déclaration de principes un peu trouble de Zola-Sandoz, c'est qu'il aspire à mettre dans ses romans plus de vérité qu'on n'avait fait avant lui. Or, à chaque livre nouveau du puissant romancier, je doute davantage qu'il y ait réussi. N'est-ce pas M. Zola lui-même qui, bien inspiré ce jour-là, a dit que l'art était « la réalité vue à travers un tempérament »? Eh bien, son œuvre est assurément de celles où la réalité se trouve le plus profondément transformée par le tempérament de l'artiste. Son observation est souvent vision; son réalisme, poésie sensuelle et sombre. Notez que ce sont là des constatations et non point des reproches. Si M. Zola ne fait pas toujours ce qu'il croit faire, je m'en réjouis, car ce qu'il fait est magnifique et surprenant. Voyez comment, dans son dernier roman, un drame tout moral et tout intime se tourne peu à peu en un poème symbolique, grandiose et tout matériel.

L'histoire, la voici en deux mots. Le peintre Claude Lantier, génie novateur et incomplet, rencontre sur son chemin une fille charmante, Christine, qui l'adore et lui est passionnément dévouée. Il l'aime un temps, puis est repris par la peinture, se détache de sa compagne, la fait horriblement souffrir sans le savoir, et, après des années d'efforts douloureux et d'essais avortés, convaincu enfin et désespéré de son impuissance, se pend devant son grand tableau inachevé. — Le milieu où se déroule le drame, c'est le monde des artistes (peintres, sculpteurs, hommes de lettres). — L'époque, c'est la fin du second empire.

La date même de l'action nous fait déjà soupçonner que les théories de Sandoz ne seront pas aussi rigoureusement appliquées ici que se l'imagine M. Zola. C'est bien loin, le second empire. Et M. Zola s'est enlevé le droit d'en sortir. Il n'y a pas d'exemple qu'un écrivain se soit chargé de plus de chaînes et enfermé dans une prison plus étroite que ce superbe romancier. Balzac, du moins, ne s'est jamais interdit les sujets immédiatement contemporains et n'a découvert qu'après coup et sur le tard le plan de *la Comédie humaine*. Mais M. Zola est captif d'une doctrine, captif d'une époque, captif d'une famille, captif d'un plan. Il semble que la meilleure condition pour écrire des romans vrais, ce soit de vivre en pleine réalité actuelle et de laisser les sujets vous venir d'eux-mêmes : M. Zola vit depuis des années loin de Paris, en ermite, dans une solitude farouche. Il ne voit plus rien, n'entend plus rien. Le monde a changé en seize ans : lui ne bouge; il ne lève plus de dessus son papier à copie sa face congestionnée. Il ne songe même plus à regarder par-dessus la haie que font autour de lui les Rougon-Macquart. Il a sa tâche, qu'il accomplira. Il faut qu'il mène jusqu'au bout « l'histoire naturelle et sociale d'une famille sous le second empire ». Il faut qu'il épuise toutes les classes, toutes les conditions, toutes les professions. Après les artistes, il « fera » les paysans; après les paysans, les soldats, et ainsi de suite. Pour documents il n'a (car il s'agit toujours, ne l'oubliez pas, du second empire) que les souvenirs et les impressions de sa jeunesse, des impressions nécessairement incomplètes et effacées ou déformées par le temps. Et ce reclus, cet homme de cabinet qui s'impose des « matières » à mettre en romans, c'est lui qui vient nous parler d'observation directe, scientifique, de vérité intégrale, implacable, et autres rengaines ! Je sais bien que, grâce à Dieu, sa puissante imagination vivifie ses vieilles notes et ses souvenirs défraîchis et qu'il invente terriblement! Alors, qu'il avoue donc enfin que ses romans, s'ils sont aussi « vrais » que tant d'autres, ne le sont guère plus, et que le naturalisme est une bonne plaisanterie; car ou il n'est rien, ou il est à peu près aussi vieux que le monde. Mais M. Zola ne l'avouera jamais ; il mourra sans l'avouer.

Pour en revenir à *l'Œuvre*, si les artistes qu'on nous y montre ont peut-être les allures et le langage de ceux du second empire, ils ressemblent assez peu à ceux d'aujourd'hui. Ce sont des animaux disparus, des types reconstitués. Ils sont, dans leur genre, aussi éloignés de nous que les artistes chevelus et romantiques de 1830. Ils ont tous l'air de fous. Ils ont des gestes et des attitudes de maçons et de terrassiers allumés. Ils ne peuvent dire une phrase sans y mettre un « nom de D... ». Ils vocifèrent, ils « gueulent » tout le temps. Ils ont une fausse simplicité, une fausse grossièreté, un faux débraillé, une outrance bête, qui nous sont aujourd'hui insupportables. Ils parlent peinture ou littérature avec les mêmes cris, les mêmes tapes sur l'épaule, les mêmes yeux hors de la tête, et presque le même style que les ouvriers zingueurs discutant de leur métier dans la noce à Coupeau, ou qu'un garçon de l'abattoir expliquant les finesses de son art devant le comptoir d'un marchand de vin. « ...Bongrand l'arrêtait par un bouton de son paletot en lui répétant que cette sacrée peinture était un métier du tonnerre de Dieu. » — « Ça y est, mon vieux, crève-les tous !... Mais tu vas te faire assommer. » — « Nom de Dieu... ! si je ne fiche pas un chef-d'œuvre avec toi, il faut que je sois un cochon. » — « Tiens ! le père Ingres, tu sais s'il me tourne sur le cœur, celui-là, avec sa peinture glaireuse ? Eh bien, c'est tout de même un sacré bonhomme, et je le trouve très crâne, et je lui tire mon chapeau, car il se fichait de tout, il avait un dessin du tonnerre de Dieu, qu'il a fait avaler de force aux idiots qui croient aujourd'hui le comprendre. Après ça, entends-tu ? ils ne sont que deux, Delacroix et Courbet. Le reste, c'est de la fripouille. » Je ramasse ces perles sans les choisir. Le ton de la conversation est, dans *l'Œuvre*, sensiblement le même que dans *l'Assommoir*. Et tous ces sauvages qui parlent de conquérir, d'avaler Paris ont, avec leurs façons de rouliers, des trésors inouïs de candeur. D'où sortent-ils ? Où M. Zola les a-t-il rencontrés ? Je le préviens que ce n'est plus cela du tout, les peintres d'à présent. Son roman est d'un homme qui n'a pas mis les pieds dans un atelier depuis quinze ans. C'était ainsi autrefois ? A la bonne heure. M. Zola ressuscite les hommes des anciens temps. Il fait presque des « romans historiques » — tout comme Walter Scott, ô honte !

Ainsi l'observation directe et récente des milieux fait évidemment défaut dans *l'Œuvre*. Vous pensez bien que vous n'y trouverez pas davantage l'observation des mouvements de l'âme, l'odieuse psychologie. Pourtant la souffrance d'un artiste inégal à son rêve, la souffrance d'une femme intelligente et tendre qui sent que son compagnon lui devient étranger, que quelque chose le lui prend, ce divorce lent de deux êtres qui s'aimaient et qui n'ont rien, du reste, à se reprocher l'un à l'autre..., ce sont là des douleurs d'une espèce rare et délicate, des nuances de sentiments dont la notation eût été des plus intéressantes. Songez un peu à ce que fût devenu un sujet pareil entre les mains de M. Paul Bourget, et vous verrez ce que je veux dire. Tout au moins l'auteur eût-il pu marquer avec plus de finesse les progrès du détachement de Claude et du martyre de Christine. Cette lutte de l'artiste et de la femme, Edmond et Jules de Goncourt nous l'ont racontée, avec un dénouement inverse : chez eux, c'est la femme qui tue son compagnon ; mais voyez, dans *Manette* et dans *Charles Demailly*, combien les étapes sont nombreuses et comment est graduée l'histoire du supplice de Charles et de l'abrutissement de Coriolis. Rien de tel dans *l'Œuvre*. Claude aime Christine, puis est ressaisi tout entier par son art : c'est aussi simple que cela. Trois ou quatre signes sensibles de ce détachement : le jour de leur mariage (il y a des années qu'ils sont ensemble), il ne songe pas à la traiter en mariée ; il se laisse entraîner chez Irma Bécot ; il fait poser Christine pour son grand tableau et oublie de l'embrasser après la pose. Voilà toutes les étapes. Le drame est aussi simple que s'il se passait dans un ménage d'ouvriers et si la cause du mal était le jeu ou la boisson. Christine et Claude sont bien des « bonshommes physiologiques » et ne sont que cela. Ici encore je n'ose pas dire que c'est dommage, et je ne fais que constater.

Car voici éclater le génie particulier de M. Émile Zola, le don de la vision concrète et démesurée, le don de l'outrance expressive et l'abominable tristesse en face des choses. Tout se matérialise et s'exagère. Claude Lantier n'est pas seulement un artiste incomplet : c'est un malade, et qui a tout l'air d'un imbécile. Son impuissance est surtout physique. « Il s'énervait, ne voyait plus, n'exécutait plus, en arrivait à une véritable paralysie de la volonté. Étaient-ce donc ses yeux, étaient-ce ses mains qui cessaient de lui appartenir, dans le progrès des lésions anciennes qui l'avait inquiété déjà? » Au reste, presque tous les artistes et les littérateurs ont, dans ce livre, des attitudes tordues ou écrasées d'athlètes, de cariatides, de damnés de Michel-Ange. L'effort de la production devient une espèce de lutte à main plate, le combat de Jacob avec l'Ange dans une foire de banlieue. C'est un « caleçon » que l'Idéal propose à ces hercules et qu'ils ramassent en faisant des effets de muscles. — Claude Lantier n'est pas seulement un artiste contesté et poursuivi par la malchance : c'est un martyr. Manet, Monet et Pissarro sont des heureux et des vainqueurs à côté de lui. Il n'a pas même un jour de consolation, d'espoir, de demi-réussite. M. Zola l'écrase sous une impuissance absolue et sous un malheur absolu. — Et Claude Lantier n'est pas seulement un artiste amoureux de son art : c'est un possédé de la peinture, un fou, un démoniaque en qui la passion unique a étouffé tout sentiment humain. Il torture sa femme. Ce peintre qui, le pinceau à la main, est hanté de l'image de la chair, renonce à celle de Christine, ce qui est assez peu croyable. Il est mauvais mari. Il est mauvais père. Il a des brutalités atroces. « Ah ! ma chère, dit-il à Christine, tu n'es plus comme là-bas, quai de Bourbon. Ah ! mais, plus du tout !... C'est drôle, tu as eu la poitrine mûre de bonne heure... Non, décidément, je ne puis rien faire avec ça... Ah ! vois-tu, quand on veut poser, il ne faut pas avoir d'enfants. » — Son enfant mort, il n'a rien de plus pressé que de faire le portrait du pauvre petit hydrocéphale, ce qui est bien, et de le présenter au Salon, ce qui est mieux. Claude Lantier est à ce point le Raté, l'Impuissant, le Possédé, le Pas-de-Chance, qu'il en devient monstrueux et que nous sommes enchantés de voir se pendre enfin cet Arpin-Prométhée de la peinture impressionniste. — De même, pour que Christine soit bien complètement la victime de cette victime, pour qu'elle ne puisse avoir aucun refuge dans sa souffrance, elle sera mauvaise mère, elle ne sera qu'amante, et sa douleur essentielle sera d'être frustrée des embrassements de Claude.

Voyez-vous maintenant pourquoi M. Zola a fait de son héros un peintre ? C'est sans doute que la peinture l'a toujours intéressé et que les théories, les vues, les pressentiments des peintres du « plein air » valaient la peine d'être exprimés dans un roman. Mais c'est surtout que le métier de son héros permettait à M. Zola de rendre sensible aux yeux le drame qu'il voulait conter. La cause du commun supplice de Claude et de Christine pouvait ainsi revêtir une forme concrète. La cruelle maîtresse du mari et l'ennemie mortelle de l'épouse, c'est une femme, c'est cette femme nue que Claude s'obstine à dresser au milieu de sa toile, en plein paysage parisien. Double duel à mort entre le peintre et cette image qui résiste, qui ne veut pas se laisser peindre comme il la voit, et qui pourtant l'attire et le retient invinciblement, et, d'autre part, entre cette femme peinte et la femme de chair. C'est vraiment une tragédie à trois personnages, celui qui s'étale sur la toile vivant d'une vie aussi réelle que les deux autres. A un moment, Claude enfonce un couteau dans la gorge de l'image peinte, comme on ferait à une femme méchante. C'est avec sa seule nudité que Christine lutte contre l'ennemie nue. Elle combat cette femelle en femelle. Vous vous rappelez la dernière scène de ce drame charnel. Claude, cette nuit-là, a passé une heure à regarder l'eau du haut du pont des Saints-Pères ; il est enfin rentré ; mais, à peine couché, il s'est échappé du lit. Christine le trouve dans l'atelier, au haut de son échelle, une bougie au poing, s'acharnant comme un aliéné sur son grand tableau. Et, sous sa main fiévreuse, le ventre de la femme devient un astre, éclatant de jaune et de rouge purs, splendide et hors de la vie... Elle semble faite de métaux, de gemmes et de marbres... comme l'idole d'une religion inconnue. « Oh ! viens ! viens ! » dit Christine. Et lui : « Non, je veux peindre, j'appartiens à l'art, au dieu farouche : qu'il fasse de moi ce qu'il voudra ! — Mais je suis vivante, moi ! et elles sont mortes, les femmes que tu aimes. » Et Christine s'enlace à lui, s'écrase contre lui, l'emporte comme une proie... Elle le force à blasphémer. « Dis que la peinture est imbécile. — La peinture est imbécile. » Mais bientôt, quand Christine est endormie, une voix appelle Claude. C'est elle, la femme mystérieuse et terrible, la sirène au ventre de joyaux. Elle l'appelle trois fois : « Oui, oui, j'y vais. » Et Christine, à l'aube le trouve pendu devant l'idole, devant l'ennemie, comme un amant désespéré qui s'est tué aux pieds de sa maîtresse.

Les dernières pages sont lugubres : l'enterrement de Claude, un jour de pluie, dans le misérable cimetière neuf, pelé, lépreux, avec des terrains vagues et, au-dessus, la ligne du chemin de fer. Tandis qu'on enterre Claude, on brûle, dans un coin, un tas de vieilles bières pourries. Et la lamentation de Sandoz s'élève ; car l'artiste triomphant est aussi triste que l'artiste vaincu ; il doute de son œuvre, il doute de tout, et le livre finit par un chant de désespoir. Ce roman de l'artiste est aussi funèbre que le roman de la courtisane, de l'ouvrier ou du mineur.

C'est donc toujours la même chose, et je ne m'en plains pas. Vous trouverez là des figures de second plan pétries d'un pouce puissant : Chêne, Mahoudeau,

Jory, Bongrand. Vous trouverez les deux personnages qui sont dans presque tous les romans de M. Zola : une créature en qui éclate et s'épanouit la bestialité humaine, une « mouquette » : Mathilde, l'herboriste ; et une créature qui représente la souffrance imméritée : le petit Jacques. Vous trouverez même des pages apaisées et presque gracieuses : Christine recueillie, par une nuit d'orage, dans l'atelier de Claude, ou l'idylle parisienne et bourgeoise du ménage de Sandoz. Vous trouverez aussi deux ou trois scènes qui ne sont peut-être que mélancoliques : celle où Dubuche, l'homme qui a fait un riche mariage, passe sa journée, dans le morne château où il est méprisé des valets, à envelopper de couvertures et à suspendre à un petit trapèze ses deux petits enfants rachitiques, et le dîner où le brave Sandoz a le sentiment amer de la dispersion et de la mort des amitiés de jeunesse...

Mais plutôt vous trouverez, presque à chaque page, une tristesse affreuse, une violence de vision hyperbolique qui accable et fait mal. Nul n'a jamais vu plus tragiquement tout l'extérieur du drame humain. Il y a du Michel-Ange dans M. Zola. Ses figures font penser à la fresque du *Jugement dernier*. J'attends avec impatience son prochain cauchemar. S'il ne sort de Médan, il finira par des livres d'un naturalisme apocalyptique, qui pourront, d'ailleurs, être fort beaux.

LE RÊVE.

Ce que je vais vous raconter est tiré des *Rougon-Macquart*, histoire naturelle et sociale d'une famille sous le second empire.

« Il y avait une fois une petite fille qui était très belle et très bonne et qui à cause de cela s'appelait Angélique.

« Angélique n'avait pas de parents. Une nuit qu'il tombait de la neige, elle avait été recueillie par un monsieur et une dame qui s'appelaient Hubert et Hubertine.

« Hubert et Hubertine étaient chasubliers, c'est-à-dire qu'ils faisaient des chasubles pour les messieurs prêtres, et aussi des chapes, des étoles et des bannières.

« Hubert et Hubertine n'avaient pas d'enfants, et ils ne pouvaient pas s'en consoler, et c'est pour cela qu'ils avaient adopté la petite Angélique.

« Hubert et Hubertine habitaient une maison très vieille, tout contre la cathédrale.

« Angélique voyait donc la cathédrale de sa fenêtre, et cela l'amusait beaucoup. Et elle aimait surtout un vitrail qui représentait saint Georges.

« Il y avait aussi près de la maison un grand champ, qui s'appelait le Clos-Marie, traversé par une petite rivière, qui s'appelait la Chevrotte.

« Et Angélique aimait beaucoup à se promener au bord de la Chevrotte.

« Angélique lisait souvent la *Vie des saints*, et les miracles la ravissaient, mais ne l'étonnaient point.

« Elle était persuadée qu'elle épouserait un jour un prince.

« Un jour, en faisant sécher du linge au bord de la Chevrotte, elle rencontra un peintre-verrier qui était beau, beau, beau.

« Elle comprit qu'il l'aimait, et elle se mit à l'aimer, car il ressemblait au saint Georges du vitrail.

« Or, ça n'était pas un peintre-verrier, mais le fils de monseigneur l'évêque.

« Parce que monseigneur, avant d'être évêque, avait été marié et avait eu un fils.

« Or, ce beau jeune homme s'appelait Félicien XIV, et il était prince, et il était riche, riche, riche. Il avait peut-être bien cinquante millions.

« Et, comme Angélique l'aimait, elle trouvait tout naturel de l'épouser, quoiqu'elle ne fût qu'une petite fille très pauvre et sans parents.

« Et Félicien aussi aurait bien voulu être le mari d'Angélique ; mais monseigneur l'évêque lui dit qu'il ne le lui permettrait jamais.

« Un jour Angélique alla à la cathédrale, et elle se cacha dans un petit coin pour attendre monseigneur, et quand elle le vit, elle se jeta à ses pieds et pleura beaucoup, et elle le supplia de permettre ce mariage.

« Mais monseigneur, qui était très sévère et qui avait un grand nez, répondit : « Jamais ! »

« Et Angélique fut très malheureuse.

« Alors Hubert et Hubertine lui dirent que Félicien ne l'aimait plus, et qu'il allait épouser une belle demoiselle des environs.

« Et ils dirent à Félicien qu'Angélique l'avait oublié, et ils le prièrent de ne plus venir la voir.

« Et Angélique fut malade, très malade.

« Si malade qu'on crut qu'elle allait mourir, et que monseigneur eut pitié d'elle et vint lui-même lui donner l'extrême-onction.

« Et monseigneur promit que, si elle guérissait, il lui donnerait son fils.

« Angélique guérit, et elle épousa le prince Félicien XIV.

« Mais le jour même de ses noces, comme elle sortait de la messe, elle mourut, sans s'en apercevoir, en embrassant son mari. »

Ceci est un conte bleu, tout ce qu'il y a de plus bleu. Et certes M. Zola, ayant conté tant de contes noirs, avait bien le droit d'écrire un conte bleu. Seulement il fallait l'écrire comme un conte bleu.

Oserai-je dire que ce n'est pas précisément ce

qu'a fait M. Emile Zola ? Au reste, le pouvait-il faire ? Et méritait-il de le pouvoir ? Eût-il été d'un bon exemple que Dieu permît à l'auteur de *Pot-Bouille* et de *Nana* de raconter innocemment une histoire innocente ? Des journaux avaient pris soin de nous avertir que cette fois M. Zola serait chaste. Mais ne l'est pas qui veut. Lisez le *Rêve*, et vous verrez que ce conte ingénu sue l'impureté (parfaitement !) et que cette histoire irréelle est écrite dans le même style opaque et puissamment matériel et avec les mêmes procédés de composition et de développement que la *Terre* ou *l'Assommoir*. L'effet est ahurissant.

D'abord, par un scrupule admirable, l'auteur a tenu à bien marquer que ce conte bleu est un épisode de l'histoire des Rougon-Macquart. Il s'est cru obligé de rattacher sa petite vierge à cette horrible famille par quelque lien de parenté. Or, devinez, je vous prie, quelle mère il est allé lui choisir ? L'immonde Sidonie de la *Curée*, l'entremetteuse du mariage de Renée et d'Aristide Saccard. Le doux Hubert va à Paris, à la recherche des parents d'Angélique. Il découvre Sidonie dans un petit entresol du faubourg Poissonnière, « où, sous prétexte de vendre des dentelles, elle vendait de tout ». Il entrevoit « une femme maigre, blafarde, sans âge et sans sexe, vêtue d'une robe noire élimée, tachée de toutes sortes de trafics louches ». Je sais que ce n'est rien, que cela ne tient que trois pages, et qu'on peut les retrancher du livre sans qu'il y paraisse ; mais, enfin, évoquer cette Macette dans un conte bleu et qu'on déclare avoir voulu faire tout bleu, n'est-ce pas une singulière aberration d'esprit ? Ou, si c'est que M. Zola ne veut pas avoir dressé pour rien l'arbre généalogique de ses Rougon-Macquart, n'est-ce pas un enfantillage un peu saugrenu ?

Par suite, ce conte bleu est, au fond, une histoire physiologique ! L'auteur ne veut pas nous laisser oublier que, si Angélique est sage, c'est parce qu'elle brode des chasubles et qu'elle vit à l'ombre d'une vieille cathédrale, mais que, dans d'autres conditions, elle eût pu aussi bien être Nana. C'est dans le cloaque Rougon que ce lis plonge ses racines et le mysticisme d'Angélique n'est qu'une forme accidentelle de la névrose Macquart. Il était sans doute très important de nous le rappeler !... Par les nuits chaudes, Angélique, ne sachant ce qu'elle a, saute pieds nus sur le carreau de sa chambre. Ce qui la tourmente, ce sont « les désirs insconcients... (page 93), la fièvre anxieuse de sa puberté ». Elle « devine Félicien ignorant de tout, comme elle, avec *la passion gourmande de mordre à la vie* ». Elle « ôte ses bas, devant Félicien, d'une main vive » (page 124). Et elle s'enfuit, « dans sa peur de l'amant. » (Partout ailleurs M. Zola eût dit : « la peur du mâle » ; c'est tout ce qu'il y a de changé ici.) Et encore (page 164) : « Elle se donnait, dans un don de toute sa personne. (« Se donner dans un don », goûtez-vous beaucoup ce pléonasme ?) C'était une flamme héréditaire rallumée en elle. Ses mains tâtonnantes étreignaient le vide, sa tête trop lourde pliait sur sa nuque délicate. S'il avait tendu les bras, elle y serait tombée, ignorant tout, cédant à la poussée de ses veines, n'ayant que le besoin de se fondre en lui ». Ou bien (243) : « Un flot de sang montait, l'étourdissait... elle se retrouvait avec son orgueil et sa passion, *toute à l'inconnu violent de son origine* ». Ou bien (page 261) : « Elle triomphait, *dans une flambée de tous les feux héréditaires* que l'on croyait morts. » Eh oui, c'est un ange, mais un ange de beaucoup de tempérament ! Quel drôle de conte bleu !

Ce n'est pas tout. Hubert et Hubertine, vous vous le rappelez, se lamentent de n'avoir pas d'enfant, et, toutes les vingt ou trente pages, l'auteur nous fait entendre délicatement que ça n'est vraiment pas leur faute... « C'était le mois où ils avaient perdu leur enfant ; et chaque année, à cette date, ramenait chez eux les mêmes désirs... lui tremblant à ses pieds... elle se donnant toute... Et ce redoublement d'amour sortait du silence de leur chambre, se dégageait de leur personne » (page 143). Ou bien (page 167) : « Et Hubertine était très belle encore, vêtue d'un simple peignoir, avec ses cheveux noués à la hâte ; *et elle semblait très lasse*, heureuse et désespérée... » Étrange idée d'avoir entr'ouvert cette alcôve de quadragénaires au fond de cette idylle enfantine !

Et, pendant ce temps-là, monseigneur l'évêque de Beaumont, qui a quelque soixante ans, tourmenté dans sa chair par le souvenir de la femme qu'il a adorée, passe les nuits à se tordre sur son prie-Dieu avec « un râle affreux... dont la violence, étouffée par les tentures, effraye l'évêché ». Et, quand Angélique se jette à genoux devant lui, il est très frappé de la grâce de sa nuque, et de son odeur. «... Ah ! cette odeur de jeunesse qui s'exhalait de sa nuque ployée devant lui ! Là, il retrouvait les petits cheveux blonds si follement baisés autrefois. Celle dont le souvenir le torturait après vingt ans de pénitence avait cette jeunesse odorante... (page 227). » Et plus loin (page 278) : « Sans qu'il se l'avouât, elle l'avait touché dans la cathédrale, la petite brodeuse... avec sa nuque fraîche, sentant bon la jeunesse »... Ah ! ce n'est pas pour rien que cet évêque a un grand nez, —pieusement mentionné chaque fois que l'aristocratique prélat apparaît dans cette histoire.

Vous ne vous méprenez point sur ma pensée, n'est-ce pas ? Tous les passages que j'ai cités sont fort convenables, et il faut reconnaître que M. Zola s'est appliqué à écrire chastement. Il n'en est pas moins vrai que, malgré ses efforts, la préoccupation de la chair est peut-être, à qui sait lire, aussi sensible dans le *Rêve* que dans ses autres romans. La caque sent toujours le hareng. A moins que ce ne soit moi qui, hanté par le souvenir de cette immense priapée des *Rougon-Macquart*, respire, dans le *Rêve*, des parfums qui n'y sont pas... Mais ils y sont, j'en ai peur. Sentez vous-même.

Ce conte bleu physiologique est par surcroît un conte bleu naturaliste. Il fallait des « documents », il y en a, — par grands tas. Outre un sommaire presque complet de la *Légende dorée*, que M. Zola a lue tout exprès, il a versé, pêle-mêle, tout au travers du récit des irréelles amours de Félicien et d'Angélique, un *Manuel du chasublier*. Il y a des énumérations d'outils qui témoignent à la fois d'une érudition et d'un scrupule (pages 54 et 55)!... Et que dites-vous de ce petit morceau : « Hubert avait posé les deux ensubles sur la chanlatte et sur le tréteau, bien en face, de façon à placer de droit fil la soie cramoisie de la chape, qu'Hubertine venait de coudre aux coutisses. Et il introduisait les lattes dans les mortaises des ensubles, etc., etc. » Mais il y a peut-être mieux encore. Lorsque Hubert veut adopter Angélique qui est une enfant trouvée, il va consulter le juge de paix. « M. Grandsire lui suggéra l'expédient de la tutelle officieuse : tout individu, âgé de plus de cinquante ans, peut s'attacher un mineur de moins de quinze ans, etc... Il fut convenu qu'ils conféreraient ensuite l'adoption à leur pupille par voie testamentaire, etc... M. Grandsire se mit en rapport avec le directeur de l'assistance publique, etc... Il y eut enquête, etc... » Dans un conte bleu ! Dans une histoire à peu près aussi réelle que celle de *Peau-d'Ane* ou de *Cendrillon !* N'est-ce pas à hurler ?

Enfin ce conte, qui, tout en étant bleu, reste physiologique et documentaire, est aussi romantique et épique. Il est romantique par le style, par l'enflure générale. Joignez ceci qu'Angélique vit de la vie de l'antique cathédrale, un peu comme Quasimodo dans *Notre-Dame de Paris*. Cette pénétration de l'âme de la jeune fille par la paix, la beauté, la majesté de ces vieilles pierres qui bornent son horizon est d'ailleurs fort bien exprimée. Il y a, là-dessus, toute une série de « morceaux » d'une poésie ou, mieux, d'une rhétorique abondante et robuste. Et le récit est épique, si l'on peut dire (comme tout ce qui sort de la plume de M. Zola) par la lenteur puissante, par l'énormité et la simplicité de la plupart des personnages, — enfin par le retour régulier de sortes de refrains, de *leit motiv* : descriptions de la cathédrale et du Clos-Marie à toutes les heures du jour et dans les principales circonstances de la vie d'Angélique ; énumérations des vierges du portail de Sainte-Agnès, et discours qu'elles tiennent à la jeune fille, selon les cas ; énumérations des ancêtres de Félicien de Hautecœur et de ses aïeules, les *mortes heureuses ;* énumérations d'outils de chasublier ; douleur secrète d'Hubert et d'Hubertine ; longueur du cou d'Angélique ; nez de monseigneur, etc.

A signaler l'emploi de plus en plus fréquent des deux adverbes *justement* et *même* commençant les phrases, et l'abus de certaines constructions que je définirais si cela en valait la peine. Une expression nouvelle qui revient une centaine de fois : *à son entour*, pour *autour d'elle* ou *de lui*. Je m'explique mal la tendresse de M. Zola pour cet inutile provincialisme.

Vous pensez bien que je ne reproche point à M. Zola ses procédés de composition et d'écriture. Ce sont les mêmes qui contribuent à la beauté de ses meilleurs ouvrages. Mais d'abord ils s'étalent davantage d'un roman à l'autre; et, plus visibles, deviennent plus fatigants. Et surtout ils convenaient aussi mal que possible à un sujet comme celui du *Rêve*. Toute la grâce de la naïve historiette disparaît. On n'a jamais vu fantaisie massive à ce point. C'est un conte bleu bâti en gros moellons. Il est vrai qu'il redevient intéressant par l'énormité de cette disconvenance du fond et de la forme. Sans cela, il serait mortellement ennuyeux.

La conclusion, c'est que j'aime mieux tout, même la *Terre*. Au moins la *Terre*, c'était franc et c'était harmonieux... Il faut que M. Zola en prenne son parti : il ne peut pas être à la fois Zola et autre chose que Zola... Il lui restera toujours d'avoir écrit la *Conquête de Plassans*, l'*Assommoir* et *Germinal*, d'avoir puissamment exprimé les instincts, les misères, les ordures et la vie extérieure de la basse humanité. Qu'il nous abandonne les petits contes, les doux enfantillages, les petites bergères, les petites saintes, les princes charmants, les jolis riens du rêve... Qu'il n'y touche pas avec ses gros doigts. Une petite fille de dix ans eût beaucoup mieux raconté que lui (qui a pourtant du génie) l'histoire d'Angélique. Nous excluons M. Zola du Clos-Marie — et du mois de Marie. Ce monsieur qui a écrit de si vilaines choses, ma chère ! fait peur aux vierges innocentes du portail de Sainte-Agnès... Qu'il laisse les vierges tranquilles ! Nous le renvoyons aux Trouilles, dans l'intérêt de son talent et peut-être, je suis affreusement sincère, pour notre plaisir.

PAUL BOURGET

ÉTUDES ET PORTRAITS.

M. Paul Bourget vient de publier deux volumes d'*Etudes et portraits*, avec ces sous-titres : *Portraits d'écrivains, Notes d'esthétique, Etudes anglaises, Fantaisies*.

Sur Bourget critique, il me faudrait un trop grand effort pour ajouter quelque chose à ce que j'ai dit ici même. (1) Mais j'ai relu avec un plaisir profond les notes sur l'île de Wight, sur l'Irlande et l'Écosse, sur les lacs anglais, sur Oxford et sur Londres. C'est à la fois substantiel et charmant ; M. Paul Bourget fait comprendre et il fait sentir. Il a l'esprit d'un philosophe et d'un rêveur. Tout détail extérieur lui est un signe d'une kyrielle de choses cachées. Il va aux idées générales avec aisance et allégresse, ainsi que la chèvre au cytise. Mais comme, dans ce mouve-

(1) Cf. *Les Contemporains*. III.

ment d'habitude qui le fait remonter continuellement d'un groupe de faits à un autre groupe, il arrive en un rien de temps au fin fond des choses et à des questions comme celle-ci : « L'univers existe-t-il en dehors de nous ? » ou bien : « Pourquoi cet univers et non pas un autre ? », il s'ensuit que sa philosophie aboutit volontiers au songe. Cela est peut-être inévitable. Quand on a bien raisonné sur les accidents, qu'on a essayé de les rattacher à leurs causes et de parcourir toute la série des phénomènes en les faisant rentrer les uns dans les autres, il se trouve qu'il y a enore plus de mystère et d'inconnu dans la conception générale à laquelle on arrive que dans l'humble sensation de laquelle on était parti ; et ainsi la rêverie est à la fin de la contemplation de ce monde, comme elle était au commencement. Et c'est pourquoi les philosophes sont si souvent les vrais poètes.

Résumer les impressions de M. Paul Bourget, ce serait trop long. Les vérifier, cela m'est tout à fait impossible. Je ne sais pas l'anglais, et je ne suis jamais allé en Angleterre. Je n'ai que des impressions sur des impressions. Je les dirai néanmoins. Il me semble que je puis ici parler de moi-même sans manquer à la modestie, puisque mon cas est évidemment celui du plus grand nombre de mes chers concitoyens.

Mais au fait, d'ignorer complètement la langue de Shakespeare et de n'avoir jamais passé le détroit, est-ce bien une raison pour ne point connaître l'Angleterre? J'ai lu — dans des traductions — un peu de leur littérature de tous les temps, de Chaucer à George Elliot. J'ai connu quelques Anglais ; j'en ai vu en voyage, où ils se conduisent en « hommes libres » qui usent de tous leurs droits et où leurs façons manquent un peu de grâce et de moelleux. J'ai lu les *Notes sur l'Angleterre* de M. Taine, les livres de M. Philippe Daryl, enfin les *Etudes anglaises* de M. Paul Bourget. Je sais donc quelles images de l'Angleterre se sont imprimées dans des intelligences plus puissantes que la mienne, mais, après tout, de même race et de même culture. Que m'apprendrait de plus, je vous prie, un voyage ou même un séjour à Londres ou au bord des lacs d'Écosse! Ce qui pourrait m'arriver de mieux, ce serait justement de voir ce pays comme M. Daryl, M. Bourget et M. Taine. Je n'ai donc nul besoin d'y aller. Croyez que je vous parle très sérieusement.

La voici en quelques lignes, mon Angleterre.

Axiome essentiel, tout gonflé d'innombrables conséquences : — Tout ce qui se fait en Angleterre est, d'une façon générale, exactement le *contraire* de ce qui se fait en France. Notez que cela creuse un plus vaste abîme entre les Anglais et nous qu'entre nous et, par exemple, la Chine ; car la Chine, c'est seulement *autre chose*.

Principaux signes caractéristiques: race sanguine rosbif, gin, thé, orgueil insulaire, sport, canotage *lawn-tennis*, la plus puissante aristocratie du monde, *keepseakes*, *home*, parlementarisme, loyalisme, politique féroce, respect du passé, esthètes, sentiment religieux, bible, armée du salut, dimanche anglais, hypocrisie anglaise, etc. ;

Pays des antithèses. Antithèses étranges et profondes, plus profondes qu'ailleurs, ou plus sensibles, ou plus souvent rencontrées :

Entre le soleil et la pluie ou le brouillard, entre les paysages de gares, de docks, d'usines et de mines et les paysages de bois, de lacs et de pâturages ;

Entre le passé et le présent, qui partout se côtoient, dans les institutions, dans les mœurs, dans les édifices ;

Entre la richesse formidable et l'épouvantable misère ;

Entre le sentiment inné du respect et l'attachement inné à la liberté individuelle ;

Entre la beauté des jeunes filles et la laideur des vieilles femmes ;

Entre l'austérité puritaine et la brutalité des tempéraments ;

Entre le don du rêve et le sens pratique, l'âpreté au travail et au gain ;

Entre les masques et les visages, etc.

Pays des *bars*, des *cars*, des *outsiders-coachs* et des *bow-windows*. (Rien comme chez nous, vous dis-je !) Pays où la rencontre d'une jeune fille des rues fait déborder du cœur corrompu d'un Parisien des effusions comme celle-ci : « Où vas-tu, *girl* Anglaise de dix-sept ans ?... De passants en passants tu erres, quasi candide, point effrontée, point brutale, et à celui qui te renvoie moins durement que les autres, tu demandes de quoi boire une goutte d'eau-de-vie ; et tout à l'heure, je pourrai te voir debout auprès du comptoir d'un bar, au milieu d'autres filles, jeunes et douces comme toi, parmi des hommes en haillons, et ton visage d'ange exprimera un plaisir naïf tandis que tu videras un large verre de brandy. Puis, tu reprendras ta marche sur le trottoir de plus en plus vide. Où t'en vas-tu, petite *girl* ? »

Vous voyez bien que je connais l'âme de l'Angleterre ! Et quant à ses paysages, après avoir lu les descriptions de M. Paul Bourget, je les connais aussi. Je les vois très nettement. Et je les vois plus beaux qu'ils ne sont, — si beaux que je ne les visiterai jamais : j'aurais trop peur d'un mécompte.

Il y a un passage du saint auteur de l'*Imitation* que je cite souvent, parce qu'il me console de mon ignorance de sédentaire, parce qu'il m'empêche d'être dévoré de la plus noire envie quand je pense à ceux qui ont le courage de voyager et de changer d'horizon, comme l'auteur de *Cruelle Enigme*. Car il est inouï, ce Bourget. Jamais à Paris ! Tout le temps à Oxford ou à Florence, quand il n'est pas à Grenade ou à Sélinonte ! Il est le psychologue errant. Le vrai Touranien, c'est lui, et non pas Jean Richepin.

Voici donc ce passage de l'*Imitation*. Il est dans

cet admirable chapitre XX du livre Ier, qui contient toute sagesse : « Que pouvez-vous voir ailleurs que vous ne voyiez où vous êtes ? Voilà le ciel, la terre, les éléments. Or c'est d'eux que tout est fait. Où que vous alliez, que verrez-vous qui soit stable sous le soleil ? Vous croyez peut-être vous rassasier ; mais vous n'y parviendrez jamais. Quand vous verriez toutes choses à la fois, que serait-ce qu'une vision vaine ? »

Quel baume et quel calmant que ces saintes paroles! Comme elles font sentir l'inutilité des chemins de fer et des steamers ! Il ne m'est arrivé qu'une fois de me déplacer notablement pour aller voir un paysage original : celui de Boghari en Algérie, si vous voulez le savoir. J'en avais lu la description dans Eugène Fromentin. J'ai voulu vérifier. Douze heures de diligence en partant de Blidah ! Je sais bien qu'on voit quelquefois des singes en traversant le défilé de la Chiffa ; mais l'auteur de l'*Imitation* me ferait remarquer qu'ils sont parfaitement semblables à ceux du Jardin des Plantes. On arrive à la nuit. On couche dans une auberge fort incommode, au pied de la colline fauve et nue, aux luisants de faïence, où se tasse la petite ville arabe. J'éprouvai si douloureusement cette nuit-là l'angoisse absurde, mystérieuse, d'être si loin de « chez moi », sous un ciel qui ne me connaissait pas, parmi des gens qui ne parlaient pas ma langue et qui n'avaient pas le cerveau fait comme le mien, que je sortis par la fenêtre pour attendre la

diligence qui repartait à trois heures du matin. Je
n'avais rien vu du tout, et j'éprouvais un désir fou
de m'en aller. Mais la diligence n'était pas encore
là... Je sentais autour de moi la solitude démesurée.
J'entendais dans le lointain des aboiements épouvantables, et je vis dévaler du haut de la colline fauve, à
grandes enjambées, des formes blanches... J'eus
peur, pourquoi ne le dirais-je pas ? et je rentrai par
la fenêtre. Le lendemain et le surlendemain, je vis
Boghari, les Ouled-Naïls, Bougzoul, le désert ; je fis
un très mauvais déjeuner sous la tente, chez le caïd
des Ouled-Anteurs, je crois, près d'une colline couleur de cuir fraîchement tanné, tachée de lentisques,
et où il y avait des aigles. Puis, comme c'était un peu
trop, pour mon coup d'essai, de huit heures de
cheval, je restai en arrière, je m'égarai complètement
dans une vilaine et interminable forêt de chênes-
liège, et c'est par miracle que je pus rejoindre mes
compagnons. Je me souviens d'un carrefour où
j'hésitai longtemps. J'étais persuadé que je prenais
le mauvais chemin. Je le suivis tout de même, convaincu que, si je prenais l'autre, ce serait celui-là le
mauvais. Et le mauvais chemin, c'était toute la nuit
passée dehors. Notez qu'il pleuvait à torrents dans
ce pays où il ne pleut jamais... Eh bien ! je me suis,
sans doute, figuré depuis que j'avais fait le plus
adorable voyage, et je le raconte quelquefois en
coupant mon récit de cris d'admiration ou de plaisir :
mais, quand je rentre en moi-même et que je tâche

d'être sincère, je sens très bien que, ce coin du Sahara, c'est à travers le livre de Fromentin que je le revois, non à travers mes propres souvenirs ; je sens que ce voyage *n'a rien ajouté* à la vision que j'apportais avec moi, et que mes yeux ont, sans le savoir, conformé la réalité à cette vision.

Depuis, je ne voyage plus. J'enviais autrefois Pierre Loti, qui mourra comme moi, mais qui aura, durant sa vie, habité toute une planète, tandis que je n'aurai été l'habitant que d'une ville, ou tout au plus d'une province. Je suis revenu de ce sentiment déraisonnable. Qu'importe que je n'aie point parcouru toute la planète Terre, puisqu'en tout cas, je n'en puis sortir, ni parcourir toutes les planètes et les étoiles ?... Il y a quelque part un grand verger qui descend vers un ruisseau bordé de saules et de peupliers. C'est, pour moi, le plus beau paysage du monde, car je l'aime et il me connaît. Cela me suffit. A quoi bon aller chercher, bien loin, d'autres paysages, puisque ces paysages, même imaginés d'après les livres, c'est-à-dire plus beaux qu'ils ne sont, me font moins de plaisir que celui-là ?

Je confesse qu'au fond, ce que j'oppose là aux belles curiosités sentimentales et intellectuelles de M. Paul Bourget, ce n'est qu'un instinct, un instinct très humble et très « peuple ». Mais c'est dans ces instincts-là que gisent les grandes énergies humaines. S'il faut tout dire, cet attachement étroit et aveugle à la terre natale, cette incuriosité de paysan,

me font considérer avec un peu d'étonnement
l'extraordinaire prédilection de M. Paul Bourget pour
les Anglais. Décidément, il les aime trop. Oh ! je
m'explique très bien cette tendresse. M. Paul Bourget
est pris à la fois par ce qu'il y a de plus noble en lui
— et, si j'ose dire, d'un peu frivole. Il les aime
comme le peuple le plus *sérieux* d'allures, le plus
préoccupé de morale, — et aussi comme celui qui a
le plus complètement réalisé son rêve de la vie
élégante et riche. Mais, j'ai beau faire, quand j'y
réfléchis, trop de choses me déplaisent chez eux. Je
vois que c'est le peuple le plus rapace et le plus
égoïste du monde ; celui où le partage des biens est
le plus effroyablement inégal, et dont l'état social est
le plus éloigné de l'esprit de l'Évangile, de cet Évangile qu'il professe si haut ; celui chez qui l'abîme est
le plus profond entre la foi et les actes ; le peuple
protestant par excellence, c'est-à-dire le plus entêté
de ce mensonge de mettre de la raison dans les choses
qui n'en comportent pas... Nous sommes, certes,
un peuple bien malade ; mais, tout compte fait,
nous avons infiniment moins d'hypocrisie dans notre
catholicisme ou dans notre incroyance, dans nos
mœurs, dans nos institutions, même dans notre liber-
tinage ou dans nos folies révolutionnaires. Surtout
nous n'avons pas cette dureté et cet affreux orgueil.
Le Français qui met le pied dans Londres sent peser
sur lui le mépris de tout ce peuple. Ce mépris, tous
leurs journaux le suent... Comment donc aimer qui

nous traite ainsi ? Tant d'estime et d'admiration en échange de tant de dédain, c'est vraiment trop d'humilité ou trop de détachement. Ce n'est pas le moment, quand presque tous les peuples se resserrent sur eux-mêmes et nous observent d'un œil haineux, ce n'est pas le moment de nous piquer de leur rendre justice, ni de nous épancher sur eux en considérations sympathiques. Je ne suis cosmopolite ni par ma vie ni par mon esprit ou mon cœur. Pourquoi le serais-je ? Pour la vanité de comprendre le plus de choses possible ? Passons-nous de cette vanité-là. Soyons inintelligents, et n'aimons que qui ne nous hait point, du moins pour un temps. Nous aimerons tous les peuples dans un monde meilleur.

JEAN LAHOR (HENRI CAZALIS).

Le bouddhisme est la plus vieille des philosophies — et la plus nouvelle. La conception du monde et de la vie que se sont formée, il y a trois ou quatre mille ans, les solitaires des bords du Gange, voilà que beaucoup d'entre nous y sont revenus et qu'elle convient parfaitement à l'état de nos âmes. Car, voyez-vous, c'est encore ce que l'humanité a trouvé de mieux. Rien n'en est démontrable, mais chacune de nos dispositions d'esprit y trouve son compte. Cette idée que nous sommes des parcelles de Dieu, — qui est le monde, — et qui n'est qu'un rêve, — on en tire tout ce qu'on veut. Elle produit et justifie à la fois l'inertie voluptueuse, la charité, le détachement, — même l'héroïsme par la conscience de notre solidarité profonde avec l'univers, et par la soumission volontaire aux fins du Dieu insaisissable et immense dont nous sommes la pensée. Tout cela, je ne sais comment.

D'autres poètes contemporains ont été bouddhistes à leurs heures, notamment M. Leconte de Lisle. L'originalité de Jean Lahor, c'est qu'il est bouddhiste avec une sincérité évidente, aussi naturellement qu'il respire. Outre les beautés de forme et de détail, son livre (1) a donc une beauté d'ensemble, qui provient de la continuité d'une même inspiration. C'est un livre harmonieux, d'une irréprochable unité. On y voit clairement de quelles façons la philosophie du divin Çakia-Mouni peut modifier et enrichir les divers sentiments d'un homme de nos jours : sentiment de la nature, amour de la femme, sentiment moral.

Si l'imagination poétique consiste essentiellement à découvrir et à exprimer les rapports et les correspondances secrètes entre les choses, on peut dire que le panthéisme est la poésie même, puisqu'il établit l'universelle parenté des êtres. Et ainsi, toutes les impressions particulières que nous donnent les objets du monde physique, il les approfondit et les agrandit aussitôt par l'idée toujours présente que tout s'enchaîne et se tient dans le rêve ininterrompu de Maïa... Les frontières deviennent indistinctes entre les différentes formes de la vie — vie végétale, animale et humaine. Les fleurs sont des femmes, puisque femmes et fleurs sont l'épanouissement inégalement complet, à la

---

(1) *L'Illusion*, par Jean Lahor. — Lemerre.

surface du monde, de la même âme divine. Chaque image qui nous arrive en éveille d'autres, indéfiniment, suscite même la vision confuse de l'Être total. La poésie panthéistique met, si je puis dire, dans chacune de nos sensations, le ressouvenir de l'univers...

Des exemples ? Je vous en donnerais volontiers. Mais quel ennui de choisir !

Les soirs d'été, les fleurs ont des langueurs de femmes,
Les fleurs semblent trembler d'amour, comme des âmes ;
Palpitantes aussi d'extase et de désir,
Les fleurs ont des regards qui nous font souvenir
De grands yeux féminins attendris par les larmes,
Et les beaux yeux des fleurs ont d'aussi tendres charmes.
Les fleurs rêvent, les fleurs frissonnent sous la nuit ;
Et, blanches, comme un sein adorable qui luit
Dans la sombre splendeur d'une robe entr'ouverte,
Les roses, du milieu de l'obscurité verte,
Tandis qu'un rossignol par la lune exalté
Pour elles chante et meurt sous cette nuit d'été,
Les roses au corps pâle, en écartant leurs voiles,
Folles, semblent s'offrir aux baisers des étoiles.

Voilà des vers sur les fleurs. En voici sur les mondes. C'est Brahma qui parle :

Le soleil est ma chair, le soleil est mon cœur,
Le cœur du ciel, mon cœur saignant qui vous fait vivre.
. . . .
Je suis le dieu sans nom aux visages divers,
Mon âme illimitée est le palais des êtres ;
Je suis le grand aïeul qui n'a pas eu d'ancêtres.

Dans mon rêve éternel flottent sans fin les cieux ;
Je vois naître en mon sein et mourir tous les dieux.
C'est mon sang qui coula dans la première aurore...

De même, l'idée de l'univers sera toujours présente au poète bouddhiste quand il lui arrivera d'aimer une femme. Il aimera magnifiquement : car la nature entière lui fournira des images pour exprimer son amour. Il aimera avec sensualité et langueur : car il ne voudra goûter l'amour qu'aux lieux et aux heures qui le conseillent et l'insinuent, dans les parfums, dans les musiques, dans la douceur et la mélancolie des soirs tièdes. Il aimera avec tendresse et reconnaissance : car il n'ignore point que c'est la rencontre d'une femme qui a embelli pour lui le rêve des choses. Il aimera avec résignation : car il sait bien que ce n'est en effet qu'un rêve, et qui passera. Il sait aussi que l'amour est inséparable de la mort, parce que la mort est inséparable de la vie...

Et maintenant lisez les *Chants de l'Amour et de la Mort* :

Je voudrais te parer de fleurs rares, de fleurs
Souffrantes, qui mourraient pâles sur ton corps pâle.
. . . .
  Tu fermes les yeux, en penchant
  Ta tête sur mon sein qui tremble :
  Oh ! les doux abîmes du chant
  Où nos deux cœurs roulent ensemble !
. . . .
Notre rêve avait fait la beauté de ces choses...

Tout ce qui ce soir-là nous fit ivres et fous
Etait créé par nous et n'existait qu'en nous...
. . . .

>   Enlacée au corps d'une femme,
>   Comme l'amant de Rimini,
>   Tournoie un instant, ô mon âme,
>   Dans le tourbillon infini !

Le bouddhisme, enfin, est le meilleur baume à la pensée souffrante... Quel bonheur, quand on y songe, que tout ne soit que rêve et vanité ! Si tout n'était pas vanité, c'est alors que nous serions vraiment à plaindre. Ne pas être beau, ne pas avoir de génie, ne pas être tout-puissant, ne pas être dieu... rien ne serait plus triste que cette mesquine et misérable condition si elle devait durer toujours ! Il n'y a que le Tout qui soit parfait et qui n'ait rien au-dessus de lui : il n'y a donc que le Tout qui puisse avoir plaisir à être éternel. Mais nous, les accidents, félicitons-nous d'être éphémères et, par suite, de ne pas être bien sérieusement réels. Ah ! le sentiment de la vanité de toutes choses, quel opium pour l'orgueil, l'ambition, l'amour, la jalousie, pour toutes les vipères qui grouillent dans notre cœur quand nous n'y prenons pas garde ! Quelle joie de passer et de n'être rien, puisque les autres êtres ne sont rien et passent !... Oh ! comme cela fait accepter la vie, ce court voyage à travers les apparences ! et comme cela fait accepter la mort !

..... Plonge sans peur dans le gouffre béant,
Ainsi que l'épervier plongeant dans la tempête :

Car tout ce rêve une heure a passé dans ta tête :
Tu fus la goutte d'eau qui reflète les cieux,
Et l'univers entier est entré dans tes yeux :
Et bénis donc Allah, qui t'a pendant cette heure
Laissé comme un oiseau traverser sa demeure.

Et encore :

Père, engloutis-moi donc, sois donc bien mon tombeau ;
Et, si je participe à ta vie éternelle,
Que ce soit sans penser, tel que la goutte d'eau
Que la mer porte et berce inconsciente en elle.

Mais ce n'est pas tout : car les idées générales ont ceci de précieux, d'enfanter les sentiments les plus contradictoires. Le bouddhisme, qui nous incline au plus suave nihilisme, mène aussi au stoïcisme moral. C'est qu'il se rencontre avec le darwinisme dans ce principe commun que la force, quelle qu'elle soit, par où l'univers se développe, lui est intérieure et immanente. L'homme d'aujourd'hui est le produit suprême de ce développement ; or, comme l'explique Sully-Prudhomme dans son poème de la *Justice*, ce long effort d'où nous sommes sortis constitue notre dignité. La conserver et l'accroître et affirmer que nous le devons — l'affirmer par un acte de foi (car vous vous rappelez que tout est vain), c'est là proprement la vertu... Ici il faudrait tout citer. Lisez l'admirable poème intitulé *Réminiscence* :

Certains soirs, en errant dans les forêts natales,
Je ressens dans ma chair les frissons d'autrefois,

Quand, la nuit grandissant les formes végétales,
Sauvage, halluciné, je rampais sous les bois.

. . . .

Quand mon esprit aspire à la pleine lumière,
Je sens tout un passé qui le tient enchaîné ;
Je sens rouler en moi l'obscurité première :
La terre était si sombre, aux temps où je suis né !

. . . .

Et je voudrais pourtant t'affranchir, ô mon âme,
Des liens d'un passé qui ne veut pas mourir...

. . . .

Mais c'est en vain ; toujours en moi vivra ce monde
De rêves, de pensers, de souvenirs confus,
Me rappelant ainsi ma naissance profonde,
Et l'ombre d'où je sors, et le peu que je fus.

Et ce cri vers Dieu :

Tout affamé d'amour, de justice et de bien,
Je m'étonne parfois qu'un idéal se lève
Plus grand dans ma pensée et plus pur que le tien !
— Oh ! pourquoi m'as-tu fait le juge de ton rêve ?

Et cette exhortation à l'homme :

Que les pouvoirs obscurs d'un monde élémentaire
Connaissent grâce à toi le rythme harmonieux ;
Et si, tous les dieux morts, tu restes solitaire,
Garde au moins les vertus que tu prêtas aux dieux !

Et toute la dernière pièce, *Vers dorés* :

. . . .

Sois pur, le reste est vain, et la beauté suprême,
Tu le sais maintenant, n'est pas celle des corps :

La statue idéale, elle dort en toi-même ;
L'œuvre d'art la plus haute est la vertu des forts.

. . . .

De ton âme l'ennui mortel faisait sa proie,
Étant le châtiment de l'incessant désir ;
Du fier renoncement de ton âme à la joie
Goûte la joie austère et le sombre plaisir...

Je n'ai voulu que dégager, tant bien que mal, le fond et la substance même des vers de M. Jean Lahor. Ce fond est d'une qualité rare. L'*Illusion* est un fort beau livre, plein de tristesse et de sérénité. Il charme, il apaise, il fortifie. Après l'avoir relu, je le mets décidément à l'un des meilleurs endroits de ma bibliothèque, non loin de l'*Imitation*, des *Pensées* de Marc-Aurèle, de la *Vie intérieure* et des *Épreuves* de Sully-Prudhomme, — dans le coin des sages et des consolateurs.

GROSCLAUDE

Les *Gaietés de l'année* de M Grosclaude (1) ne sont, sans doute, que des bouffonneries improvisées sur les événements, grands ou petits, de la politique, du théâtre, de la littérature et de la rue. Mais ces bouffonneries me paraissent d'une si excellente qualité et d'une invention si spéciale, que je ne croirais pas avoir entièrement perdu ma peine si je parvenais à les définir et à les caractériser avec quelque précision.

Première impression : elles portent, je ne sais comment, mais pleinement et avec évidence, la marque d'aujourd'hui. C'est bien la forme suprême et savante de ce qu'on a appelé la « blague ». Cela est bien à nous ; nous avons du moins trouvé cela, si nous n'avons pas trouvé autre chose, et cela seul nous permettrait de dire que le progrès n'est pas un

---

(1) *Les Gaietés de l'année*, par Grosclaude, 3ᵉ année. — Librairie moderne.

vain mot. Car voyez, goûtez, comparez : les anciens hommes n'ont rien eu qui ressemblât à l'esprit des *Gaietés de l'année*. Ils ont eu *leur* comique (qui nous échappe la plupart du temps) : ils n'ont pas eu la « blague ». Il peut m'arriver, en lisant les vers ou la prose d'un Grec ou d'un Latin, d'être ému d'autant de tendresse ou d'admiration que lorsque je lis mes plus aimés contemporains ; mais jamais, au grand jamais, d'éclater de rire. MM. Henri Rochefort, Émile Bergerat, Alphonse Allais, Étienne Grosclaude n'ont point d'analogues dans l'antiquité, et j'ose dire qu'ils n'ont, dans les temps modernes, que de vagues précurseurs : Swift, si vous voulez, et un peu Rabelais pour l'ironie méthodique du fond ; Cyrano et les grotesques du xviie siècle pour le comique du vocabulaire... Encore est-ce une concession que je vous fais.

Et maintenant, abordons ces *Gaietés* avec tout le sérieux qui convient.

La bouffonnerie d'Étienne Grosclaude, telle que cet esprit éminent l'entend et la pratique, est, d'abord, d'une irrévérence universelle. Elle implique une philosophie simple et grande, qui est le nihilisme absolu.

Elle ne respecte ni la vertu, ni la douleur, ni l'amour, ni la mort. Elle badine volontiers sur les assassinats, se joue autour de la guillotine ; et les plus effroyables manifestations du mal physique, les pires cruautés de la nature mauvaise, incendies, inondations, tremblements de terre, catastrophes de toute espèce, lui sont matière à calembours et à coq-à-l'âne. M. Grosclaude, par exemple, écrira avec sérénité :

« Deux de nos assassins les plus en évidence, MM. Rossel et Demangeot, viennent de nous donner une de ces déceptions que le public parisien ne pardonne pas volontiers... Une intervention gouvernementale de la dernière heure a provoqué l'ajournement illimité de leur exécution, qui n'était pas moins impatiemment attendue que celle de *Lohengrin*. La justice des hommes se promettait par avance une de ces satisfactions d'amour-propre qu'au dire des comptes rendus elle éprouve chaque fois qu'il lui est donné de présider à une cérémonie de cet ordre, et le tout-Paris des dernières, friand de tout bruit de coulisse, — et notamment de celui que fait le sinistre couperet en glissant dans sa rainure, — retenait déjà ses places, etc... »

Ne croyez pas, je vous en supplie, que ces lignes soient l'indice d'un mauvais cœur. Elles ne sont que la mise en œuvre momentanée, l'application à un cas particulier, de cette idée qui revient souvent chez M. Renan et d'autres sages, que « le monde n'est peut-être pas quelque chose de bien sérieux ». C'est comme une convention allégeante et salutaire que l'écrivain nous demande d'admettre un instant. « Il n'y a rien... absolument rien... La douleur même est un pur néant quand elle est passée... L'univers n'existe que pour nous permettre de le railler par des assemblages singuliers de mots et d'images... » Voilà ce que nous admettons implicitement lorsque nous lisons une page de Grosclaude; et de là cette impression de déliement, de détachement heureux, que nous font souvent éprouver ses facéties les plus macabres. Le rire dont elles nous secouent intérieurement est le rire bouddhiste, lequel précède immédiatement, dans l'ordre des affranchissements successifs de nos pauvres âmes, la paix du *Nirvâna*...

Le second et le troisième caractère de cette gaîté, c'est l'outrance et la méthode, portées toutes deux aussi loin que possible, et se soutenant et se fortifiant l'une l'autre. M. Grosclaude possède, je crois, au même degré que M. Rochefort, le don de déduire les conséquences les plus imprévues d'un fait, et, si je puis dire, de créer dans l'absurde. Mais peut-être apporte-t-il à ce genre de déduction une logique plus roide, plus imperturbable, qui sent mieux son mathématicien, et un délire plus direct et plus glacial... Il est difficile de citer, car ces folies n'ont toute leur action sur le cerveau que si on leur laisse tout leur développement. Mais si vous voulez un exemple, voyez ce que le zèle de la commission d'incendie, après la catastrophe de l'Opéra-Comique, a inspiré à M. Grosclaude. Il suppose qu'un arrêté préfectoral vient de fermer les bains Deligny, « attendu que ledit établissement de bains est entièrement construit en bois, ce qui l'expose d'une façon particulièrement grave aux dangers du feu... ». Puis il énumère les conditions auxquelles sera soumise la réouverture de l'établissement... Rien n'est oublié ; c'est d'une prévoyance d'aliéné qui aurait beaucoup d'imagination et qui aurait subi une forte discipline scientifique.

D'autres fois... oh! c'est très simple, c'est un jeu de mots, un coq-à-l'âne, auxquels il applique ce système de développement. Ou bien il prend une métaphore au pied de la lettre : et alors, avec une patience et une subtilité de sauvage ou de polytechnicien, il en fait sortir tout le contenu, il la dévide comme un cocon, et ce sont des trouvailles d'une drôlerie presque inquiétante... Soit cette figure de rhétorique : « la *maladie* des billets de banque ». Il part là-dessus avec une gravité de membre de l'Académie de médecine écrivant un rapport : « Une curieuse épidémie sévit depuis quelque temps sur les billets de cinq cents francs ; ils ne meurent pas tous, mais tous sont frappés d'un vague discrédit. — Le symptôme pathognomonique de la maladie est un épaississement accentué des tissus, avec complication de troubles dans le filigrane, etc... » Ou encore : « On vient de découvrir l'antisarcine ; comme son nom l'indique, ce médicament est destiné à combattre les effets du Francisque Sarcey qui sévit avec une si cruelle intensité sur la bourgeoisie moyenne. » Et alors il fait l'historique de la découverte ; il raconte que les études sur le virus sarcéyen ont démontré l'existence d'un microbe spécial qui a reçu le nom de *Bacillus scenafairius* (bacille de la scène à faire); que les premiers microbes ont été recueillis dans la bave d'un abonné du *Temps*, un malheureux qui « jetait du Scribe par les narines et délirait sur des airs du Caveau... et que son teint blafard (et Fulgence) désignait clairement comme un homme épris des choses du théâtre »; que ces bacilles ont été recueillis, cultivés dans les « bouillons » du *Temps* et de *la France*, etc...

Ce qui double encore l'effet de ces méthodiques extravagances, c'est le style, qui est d'un sérieux, d'une tenue et d'une impersonnalité effrayantes. C'est un ineffable mélange de la langue de la politique et de celle du journalisme, de l'administration et de la science, dans ce qu'elles ont de plus solennellement inepte. M. Grosclaude exécute depuis des années ce tour de force, de ne pas écrire une ligne qui ne soit un cliché ou un poncif. Je sais bien que d'autres le font sans le vouloir; mais lui le veut, et il n'a pas une défaillance. Ouvrons au hasard :

« Encore un grand nom compromis dans l'affaire des décorations : il s agit du Panthéon, à l'égard duquel le *Temps* publie de graves révélations sous ce titre à scandale : « la décoration du Panthéon ». Il semblait pourtant que cette haute personnalité fût à l'abri des soupçons, etc... »

Et plus loin, après avoir rapporté un propos de M. Meissonnier :

« Il faudrait n'avoir aucune expérience de ce qui se lit entre les lignes d'un journal pour ne pas comprendre que ces réticences cachent quelque horrible mystère. Ayons le courage de l'imprimer : si, malgré des interventions si puissantes, le Panthéon n'est pas encore décoré, c'est vraisemblablement qu'il a dans son passé quelque ténébreuse histoire qui lui interdit l'accès de toute distinction honorifique... Quel est donc ce cadavre ? On va jusqu'à prétendre qu'on en trouverait plusieurs dans le fond de sa crypte... »

Est-ce assez soutenu ? Je me demande en frémissant quel peut bien être l'état d'esprit d'un homme qui se livre tous les jours de sa vie à de pareils exercices. Serait-il capable, à l'heure qu'il est, d'écrire autrement qu'en clichés ? Dans quelle langue rédige-t-il sa correspondance familière ? Figurez-vous un homme dont toutes les pensées, même les plus intimes et les plus personnelles, revêtiraient d'elles-mêmes les formes consacrées d'une élégance imbécile ; qui aurait volontairement créé et développé en lui cette infirmité et qui serait décidé à mourir sans avoir une fois, une seule fois, exprimé directement sa pensée... O prodige d'ironie !...

C'est pourquoi Grosclaude me fascine. Ces inventions de fou dialecticien parlant constamment la langue d'un président des quatre classes de l'Institut un jour de gala, cela me fait la même espèce de plaisir que les cabrioles d'un clown à favoris et en habit noir, mais un plaisir dix fois plus intense, d'autant que les choses de l'esprit sont au-dessus de celles de la matière. C'est un des plus beaux exemples d'acrobatie intellectuelle que je connaisse, un des plus suivis, des mieux exempts de lassitude ou de distraction. Ce sont, non pas des envolées dans l'absurde, mais comme des percées régulières, qu'on dirait faites avec des machines d'ingénieur et des instruments de précision.

J'ajoute qu'il y a un mystère dans tout cela. Les raisons que j'ai essayé de démêler n'expliquent pas, en somme, la joie bizarre que me donne l'énorme et placide déraison de ces facéties ; et peut-être aurez-vous beaucoup de peine à comprendre mon admiration et à me la pardonner, et y soupçonnerez-vous quelque gageure... Mais non, il n'y en a point... Je relis l'*interview* que Grosclaude est allé prendre à la plus ancienne locomotive de France, à l'occasion du cinquantenaire des chemins de fer, et je n'y résiste pas plus qu'à la première lecture. La perception rapide des rapports démesurément inattendus que l'auteur établit soudainement entre les choses, tout en alignant des phrases idiotes de reporter, me frappe d'un heurt qui me désagrège l'esprit comme le choc électrique désagrège les corps. Pourquoi ? Là est l'énigme. Peut-être éprouvé-je un plaisir malsain à me sentir violemment introduit dans une conception du monde analogue à celles que doivent édifier les cerveaux des fous, en restant à peu près sûr de me ressaisir. Il y a peut-être du vertige et quelque chose de l'attrait d'un crime à simuler ainsi, dans sa propre intelligence, les effets d'un tremblement de terre... Enfin, que vous dirai-je ? Ce n'est point ma faute si des phrases comme celles-ci me délectent profondément :

« Ce n'est pas sans une respectueuse émotion que nous avons été admis en présence de ce vieux lutteur... La glorieuse locomotive habite un modeste appartement de garçon, au cinquième sur la cour... Nous sommes immédiatement introduits dans le cabinet de toilette de la respectable machine à vapeur, qui est en train de se passer un bâton de cosmétique sur le tuyau, innocente coquetterie de vieillard. »

La conversation s'engage. Elle est d'une suprême vraisemblance. C'est un *interview* qui ressemble à tous les *interview* de « vieux lutteurs » ou de « sommités scientifiques », et bientôt l'on ne sait plus au juste s'il s'agit d'une vieille locomotive ou de l'honorable M. Chevreul. Le reporter lui demande son âge et fait cette réflexion aimable que « les locomotives n'ont jamais que l'âge qu'elles paraissent » ; il l'interroge sur son hygiène : « Vous transpirez, sans doute ?... Portez-vous de la flanelle ? » Et enfin :

« — Il va sans dire qu'à l'instar de M. Chevreul et de tous nos grands macrobites vous usez du café au lait ?
« — Ni café, ni rien d'analogue ; je m'abstiens rigoureusement de thé, de liqueurs fortes, d'asperges et de femmes.
« — Cependant vous fumez ?
« — C'est ma seule faiblesse.
« — La seule ? bien vrai ?... Voyons, tout à fait entre nous, vous n'avez jamais eu de ces aimables écarts qui em-

bellissent l'existence d'une locomotive à l'âge des passions ?

« — Jamais, monsieur, vous me croirez si vous voulez !... Mon Dieu, j'ai eu comme les autres mes heures de poésie...

« — Vos vapeurs ! »

Et cela continue... Est-ce moi qui suis fou ? Je trouve dans ces facéties conduites avec tant de sang-froid une véritable puissance d'invention charentonnesque. Vous m'excuserez donc de m'y arrêter si longtemps. Car rien n'est indigne d'intérêt dans la littérature, rien, si ce n'est le médiocre. N'avez-vous pas été frappés, dans les trop nombreuses citations que j'ai faites, de la merveilleuse justesse des jeux de mots dont elles sont semées et, si je puis dire, de leur caractère de nécessité ? N'a-t-on point cette impression que l'auteur ne pouvait pas ne pas les faire, et que cependant nous ne les aurions point trouvés ? Ce signe est un de ceux auxquels on reconnaît les belles œuvres. Vous voyez bien que l'art de Grosclaude est du grand art ! Ne jurerait-on point qu'une Providence a voulu que Fulgence et Waflard collaborassent à un grand nombre de vaudevilles, tout exprès pour qu'un lecteur malade de Francisque Sarcey pût être qualifié de « blafard (et Fulgence) » ? que le tabac fût inventé pour qu'un reporter demandât à une vieille locomotive : « Vous fumez ? » — et que le mépris s'exprimât par le monosyllabe « zut ! » pour que Grosclaude inventât une faute d'orthographe, les « connaissances zutiles », qui raille à la fois les dernières réformes de l'enseignement et la prononciation du Conservatoire ?... N'y a-t-il pas là comme des harmonies préétablies ? et certains calembours excellents n'auraient-ils point été prévus par le Démiurge de toute éternité ? « O profondeurs ! » comme disait Victor Hugo.

Est-il défendu d'imaginer qu'une Puissance inconnue, ayant d'abord permis aux hommes d'établir entre les choses et les mots des rapports constants, universels et publics, a voulu enfouir en même temps dans les ténèbres des idiomes humains certains rapports secrets, absurdes et réjouissants des mots avec les objets ou des vocables entre eux, et en a réservé la découverte à quelques privilégiés du rire et de la fantaisie ? Grosclaude est assurément un de ces hommes. A première vue, il y a du hasard dans ses inventions. A force de secouer les mots comme des noix dans un sac, on amène entre eux d'étranges rencontres, des façons nouvelles et baroques de s'accrocher. Mais, soyez-en sûrs, ces rencontres, d'où jaillit parfois une pensée originale, ne sont aperçues que de ceux qui savent les voir ; et, s'ils parviennent à en dégager de l'esprit ou même un peu de philosophie, c'est que cette philosophie et cet esprit, ils les apportaient avec eux. Il y a coq-à-l'âne et coq-à-l'âne. L'Évangile même contient un calembour sublime. Un jour, M. Grosclaude, rien qu'en écrivant le contraire de ce que nous eussions écrit, vous et moi, a fait une merveilleuse trouvaille. Il raconte la fête des Rois chez M. Grévy, et nous montre M. de Freycinet s'apprêtant à découper le gâteau : « M. de Freycinet, dit-il, avec cette gravité qu'il apporte *même aux choses sérieuses...* » Cette simple phrase, remarquez-le, est un puits de profondeur, puisqu'on y suppose couramment admise une pensée qui passe elle-même pour surprenante et profonde, à savoir que c'est aux choses futiles que nous apportons le plus de gravité... N'ai-je pas raison de conclure que le délire de Grosclaude est le délire d'un sage ?

PRONOSTICS

POUR L'ANNÉE 1887.

On ne m'y reprendra plus, à dresser des inventaires de fin d'année. Pour deux ou trois mots de remerciements, j'ai reçu vingt lettres de réclamations. Il paraît que j'ai commis d'énormes oublis, et que l'année littéraire a été bien meilleure et plus fertile en œuvres originales que je n'avais cru. Je me réjouis de m'être trompé si fort. Mon excuse est dans ma sincérité. Je n'avais fait d'ailleurs, je l'avoue, aucune recherche bibliographique. J'ai laissé remonter d'eux-mêmes dans ma mémoire les livres dont j'avais reçu une impression un peu forte, et je les ai notés à mesure : voilà tout. Mais j'ai eu grand soin de ne donner pour infaillibles ni mes souvenirs ni mes jugements.

Comme je n'apporte aujourd'hui que des prévisions, j'y pourrais mettre plus d'assurance. Je voudrais, en effet, après avoir dit ce que nous a donné la littérature pendant la dernière année, chercher ce qu'elle nous donnera dans le cours de l'année qui commence. Or cette entreprise est infiniment moins dangereuse. Car, si je me trompe, on ne le saura que dans douze mois, et personne ne se souviendra alors de ce que j'aurai prédit. Je puis donc annoncer les livres qui se feront, avec la même sécurité que Mathieu Laensberg le temps qu'il fera. Néanmoins, par un excès de timidité et de scrupule, je n'ai point voulu prédire l'avenir moi-même, quoique rien ne soit plus aisé, et j'ai interrogé une somnambule extralucide, comme elles le sont toutes, dont je ne fais que résumer ici les réponses.

* * *

Les littérateurs feront de plus en plus en 1887 ce qu'ils faisaient en 1886.

M. Emile Zola publiera un roman de sept cents pages intitulé *la Terre*. Il y aura dans ce roman, comme dans les autres, une Bête, qui sera la terre; et, sur cette bête, vivront des bêtes, qui seront les paysans. Il y aura un paysage d'hiver, un paysage de printemps, un paysage d'été et un paysage d'automne, chacun de vingt à trente pages. Tous les travaux des champs y seront décrits, et le Manuel du parfait laboureur y passera tout entier.

La seule passion campagnarde étant, comme on

sait, l'amour de la terre, vous prévoyez le sujet. Ce sera l'histoire d'un vieux paysan qui fera le partage de ses biens à ses enfants; ceux-ci, trouvant qu'il dure trop, le pousseront dans le feu à la dernière page. Je pense qu'il y aura aussi une fille-mère qui jettera son petit dans la mare. Et je suis à peu près sûr qu'il y aura une idiote, ou un idiot, peut-être deux, ou trois. Et tous ces sauvages seront grandioses. Et le livre sera épique et pessimiste. Il faut qu'il le soit, M. Zola n'en peut mais. Et le roman commencera ainsi :

« Le soleil tombait d'aplomb sur les labours... L'odeur
« forte de la terre fraîchement écorchée se mêlait aux exha-
« laisons des corps en sueur... La grande fille, chatouillée
« par la bonne chaleur, riait vaguement, s'attardait, ses
« seins crevant son corsage... — N... de D...! fit l'homme ;
« arriveras-tu, s... pe? »

L'optimisme de M. Renan ira croissant. Ce sage publiera un nouveau drame philosophique intitulé *le Dernier Pape*. Cela se passera au vingtième siècle. Le pape Pie XI annoncera par une suprême encyclique *(Gaudeamus, fratres)* à ce qui restera du monde chrétien qu'il remet ses pouvoirs aux mains de l'Académie des sciences de Berlin. Il croira le temps venu de la solution oligarchique du problème de l'univers.

A ce moment, l'élite des êtres intelligents, mai=

tresse des plus importants secrets de la réalité commencera de gouverner le monde par les puissants moyens d'action dont elle disposera, et d'y faire régner, par la terreur, le plus de raison et de bonheur possible. Cette élite n'aura pas de femmes; la femme restera la récompense des humbles, pour qu'ils aient un motif de vivre... Mais ce délicieux rêve oligarchique réalisé, les sages ne pourront bientôt plus supporter leur propre sagesse, leur propre toute-puissance, ni leur solitude.

Le désir de la femme les mordra au cœur; et la femme, introduite dans la place, les trahira, livrera au peuple les secrets des savants et les machines par lesquelles ils terrorisaient la multitude. Ou bien ces machines rateront entre les mains de leurs inventeurs. Et ce sera un beau gâchis, et tout sera à recommencer. Et vite il faudra une religion nouvelle. Ou bien l'ancien Pape reprendra la tiare et déclarera apocryphe l'encyclique *Gaudeamus, fratres*. — Et M. Renan se consolera : car « la raison a le temps pour elle, voilà sa force. Elle traversera des successions de pourriture et de renaissance. Les essais sont incalculables... »

Et le commencement du drame sera :

« *Le pape dans son laboratoire, au Vatican. Les
« fourneaux, les alambics et les cornues cachent pres-
« que entièrement les fresques peintes par Raphaël. Il
« rêve et murmure à mi-voix*: Dieu n'était pas : il
« est tout près d'être... Mais, qui sait si la vérité

« n'est pas triste ?... Vive l'Eternel !.. L'idéal
« existe... Heureux les simples !...

Ce drame sera expressément écrit pour la Comédie-Française, et le rôle du Pape sera joué par M. Coquelin aîné.

Le roman de M. Paul Bourget s'appellera *Péché d'Islande*. Pourquoi ? On ne sait pas. Robert d'Ancelys, flétri par les turpitudes de la vie de collège, puis régénéré par un crime d'amour, n'aura plus pour principe d'action que la religion de la souffrance humaine. Et alors il se donnera pour mission d'avoir pitié des femmes blessées, et surtout d'être le dernier amant de celles qui approchent de l'âge où l'on n'en a plus. Il étendra sa miséricorde sur trois femmes à la fois. L'une demeurera rue de Varennes, l'autre au Parc Monceau, la troisième aux Champs-Elysées ; et toutes trois ressembleront à des portraits de Botticelli ou de Léonard de Vinci. Et Robert les consolera doucement — oh ! si doucement ! — mais elles voudront être aimées, non consolées ; et puis elles ne comprendront pas qu'il en console trois en même temps. Mais lui ne comprendra point qu'elles n'aient pas compris, et ce sera très subtil, et tous les quatre s'écrieront : « Oh ! la cruelle énigme ! » Et il y aura un grand appareil d'analyse psychologique, et comme une trousse de chirurgien étalée ; et, dans les appartements et dans les écuries, un grand confort anglais.

Et voici les premières lignes :

« Tous les observateurs ont remarqué ce qu'il y a de trou-
« blant, d'alliciant et de profondément nostalgique dans le
« regard des femmes qui offrent cette particularité d'avoir
« des yeux bleus avec des cheveux bruns, — surtout quand
« ces femmes appartiennent à une race douloureusement
« affinée par des siècles de vie élégante et artificielle. C'est
« un de ces regards, imprégnés d'exquise malfaisance, que
« voilaient, à cette heure crépusculaire qui suit le *five o'clock*
« *tea*, les longs cils, — ah ! si longs ! — de la comtesse Alice
« de Courtisols qui, blottie sur un pouf, à l'abri d'un para-
« vent anglais, etc... »

M. Pierre Loti nous donnera *Kouroukakalé*. Ce sera le nom d'une jeune Lapone amoureuse d'un officier de marine. On verra dans ce livre des fiords, des bancs de glace, des baleines, des morses, des rennes, des martres zibelines et des aurores boréales. Au bout de six mois, l'officier de marine s'en ira, et Kouroukakalé mourra de désespoir.

Quelques phrases au hasard :

« Un ciel gris-perle avec des matités de cendre çà et là
« et des irisations de nacre vers le bas... Notre phoque fami-
« lier allongeait sa tête de jeune chien entre les seins poin-
« tus et couleur de safran de ma petite amie, et parfois
« léchait doucement ses cheveux brillants d'huile. Et je me
« rappelais une petite danseuse que j'avais vue l'autre année
« à Yokohama. Et je songeais que la petite danseuse mour-
« rait, et que Kouroukakalé mourrait aussi, et que je mourrais
« pareillement... »

Quant au prochain récit de M. Georges Ohnet, il

n'est pas dificile de le prévoir. On sait que l'auteur des *Batailles de la vie* écrit alternativement un roman de passion et un roman d'« études sociales ». Les *Dames de Croix-Mort* appartenant au premier genre, il est évident que le roman de cette année réconciliera de nouveau la bourgeoisie et la noblesse. Mais, attendu que, dans la *Grande Marnière*, c'est une patricienne qui épouse un ingénieur, ce sera cette fois un patricien qui épousera la fille d'un vétérinaire. Le livre aura quatre cents éditions. Et je me dirai une fois de plus : « Oui, c'est bien. J'accepte tout, mon Dieu ! Il faut de ces livres-là, il en faut. Mais pourquoi est-ce lui le triomphateur unique ? Pourquoi pas l'un des quarante autres romanciers qui font la même chose et qui la font aussi bien, quelquefois mieux ? Mystère ! »

Et ce roman s'appellera *Guy de Valcreux*, et je vais vous en confier les premières lignes :

« Par une belle matinée de printemps, le digne M. Lerond,
« vétérinaire de la petite ville d'Arcis-sur-Marne, suivait la
« route poudreuse qui conduit au chef-lieu du département,
« bercé dans son antique cabriolet, au trot paisible de sa
« vieille jument Cocote. Tout à coup, à l'un des tournants
« du chemin, une amazone à la taille souple, à la lèvre
« dédaigneuse, aux extrémités aristocratiques, etc... »

Et M. Alphonse Daudet ? ai-je demandé à la somnambule. — Oh ! celui-là se recueille si longtemps entre deux livres qu'il nous jouera peut-être le mauvais tour de changer dans l'intervalle. On sait bien qu'il y aura dans son prochain roman un mélange astucieux d'observation aiguë (l'observation aiguë, vous savez ? c'est « sa profession ») et de larmes faciles, à la Tartarin. Mais nos prévisions ne sauraient aller au delà...

Et M. Guy de Maupassant ? — Lisez les premiers feuilletons de *Mont-Oriol*. Cela commence avec la largeur d'un roman de Zola. Puis vient un adultère honnête, comme en réclament les femmes vertueuses. C'est une trahison. Si les écrivains se mettent comme cela à changer leur manière, il n'y a plus de sécurité pour le lecteur.

Et le théâtre ? — On nous annonce *Francine*, l'œuvre d'un jeune, si jeune qu'on ne peut guère deviner ce qu'il nous réserve, celui-là. Puis, M. Henri Meilhac écrira un acte, un seul, mais où il y aura trois pièces. Et les trois pièces seront excellentes, et l'acte sera manqué, A moins que M. Ludovic Halévy... Mais cet académicien sera absorbé par un nouveau *Grand Mariage*. Cette fois, la jeune fille aura six millions de dot, et elle épousera un archiduc, et son frère ne sera plus un lieutenant d'artillerie, mais un lieutenant de chasseurs.

Et l'histoire ? — M. Taine nous donnera enfin

son volume sur l'Empire. Il sera sombre. L'ancien régime lui avait paru lamentable ; la Révolution lui a semblé absurde et hideuse ; l'Empire, qui a consacré les pires conquêtes de la Révolution, le dégoûtera plus encore. Il verra dans Napoléon un sous-officier cabot, le Bel-Ami de la Victoire. Il sera de plus en plus épouvanté de la sottise et de la férocité de l'animal humain. Et l'impression du volume pourra bien être retardée parce qu'il y aura tant de citations, à chaque page, à chaque ligne, que l'imprimeur, à court, sera obligé de faire fondre plusieurs milliers de guillemets.

Et la poésie ? — On attend de M. Sully-Prudhomme un poème intitulé : *Le Bonheur*. Il fera celui des professeurs de mathématiques, car les trois premiers livres de la géométrie de Legendre s'y trouveront mis en sonnets. M. François Coppée nous donnera quelques poèmes populaires et familiers. Le plus remarqué sera *la Crémière* :

> C'était une humble femme, une simple crémière
> De Montmartre. Elle était vaillante. La première
> Du quartier, quand pointait l'aube aux cieux violets,
> De sa pauvre boutique elle ôtait les volets...

O vieille sibylle, dis-je à la dame extra-lucide, vos malices sont grosses. C'est comme si vous me disiez que les pommiers continueront de donner des pommes, et les rosiers des roses, et que M. Dupuis et Mme Judic continueront de jouer les

Judics et les Dupuis. Mais vous ne m'avez point dit si quelque jeune homme apportera dans le roman ou au théâtre une « formule nouvelle », pour parler la belle langue d'aujourd'hui, ni s'il sortira quelque chose d'intelligible du travail ténébreux des bons poètes symbolistes....

— Puis j'ajoutai timidement : Et la critique ? car il ne faut rien oublier.

— Ce n'est pas de la littérature.

— Qui vous l'a dit ?

— Un romancier.

CONTES DE NOEL

Le *Figaro* a demandé des contes de Noël à nos romanciers les plus goûtés. Ces contes paraîtront dans le numéro du 25 décembre. Mais j'ai pu, en semant l'or avec une intelligente prodigalité, m'en procurer copie. Voici, pour les gens pressés, le canevas de quelques-uns de ces petits récits.

M. PAUL BOURGET.

LES LARMES DE COLETTE.

M. Paul Bourget commence par des considérations générales sur la supériorité du peuple anglais.

«... Tous ceux qui ont vécu à Londres ont pu constater cette supériorité. Elle éclate notamment dans le caractère que prend, chez ce peuple sérieux la célébration des fêtes dont l'anniversaire de la nativité de Jésus est l'occasion. Et d'abord ils appellent *Christmas* ce que nous appelons Noël. Ce détail, insignifiant au premier abord, devient éminemment significatif quand on l'examine de près et qu'on applique à cet examen les procédés les plus récents de l'analyse psychologique. »

L'auteur arrive alors à son sujet. Claude Larcher est allé prendre Colette à sa sortie de la Comédie-Française. Ils doivent souper en tête-à-tête dans un cabaret du boulevard, puis rentrer tous deux chez Colette. Mais tout à coup la comédienne a ce caprice, d'aller entendre la messe de minuit à la Madeleine.

Description de la cérémonie. Considérations sur ce fait, que « l'élément mondain en est complètement absent ».

Colette est bien jolie dans ses fourrures, sous sa petite toque de loutre, à demi agenouillée sur un prie-Dieu. Au commencement, elle garde son sourire énigmatique, son sourire à la Botticelli. Mais, peu à peu, l'expression de son visage devient sérieuse, et Claude voit deux larmes rouler lentement dans sa voilette.

Il se demande en trois pages ce que signifient ces larmes. Larmes de comédienne, sans doute ; larmes de névrosée sensuelle, superficiellement émue par ce qu'il y a de théâtral dans cette fête nocturne et dans cette antithèse d'un Dieu naissant sur la paille d'une étable... Claude se méfie.

Mais les pleurs de Colette redoublent. Qui sait, après tout, ce que peut sentir, devant ce mystère de l'amour divin, celle qui a tant et si cruellement joué avec l'amour ?... Qui sait si elle ne se souvient pas de son enfance, de sa première communion ? Les filles les plus souillées ont de ces minutes singulières...

A ce moment, Colette se retourne vers Claude et lui murmure impérieusement à l'oreille :

— Agenouillez-vous et priez, je le veux.

Claude obéit sans savoir pourquoi.

Ils sortent de l'église. La comédienne, les yeux encore rouges, dit à Claude :

— Ne vous moquez pas de moi, mon ami. Je ne sais ce que j'ai ; mais vraiment je n'ai guère le cœur à souper maintenant. Ne m'y contraignez pas, je vous en supplie... Oh ! je me connais, et je ne dis point que cette étrange et douce tristesse — ah ! si douce ! — survivra à cette nuit. Mais j'éprouve un grand besoin d'être seule... Accordez-moi cette grâce, vous que j'ai tant fait souffrir. C'est pour cela que je vous la demande : car, si vous saviez ce qui se passe en moi, vous vous en réjouiriez peut-être... A demain !...

Claude se méfie bien encore un peu, étant psychologue de son état ; mais il continue à se demander : « Qui sait ? » Bref, il met Colette dans un fiacre et rentre chez lui, rêveur.

Le lendemain il apprend qu'elle a soupé avec le petit René Vincy à la Maison-Dorée, et qu'elle l'a ramené chez elle.

Sur quoi il écrit un nouveau chapitre, extrêmement féroce, de sa *Physiologie de l'amour moderne*.

M. PIERRE LOTI.

NOEL A YOKOHAMA.

C'est pendant la nuit du 24 au 25 décembre 1887. Loti, son frère Yves et Mme Chrysanthème sont assis sur des nattes, dans une maison de papier.

Ils rêvent.

Loti pense à ses anciennes nuits de Noël.

Telle année, il était, cette nuit-là, avec la tahïtienne Rarahu ; telle autre, avec Fatou-Gaye, la petite négresse ; et, en remontant toujours, avec la Smyrniote Aziyadé, avec la Chinoise Litaï-pa, avec la Lapone Kouroukakalé, avec la Montmartroise Nana, et avec beaucoup d'autres encore...

Evocation de petits paysages nocturnes, très intenses et congruents à chacune de ces figures féminines.

Il songe que plusieurs sont mortes, et qu'il mourra, et que nous mourrons tous.

Yves pense à sa Bretagne.

Mme Chrysanthème ne pense à rien

Loti dit à Yves :

— Tu es triste ?

Yves en convient.

Et alors, pour consoler son frère Yves, Loti l'enferme avec Mme Chrysanthème et va se promener tout seul au bord de la mer.

M. GUY DE MAUPASSANT.

LE BOUDIN.

D'abord, le préambule ordinaire :
« ... Mon ami secoua dans le foyer les cendres de sa pipe, et tout à coup :
— Veux-tu que je te raconte mon premier réveillon à Paris ?
« J'avais dix-neuf ans ; j'étais étudiant en droit, pas riche », etc...
Donc il entre, la nuit de Noël, au bal Bullier. Description brève de ce lieu de plaisir : le jardin éclairé par des verres de couleur, les bosquets, qu'on dirait en zinc découpé, la cascade et la grotte en carton sous laquelle on passe...
Il remarque, parmi les promeneuses, une fille d'allure effarouchée, l'air minable, vêtue d'une méchante robe et coiffée d'un énorme chapeau, très voyant, qui fait que les hommes se retournent sur son passage avec des rires et des plaisanteries.
« ... Sous ce chapeau, des joues rondes, fraîches et trop rouges, avec des taches de son sur le nez. Mais les yeux, d'un bleu pâle, étaient très doux, d'une douceur innocente de ruminant la bouche

était saine, et l'on devinait, sous la robe mal taillée, un corps robuste de belle campagnarde... Elle sentait encore le village, et avait dû débarquer tout récemment sur le trottoir. »

Il l'aborde, lui offre un bock. Mais elle laisse son verre à moitié plein et finit par lui avouer qu'elle n'aime pas la bière. Il lui propose de souper dans une brasserie du quartier ; elle accepte docilement, l'appelle « Monsieur » et ne le tutoie pas.

Mais, en chemin, voyant son compagnon très poli et le sentant presque aussi timide qu'elle, elle s'enhardit, lui explique qu'elle est de la campagne, des environs de la Ferté-sous-Jouarre ; que ses parents, de petits cultivateurs, la croient en service à Paris ; et que, ayant tué leur porc à l'occasion de la Noël, ils lui ont envoyé tout un panier de provisions « pour faire une politesse à ses bourgeois ».

— Je n'ai pas encore pu y goûter, continue-t-elle. Manger ça toute seule... ça durerait trop longtemps... Et puis ça me ferait trop gros cœur... Alors, Monsieur, si ça ne vous gênait pas... au lieu d'aller à la brasserie, nous rentrerions chez moi tout de suite... je ferais cuire le boudin et les crépinettes... Ça serait gentil et ça me ferait tant de plaisir !

Il lui demande :

— As-tu de la moutarde ?

— Tiens, dit-elle, c'est drôle, je n'y avais pas pensé.

Il entre chez un épicier, achète un pot de moutarde, plus une bouteille de champagne à trois francs. Il monte, derrière la fille, au cinquième d'un petit hôtel garni de la rue Cujas, étroit comme un phare.

Description brève de la chambre. Il y a, sur la commode, des photographies de paysans endimanchés.

— C'est mes parents, dit-elle.

Elle fricote le boudin et la saucisse dans un petit poêlon sur une lampe à essence... Puis ils se mettent à table... Elle lui raconte son histoire (que vous devinez) ; elle s'attendrit en la racontant ; et ses larmes tombent sur le boudin...

M. FERDINAND FABRE.

MÉNIQUETTE PIGASSOU.

L'auteur nous confie que, dans son enfance, il aimait déjà toutes les femmes, comme il a continué de faire au grand séminaire de Montpellier.

Donc, le jeune Ferdinand a treize ans ; il apprend le latin chez son oncle l'abbé Fulcran, curé de Lignières-sur-Graveson ; celle qu'il aime, c'est Mlle Méniquette, une jolie personne de vingt ans, mi-paysanne et mi-bourgeoise, fille de M. Pigassou, maire de Lignières.

Il voit souvent Méniquette. Elle vient tous les

samedis, et aussi la veille des fêtes, parer l'autel, mettre en ordre les vêtements sacerdotaux. Une fois, M. l'abbé Fulcran a trouvé son neveu en train de baiser ces saints ornements, auxquels les mains de Méniquette venaient de toucher ; et le digne prêtre, peu clairvoyant, a loué Ferdinand de sa piété.

M. l'abbé Fulcran a pour Méniquette la plus haute estime :

— Mlle Pigassou est une âme d'élite, répète-t-il à tout propos.

... M. l'abbé Fulcran et son neveu sont invités à faire le réveillon chez M. Pigassou ; Ferdinand ne se tient pas de joie. De plus, il doit chanter un *solo* à la messe de minuit ; et Méniquette sera là !

Description de la messe de minuit à Lignières-sur-Graveson. Enumération des principaux assistants, avec leurs prénoms et profession. Les femmes, encapuchonnées de noir, ont apporté leurs lanternes. Effets de lumière et d'ombre.

Le jeune Ferdinand, étranglé d'émotion, rate son *solo*. Il fait un couac... et voit rire Méniquette, qui est assise sur le premier banc, « du côté de la sainte Vierge ».

Son désespoir est tel, qu'il se sauve dans la sacristie ; là, il dépouille son rochet et sa soutanelle d'enfant de chœur ; il ouvre la porte qui donne sur le cimetière, escalade le mur, se jette au hasard à travers champs.

Il songe en pleurant :

— Elle ne m'aime pas !

Et il sent si vivement la misère et la vanité de ce monde qu'il s'écrie au milieu de ses larmes :

— Puisque c'est comme ça, je me ferai trappiste !

.... Après la messe, M. l'abbé Fulcran est rentré au presbytère : « Où donc est Ferdinand ? » Il pense que l'enfant l'a devancé chez M. Pigassou. Mais non : personne ne l'a vu.

On se met à sa recherche, et Méniquette finit par le découvrir, blotti sous la remise, derrière une charrette, sanglotant et grelottant.

Elle l'attire par sa blouse, l'interroge, l'apaise, l'embrasse sur les deux joues.

... M. l'abbé Fulcran, toujours aussi clairvoyant, morigène son neveu en ces termes :

— Vous avez obéi, mon enfant, à un sentiment peu digne d'un chrétien. Si votre voix, novice encore et mal affermie, trompa votre pieuse ardeur, il fallait accepter cette mésaventure comme une épreuve envoyée par la divine Providence, et n'en pas concevoir un dépit où je crains qu'il n'y ait, hélas ! beaucoup d'orgueil et de vaine gloire. Vous réciterez avant de vous endormir un *acte d'humilité*, pour que Dieu vous pardonne.

Ce coquin de Ferdinand récitera tout ce qu'on voudra. Il est assis auprès de Méniquette, qui lui sert un gros morceau de saucisse. Il est heureux...

M. EMILE ZOLA.

UNE FARCE DE BUTEAU.

Lise étant morte des suites d'un coup de pied qu'il lui a donné en plein ventre dans un moment de vivacité, Buteau a épousé en secondes noces la Guezitte, une veuve qui possède les meilleures terres de Rognes. La Guezitte a un enfant de son premier mariage, Athénaïs, une petite fille de huit ans, que Buteau, naturellement, déteste et martyrise.

..... On doit faire le réveillon chez les Buteau. Ils ont invité M. et Mme Charles, les Delhomme, Jésus-Christ et la Trouille (car la mort du père Fouan a réconcilié toute la famille). En attendant, les femmes sont à l'église, et les hommes au cabaret, où Jésus-Christ explique aux camarades que c'est son jour de naissance et se livre là-dessus à des plaisanteries de pochard que vous me dispenserez de vous rapporter.

Buteau, bon garçon, est resté chez lui pour aider sa femme. Il a, d'une taloche, renvoyé dans sa soupente la petite Athénaïs qui parlait d'aller à la messe de minuit.

Préparatifs du réveillon. Longue description coupée de fragments de dialogue extrêmement familiers. Joie de Buteau à la pensée qu'on va « s'en fourrer jusque-là ».

... On s'aperçoit qu'il n'y a plus d'eau-de-vie. Buteau envoie la Guezitte en chercher un litre chez Macqueron. Comme il fait un temps « à ne pas f..... un curé dehors », Buteau préfère garder la maison : « T'inquiète pas ! je mettrai la table pendant ce temps-là. » Et il entre dans la chambre, où est l'armoire au linge..

« ..... Il aperçut, sous la cheminée, une paire de petits sabots, les sabots d'Athénaïs, que l'enfant avait déposés là, en cachette, confiante dans la visite du petit Jésus.

« — N... de D... ! gueula Buteau ; je t'en vas f... moi, des étrennes, enfant de g... !

« Mais tout à coup il se calma. Même une gaieté passa dans ses petits yeux jaunes, comme s'il rigolait intérieurement à la pensée d'en faire une bien bonne.

« Il serra les lèvres, comme quelqu'un qui fait un effort et qui s'éprouve, défit ses bretelles et... »

Non, décidément, je ne puis vous dire ce que déposa Buteau dans les petits sabots d'Athénaïs.

M. CATULLE MENDÈS.

LE NOEL DE JO.

. . . .
. . . . Jo et Lo. . . . .
. . . . La main de Lo. . . . . .
. . . . une tiédeur de manchon.
. . . . le Jésus de cire. . . . . . .
. . . pétales de rose. . . . .
. . . .

———

TABLE DES MATIÈRES

	Pages
STENDHAL. — *Son journal* (1801-1814).	1
BAUDELAIRE. — *Œuvres posthumes et correspondance inédites.*	17
PROSPER MÉRIMÉE.	33
BARBEY D'AUREVILLY.	43
PAUL VERLAINE ET LES POÈTES SYMBOLISTES ET DÉCADENTS.	63
VICTOR HUGO : *Toute la Lyre.*	113
— *Pourquoi lui ?*	140
LAMARTINE.	150
GEORGE SAND.	159
M. TAINE ET NAPOLEON BONAPARTE.	169
M. TAINE ET LE PRINCE NAPOLÉON.	185
SULLY-PRUDHOMME. — « *Le Bonheur* ».	199
ALPHONSE DAUDET. — « *L'Immortel* ».	217
ERNEST RENAN. — « *Le Prêtre de Némi* ».	245
EMILE ZOLA. — « *L'Œuvre* ».	263
— « *Le Rêve* ».	279
PAUL BOURGET. — *Etudes et portraits.*	291
JEAN LAHOR.	301
GROSCLAUDE.	309
PRONOSTICS POUR L'ANNÉE 1887.	321
CONTES DE NOEL.	331

POITIERS. — TYPOGRAPHIE OUDIN.

www.ingramcontent.com/pod-product-compliance
Lightning Source LLC
Chambersburg PA
CBHW070901170426
43202CB00012B/2146